◆ 2019年度青岛市社会科学规划研究项目

植物新品种权保护原理

李秀丽◎著

知识产权出版社
全国百佳图书出版单位
—北京—

图书在版编目（CIP）数据

植物新品种权保护原理/李秀丽著. —北京：知识产权出版社，2021.8

ISBN 978-7-5130-7685-2

Ⅰ.①植…　Ⅱ.①李…　Ⅲ.①植物—品种—知识产权保护—研究—世界

Ⅳ.①D913.4

中国版本图书馆 CIP 数据核字（2021）第 177003 号

内容提要

本书从体系化角度对植物新品种权的概念、授权条件、权利内容、例外与限制、取得与丧失、侵权及其责任承担等进行了研究。研究内容涉及植物新品种权保护领域最主要的热点和难点问题，尤其是在研究豁免、实质性派生品种、新颖性条件、杂交种及其亲本的保护等问题上均提出了自己的观点。该书还引用了国内外植物新品种权保护领域影响较大的若干司法判决，并对其中涉及的法律原理进行了深度剖析。

| 责任编辑：张利萍 | 责任校对：王　岩 |
| 封面设计：回归线（北京）文化传媒有限公司 | 责任印制：刘译文 |

植物新品种权保护原理

李秀丽　著

出版发行：**知识产权出版社**有限责任公司	网　　址：http://www.ipph.cn
社　　址：北京市海淀区气象路 50 号院	邮　　编：100081
责编电话：010-82000860 转 8387	责编邮箱：65109211@ qq.com
发行电话：010-82000860 转 8101/8102	发行传真：010-82000893/82005070/82000270
印　　刷：北京建宏印刷有限公司	经　　销：各大网上书店、新华书店及相关专业书店
开　　本：720mm×1000mm　1/16	印　　张：17.5
版　　次：2021 年 8 月第 1 版	印　　次：2021 年 8 月第 1 次印刷
字　　数：305 千字	定　　价：89.00 元
ISBN 978-7-5130-7685-2	

自 序

2007 年，一个偶然的机会接触到了植物新品种权保护问题，很快就决定将其作为我的研究方向。我所在的青岛农业大学是一所以培养"矢志三农"人才为主要目标、以农科专业为强势学科的多科性大学。2009 年我和我的同事陈锦铭教授、李东海博士酝酿在我校面向理、工、农、艺等专业学生开展知识产权双学位（双专业）教育，意图是使这些具有理、工、农、艺等专业知识背景的学生，在完成了知识产权双学位（双专业）学习以后转而从事知识产权工作，能够成为真正受到社会欢迎的知识产权人才。作为该专业负责人，本着打造知识产权专业人才培养特色的想法，在培养方案中设置了"植物品种保护法"课程。十分幸运的是，2009 年我在这方面的研究得到了国家社科基金资助。出于怕误人子弟、教不好在学生面前丢面子的自尊心以及唯恐社科基金项目不能顺利结题验收的压力，我全身心地投入到了植物新品种权保护的研究当中。

在以后的日子里，我参加国内外相关方面的研讨会、给 UPOV 联盟（国际植物新品种保护联盟）的专业人员写信请教、亲赴 UPOV 联盟参观、到种子企业兼职、无数次叨扰我校的育种专家。总之，植物新品种权研究几乎成了我工作的全部。在此过程中，我还全程跟我校园艺学院刘维信老师学习了"蔬菜育种学"课程，遇到自己理解不透的问题我就去向相关老师请教，其中给我指教较多的教授有戴洪义、原永兵、王富等。在植物新品种权的研究上，农业农村部种植业管理司、中国种子协会、农业农村部科技发展中心也给我提供了很多学习和研究的机会，中国农业科学院农业知识产权研究中心的宋敏主任不但给我提供了多次学习研究机会，而且是当我遇到拿不准的问题时愿意听其意见的朋友。另外，我还经常就一些法学方面的问题和我们教研室的老师们研讨。这期间我也逐渐从一个相关研讨会的参会听众变成了演讲嘉宾，还受邀参加《中华人民共和国植物新品种保护条例》的修订工作，撰写的相关政策建议甚至得到了国家领导人批示。在此，我要向上述领导、同事和朋友们表示深深的感谢。

回首十几年来在植物新品种权领域耕耘的日日夜夜，我觉得很有必要将我在这方面的一些认识写成一本书，于是就有了呈现在您面前的这本拙作。此书的写作历时三年有余，虽经反复修改但对于有些观点仍然觉得十分惶恐，不敢奢求业内同行专家赞许，唯愿起到抛砖引玉之效。

李秀丽

2021 年 3 月 17 日

前言
FOREWORD

植物新品种权（New Plant Varieties Right），又称植物新品种保护（Plant Varieties Protection，PVP）或植物育种者权利（Plant Breeder's Right），❶ 是法律赋予植物新品种培育者对其所培育的新品种所享有的专门权利，对于促进植物育种创新、推进种子产业发展、提高农产品竞争力以及保障国家粮食安全具有重要作用。近年来我国高度重视植物新品种保护工作，《中华人民共和国民法典》明确将植物新品种规定为民事主体依法享有的专有权利的客体。❷ 在此宏观背景下，我国植物新品种保护工作成效巨大，植物新品种权申请量连续多年世界第一，已经成为植物新品种保护大国。

然而，纵观植物新品种保护制度的发展历程，可以发现世界范围内植物新品种保护制度的变革、修订与创新始终是以国际植物新品种保护联盟（UPOV 联盟）及相关国际或地区性组织为中坚力量的。例如，UPOV 联盟通过发布《注释性说明》（*Explainary Notes*）的方式先后对品种、繁殖材料、实质性派生品种等概念进行解释；国际种子联盟（International Seed Federation，ISF）在实质性派生品种判定标准及举证责任分配方面的研究走在了世界前列；欧盟植物品种保护局（Community Plant Variety Office，CPVO）所制定的农民留种（Farm Saved Seed，FSS）制度更是独树一帜。与此相应，最有建树的研究者也都出自国际植物新品种保护公约（UPOV 公约）的策源地（管荣

---

❶ 为了叙述上的方便，如无特别说明，以下"品种权"指"植物品种权"或"植物新品种权"；"育种者权利"指"植物育种者权利"；"植物品种保护"指"植物新品种保护"。

❷ 《中华人民共和国民法典》第 123 条规定："民事主体依法享有知识产权。知识产权是权利人依法就下列客体享有的专有的权利：（一）作品；（二）发明、实用新型、外观设计；（三）商标；（四）地理标志；（五）商业秘密；（六）集成电路布图设计；（七）植物新品种；（八）法律规定的其他客体。"

齐、薛智胜，2016）——欧洲，如 G. Wurtenberger、P. V. D. Kooij、B. Kiewiet
和 M. Ekvad（2015）四人对欧盟植物品种保护制度的体系化研究，是理解欧
盟植物品种保护制度乃至 UPOV 公约最有价值的学术成果。与其他知识产权
一样，在我国，植物新品种保护属于"制度舶来品"（吴汉东，2018）。为了
满足加入 WTO（世界贸易组织）的条件，我国于 1997 年制定了《中华人民
共和国植物新品种保护条例》（以下简称《植物新品种保护条例》），以专门
制度形式为植物新品种提供保护（罗忠玲，2006），学术界关于植物品种保护
的研究由此开启，主要分为两个阶段。第一阶段研究的焦点主要集中在两个
方面：一是对西方发达国家植物品种保护制度的借鉴与消化；❶ 二是对 UPOV
公约 1978 年文本和 1991 年文本的比较研究。❷ 随着我国种业的快速发展及植
物育种技术的不断提高，我国的植物新品种保护逐步从被动适应阶段发展到
了主动调整阶段（第二阶段），学者们关注的问题也由原先对该项制度的借鉴
与消化转向对具体制度进行深入研究。❸ 比较可知：国外研究一直处于领先地
位，而国内研究则局限于翻译性介绍和描述性分析，立足于原创的成果相对

---

❶ 例如，蒋和平、孙炜琳（2002）从管理模式、审查制度和技术准则方面对国外实施的植物新
品种保护制度进行介绍并提出了相应的借鉴建议；李春华（2004）对美国双轨制保护植物新品种的方
式、单行法（专利法或专门法）保护方式及其各自特点进行了介绍；罗忠玲等（2005）研究了 UPOV
联盟植物新品种保护基本格局及对我国的影响；王瑞波等（2009）研究了日本植物新品种保护法律的
修订历程及对中国的启示；黄平、郑勇奇（2012）研究了 UPOV 公约的变迁及日本和韩国的经验借
鉴；张彩霞、周衍平（2013）研究了德国植物新品种保护制度的实施框架、特点及启示；崔野韩
（2018）研究了欧盟植物新品种保护制度及其借鉴。
❷ 例如，王志本（2003）从保护方式、保护范围、"育种者豁免"的限制条件、农民特权、临
时保护、保护期限等 12 个方面分析了两大文本的变化；张红兵、徐丹纳（2003）比较了 UPOV 公约两
大文本存在的差异，分析了我国植物新品种保护的现状与制度差距，提出了我国植物品种权保护制度
需要进行协调的方面；廖秀健、谢丹（2010）比较了两大文本的主要区别，分析了 1991 年文本对我国
植物新品种保护制度的积极和消极影响，提出了我国应对 1991 年文本的对策；卢新、刘平等
（2010）则对 UPOV 公约 1991 年文本中有关育种者权利范围进行解读和分析，以期消除人们对相关内
容可能产生的误读；同时他们还指出，修订《植物新品种保护条例》当是我国在全面加入 1991 年文
本前的积极选择。
❸ 例如，在植物新品种名称方面，隋文香（2011）、侯仰坤（2015）研究了品种名称特点；王
富强（2010）、臧宝清（2017）研究了品种名称性质；张志伟、高景贺（2017）研究了品种名称违法
的性质；闫卫国（2004）、周全福（2011）研究了对品种权人赋予品种名称使用权的可能性。在实质
性派生品种的研究方面，代表性学者有陈红（2009）、李菊丹（2013）、侯仰坤（2018）、万志前和张
媛（2020）等；在植物新品种权权利限制方面，李瑞（2015）、史平臣（2015）研究了权利用尽制度；
万志前（2020）研究了先用权制度；杨妍等（2008）、陈超（2009）、程宇光（2010）、焦和平
（2012）、李菊丹（2013）、万志前（2020）、李世军（2020）研究了农民特权制度。罗霞（2016）研
究了侵害植物新品种权的相关问题；周翔等（2020）对植物新品种的保护范围进行了研究；汪明
（2020）则对我国植物新品种复审案件的审理进行了分析，并提出了制度完善建议。

较少。但国内外研究成果有一个共同的特点，就是体系化研究成果较少，❶尤其是缺乏从保护原理方面对该制度进行的体系化研究，而本书的主要写作目的就是要填补这一空白。可见，本书的研究意义是不言而喻的。

与既有研究成果相比，本书至少具有以下两个特点。一是研究内容几乎囊括了当今植物新品种权保护领域的所有重要热点和难点问题。例如，在研究豁免、实质性派生品种、品种的新颖性授权条件、杂交种及其亲本的保护等问题上，在目前国内外研究成果的基础上提出了自己的观点；在植物新品种权保护范围的研究上，一方面吸收了最为热点的司法判决，另一方面陈述了自己的看法。二是真正采用了比较的研究方法。本书始终倾向于通过比较使问题变得更加清晰、结论更加可靠。例如，本书通过对 UPOV 公约两大文本的比较，使许多问题变得立体起来，更加便于读者理解；通过对 UPOV 公约和欧盟《基本条例》❷以及相关国家在某一个具体问题上的比较（如实质性派生品种、农民留种收费和品种名称），使内容更加详尽丰富，从而能够使读者学习到一些境外法经验。同时，在对相关法律概念进行解释时较为彻底地贯彻了体系解释和目的解释的方法。比如书中关于"繁殖材料""实质性派生品种""品种名称""农民特权"等概念的解释都是如此。

本书的技术路线是：首先对与植物新品种权相关的"受保护的植物属和种"和"品种"等概念进行辨析；然后对植物新品种权的授权条件、权利内容与保护范围、权利限制等实体性规范制度进行研究；最后研究植物新品种权的取得与丧失、植物新品种权的保护等。在讨论这些问题时，首先分析一般性原则，然后再讨论其中的一些特殊情形或关键问题。本书的整体框架如下：

前言：首先论述本书的研究意义；其次简要综述了植物新品种保护制度的研究成果；再次介绍本书的主要特色；最后介绍本书的技术路线、研究框架和主要内容。

第一章"植物新品种权概说"：本章的主要目的是通过多种角度认识植物新品种权。首先，对"受保护的植物属和种""植物品种""可受保护品种"等概念进行辨析（其中包括杂交种为什么属于植物新品种保护法意义上的品

---

❶ 代表性成果是侯仰坤（2007）的《植物新品种权保护问题研究》和牟萍（2011）的《植物品种权研究》。他们在回顾植物品种权发展历程的基础上，论证了植物品种权制度的合理性及其构建规律，系统论述了植物品种权的客体、主体、权利内容及其限制以及植物品种权保护等内容。

❷ 全称是《1994 年 7 月 27 日第（EC）2100/94 号关于共同体植物品种权的理事会条例》Council Regulation（EC）No 2100/94 of 27 July 1994 on Community plant variety rights。

种，发现的品种为什么也可以受到保护等），以达到从外围角度接近植物新品种权的目的；其次，对植物新品种的概念、性质与特征进行法学解析；最后，从历史演进的角度剖析植物新品种权保护制度的前世今生，以此说明对植物新品种专门设计一种制度进行保护的必要性和合理性。

第二章"植物新品种权的授予条件"：本章分析了植物新品种授权的五个条件。第一节介绍了新颖性条件，尤其是对亲本品种的新颖性问题进行了专门研究，认为：F_1 代杂交种之亲本品种的新颖性应当于 F_1 代杂交种销售宽限期届满时丧失。第二节介绍了特异性条件，首次提出并重点研究了特异性标准的问题，认为从特异性标准对于现行制度所造成的影响看，特异性标准具有一定的合理性，因此未来修法时应当明确规定绝对特异性标准。第三、四、五节分别对授权的一致性、稳定性和适当的命名三个条件进行了研究，重点分析了品种名称与商标名称发生冲突的处理原则。

第三章"植物新品种权的权利内容与保护范围"：在关于植物新品种权的权利内容方面，研究了植物新品种权权利内容的决定因素、扩张原因与扩张表现、植物新品种权各项权利内容的具体含义。在某些问题上提出了一些重要的观点，比如，关于 UPOV 公约规定出口权的法律价值问题、无性繁殖品种种植使用性质的认定问题、通过增设合法来源抗辩制度合理解决品种权中后端维权的问题等。在关于植物新品种权的保护范围方面，先研究了植物新品种权保护范围的确定要素、扩大原因，然后研究了植物新品种权适用的材料范围和品种范围。特别是在将品种的繁殖材料规定为植物新品种权主要保护范围的原因方面提出了一些独有的看法，并对繁殖材料界定的意义、困难与立法实践进行了深入详尽的分析。

第四章"实质性派生品种制度"：实质性派生品种属于植物新品种权权利范围的范畴，所以从体系上说本章实际是上一章内容的延续。之所以将其单列一章，一方面是由于该制度目前在我国刚开始在水稻品种上试行，需要介绍和研究的内容较多；另一方面是考虑到本书结构平衡上的需要。本章内容主要包括实质性派生品种制度的产生与发展、主要内容、认定方法以及纠纷仲裁解决机制四个方面。

第五章"植物新品种权的限制"：本章重点研究了"研究豁免"和"农民特权"制度。在"研究豁免"的研究方面，深入剖析了研究豁免制度在 F_1 代杂交种之亲本品种上遇到的实施障碍及其成因，认为表面上看是亲本品种所有权人不愿转让或销售亲本品种，但实质上还是由于保证亲本品种所有人利益制度的缺乏。在这方面，我国可以考虑首先建立包括 F_1 代杂交种亲本品种繁殖材料在内的繁殖材料交易机制；其次，明确保障 F_1 代杂交种亲本品种权利人合法权益的具体措施。在"农民特权"的研究方面，重点考察了欧盟农民留种收费制度。此外，本章还研究了对植物新品种权的其他限制制度，主要包括强制许可、权利用尽、先用权和中介豁免。

第六章"植物新品种权的取得与丧失"：本章以我国为例介绍了植物新品种权的申请、审查与授权、异议与复审、宣告撤销或届满前终止、无效等制度。主要观点有：（1）目前各国在品种权申请与授权问题上所实行的"分别申请、独立授权"机制，不但不利于我国"走出去"种子企业海外市场的拓展，而且延缓了许多优秀外国品种进入我国的时间。建议我国尽快启动植物新品种 DUS 测试国际合作工作，以满足我国种业"走出去"和把优秀外国品种"请进来"的需要。（2）当申请品种为 F_1 代杂交种时，如果允许申请人只提交 F_1 代杂交种种子，就等于允许申请人只提交父母亲本杂交所产生的"结果信息"而无须提交父母亲本这一"原因信息"，其结果就是 F_1 代杂交种之"信息公开"达不到"充分"的要求。建议我国借鉴欧美国家的做法，规定当申请品种为 F_1 代杂交种时，不仅要提交 F_1 代杂交种种子，而且要提交其父母亲本种子。（3）在关于申请人主体资格的问题上，若共同育种者中有人不参加品种权申请，法律应当允许其他共同育种者申请品种权。

第七章"植物新品种权侵权及其责任承担"。本章在研究了我国植物新品种权侵权行为类型的基础上，论述了植物新品种权的侵权构成要件与被控侵权品种的鉴定方法。然后，从行政管辖、处理条件、处理依据、处理手段等方面论述了侵权、假冒案件的行政保护途径以及司法保护途径。最后，论述了植物新品种权侵权的民事责任，重点论述了赔偿损失的构成要件。从制度完善的角度提出，对于行为人在临时保护期限内行使的品种权人有权追偿的行为，在品种授权之后可视同品种权侵权，以避免司法诉讼中临时保护期间和授权保护期限内品种权人损失分段计算的繁杂。

目 录
CONTENTS

第一章

植物新品种权概说

第一节 植物新品种权相关概念辨析

一、"受保护的植物属和种"

"受保护的植物属和种"在 UPOV 公约三大文本中均有规定，只不过"受保护的"之英文表述略有不同：1961 年和 1978 年文本用的都是"which must or may be protected"，而 1991 年文本用的则是"to be protected"。另一个问题是：1961 年文本和 1978 年文本在受保护植物的总体安排上用的是"属和种"，❶ 但在具体进度安排上用的是"属或种"，而在 1991 年文本中则全部用的是"属和种"。这种前后不一致的用语是立法者们有意为之还是单纯的术语使用上的不严谨呢？此其一。其二是，生物分类学的分类系统是阶元系统，通常包括七个级别：界、门、纲、目、科、属、种。"种"是基本单元，近缘的种归合为属，近缘的属归合为科，科隶于目，目隶于纲，纲隶于门，门隶于界。在上述各分类等级之下，又可根据需要建立亚级分类等级，如亚门、亚纲、亚目、亚科和亚属。可见，"种"是植物分类系统中的最低分类单元。根据 UPOV 公约 1991 年文本对品种下的定义，品种"系指已知植物最低分类单元中的单一植物群"。将"种"和"品种"联系起来分析可知，既然最低分类单元是"种"，"品种"即应属于"种"的下位概念。此处的问题是，在规定保护范围的时候只规定到"种"就可以了，为什么 UPOV 公约使用了

---

❶ 1961 年文本第 4 条规定："本公约可适用于一切植物属和种。联盟成员采取一切必要措施，逐步对尽可能多的植物属和种实施本公约的规定。"1978 年文本第 4 条规定："（1）本公约可适用于一切植物属和种。（2）联盟成员采取一切必要措施，逐步对尽可能多的植物属和种实施本公约的规定。"

"属和种"或"属或种"这样的概念呢？这些问题看似复杂但解释起来却非常简单：一个属可以只包含一个物种（如 Ginkgo，银杏属）也可以包含上百个物种（如 Rosa，蔷薇属）。所以在总体性的规定中可以是"属和种"，而具体性规定则应是"属或种"。既然 1991 年文本已经对一切植物进行保护了，那么总体性和具体性用语自然就应当都是"属和种"了。

另外还有两个问题值得注意。一是"受保护的植物属和种"之数量是法律规定的。"植物属和种"是植物品种作为植物在植物分类学上的范围。经过 30 年的发展，植物品种权保护的植物的范围迅速扩大，1961 年文本规定保护的"属和种"只有 13 个，而到了 1991 年文本规定保护的范围就变成了"一切植物属和种"。UPOV 公约 1961 年文本第 4 条规定："每个联盟成员自本公约在其领土生效之日起，应至少对 5 个属实施本公约的规定。随后，每个联盟成员于自本公约在其领土生效之日起的以下期限内，应对更多的属或种实施本公约的规定：三年内至少有 2 个属；六年内至少有 4 个属；八年内对公约附件中列出的 13 个属❶进行保护。"1978 年文本第 4 条规定："每个联盟成员自本公约在其领土生效之日起，应至少对 5 个属或种实施本公约的规定。随后，每个联盟成员于自本公约在其领土生效之日起的以下期限内，应对更多的属或种实施本公约的规定：三年内至少有 10 个属或种；六年内至少有 18 个属或种；八年内至少有 24 个属或种。"同时，由于 1978 年文本没有对品种进行定义，因此对于受保护品种该文本没有规定具体的"属和种"的数目，而是采取了成员可以将其排除在保护范围之外的品种予以表明的形式进行指引。该文本第 2（2）条规定：各成员可将本公约的适用范围限于某一属或某一种内以特定方式繁殖或用于某种最终用途的品种。举例来说，像美国《植物品种保护法》就规定，本法仅适用于除细菌和真菌之外的有性繁殖品种和块茎繁殖的植物品种。❷ 1991 年文本第 3 条"受保护的属和种"规定："受 1961/1972 年文本或 1978 年文本约束的各缔约方应实施本公约规定条款。从受本公约约束之日起，适用于 1961/1972 年文本或 1978 年文本规定的一切植物属和种，也都于上述之日起适用于本公

---

❶ Annex in Act of 1961/1972: List referred to in Article 4, paragraph (3) "Species to be protected in each genus": Wheat, Barley, Oats or Rice, Maize, Potato, Peas, Beans, Lucerne, Red Clover, Ryegrass, Lettuce, Apples, Roses. If two optional genera are chosen-numbers 3 or 13 above-they shall be counted as one genus only. 每个属中要保护的种有小麦、大麦、燕麦或大米、玉米、马铃薯、豌豆、豆类、紫花苜蓿、红三叶草、黑麦草、生菜、苹果、玫瑰。需要说明的是，如果选择了两个可选的属（如燕麦或大米），它们只能算作一个属。

❷ Section 42（a）of United States Plant Variety Protection Act.

约；最迟自上述之日起，至五年期满时，适用于一切植物属和种。" 目前我国加入的是 UPOV 公约 1978 年文本，根据该公约规定，我国只要在加入公约的八年内对 24 个植物属或种进行保护即可。❶ 为此，我国制定了植物品种保护名录制度，规定："申请品种权的植物新品种应当属于国家植物品种保护名录中列举的植物的属或者种。植物品种保护名录由审批机关确定和公布。"❷ 2015 年，《中华人民共和国种子法》（以下简称《种子法》）修订以后，《中华人民共和国植物新品种保护条例》（以下简称《植物新品种保护条例》）中的有些规定与《种子法》之间出现了一些抵触，因此开始着手对《植物新品种保护条例》进行修订，未来我国也将对所有植物的属和种进行保护。

二是植物新品种保护法意义上的"植物"与其自然意义不同。在有些国家的植物品种保护制度中，"植物"的意思远超过了其自然的含义，还包括细菌、藻类等。虽然 UPOV 公约规定保护的范围是一切植物属和种，而且根据植物分类学的概念，所有植物应该包括植物界中的菌类植物、藻类植物、地衣类植物、苔藓类植物、蕨类植物、被子植物和裸子植物七大类，❸ 但对于"一切植物属和种"是否应该包括细菌、藻类等，起初 UPOV 公约的制定者们也是莫衷一是。❹ 在修订 1991 年文本的外交大会上，波兰的 Dmochowski 先生这样说道：由

---

❶　UPOV 公约 1978 年文本第 4 条："本公约可适用于一切植物属和种。联盟成员采取一切必要措施，逐步对尽可能多的植物属和种实施本公约的规定。每个联盟成员自本公约在其领土生效之日起，应至少对五个属或种实施本公约的规定。随后，每个联盟成员于自本公约在其领土生效之日起的以下期限内，应对更多的属或种实施本公约的规定：（1）三年内至少有 10 个属或种；（2）六年内至少有 18 个属或种；（3）八年内至少有 24 个属或种。"

❷　《中华人民共和国植物新品种保护条例》第 13 条。

❸　侯仰坤. 植物新品种权保护问题研究 [M]. 北京：知识产权出版社，2007：14.

❹　参加 1991 年外交大会的代表基本分为三种态度。一是赞成。如荷兰代表认为"一切植物属和种"这个术语应当理解为包括微生物（参见 Records of the 1991 Dipolamatic Conference：225.）。二是反对。如瑞典代表即认为，如果将细菌、藻类等归入"受保护的属和种"则会改变可专利性和可受育种者权利保护之间的界限。欧洲专利局（EPO）代表也说，可专利性和可受育种者权利保护之间的界限问题有人已经提过了。关于可专利性的问题，早在 20 世纪 80 年代，EPO 就已经处理妥了。EPO 认为，微生物既不属于植物界也不属于动物界，而是生物分类学中的一个独立的类别，因此 EPO 一直都保护微生物，而且从未见到有人违反《欧洲专利公约》第 53（b）条规定的排除。三是折中。如澳大利亚代表认为，对于生命体的分类是一个异常复杂的问题。实际上，现代分类学将其分为原核生物（prokaryota）和真核生物（eukaryota）两个超界（Superkingdom）。由于其组织过于复杂，或许就植物品种保护制度所保护的类别给出一个具体的分类定义是有用的。对此，UPOV 联盟秘书长建议大会不要去决定这个问题，因为在这个问题上存在着不同学术观点，而且未来也可能还会发生变化。因此，他建议对于低等级生物注意一下即可，答案最好留给各国立法。加拿大代表建议，关于什么是"一切植物属和种"这个问题可由各国立法决定，但是 UPOV 公约应明确表明这一态度（参见 Records of the 1991 Dipolamatic Conference：225-227.）。

于 UPOV 公约（指 1991 年文本）没有序言，在此情况下对其第 3 条（保护范围）进行修改以及在第 1（vi）条中增加"品种"定义，导致了本公约适用于其栽培或繁殖并非是为了商业化的植物和品种的可能性，此处的"植物和品种"并非农业、园艺或林业生产的因素，也不是为其建立公约之植物育种的主题。公约似乎不适用于、也不会适用于野生植物及其品种，甚至那些以收集未经加工的植物材料形式进行商业化利用的植物。只有为了栽培植物（在人类的选择和创造条件下为经济目的繁殖的植物）才有必要开展旨在创造更适合经济利用目的和条件的新品种的活动。因此，将公约适用于一切植物及其品种是毫无意义的，因而也是一个过度立法的实例。❶ 如果再将栽培这一实用性条件考虑进去，公约将使授予育种者权利的条件接近专利的授予条件。"栽培植物"这一概念中确实暗含着经济上的实用性，这与工业实用性的概念非常接近。……"栽培植物"被认为是一个等级高于植物育种者创造的农业品种（agricultural varieties）的植物分类群。❷ 在国际范围内，一些国家以 UPOV 公约的形式引入了植物育种者的权利，以保护旨在高等植物范围（主要是种子植物范围）内开展创造性活动的植物育种者的利益。在细菌、藻类或真菌等低等植物领域的相应育种活动现在得到了专利的有效保护。到目前为止，还没有打算通过植物育种者的权利来保护低等植物领域的育种活动。因此，波兰代表团认为，应将 UPOV 公约的适用范围仅限于高等植物，即蘑菇、蕨类植物和种子植物。这种限制将避免 UPOV 公约在一个不能适用的领域内的重复，以及在应用和解释与专利权有关的植物育种者权利时可能产生的许多冲突。❸ Dmochowski 说："建议修改第 3 条的标题（Genera and Species to be Protected），受到保护的是育种者对特定物种或等级低于物种的分类群的权利。属和种同时提是不恰当的，提到保护一个属的品种自动意味着保护属于该属的所有种的品种。"❹ 但是这一意见并没有被大会采纳。

实际上，各国对于这个问题的规定确实也是不一样的，如日本《种苗法》（第 2（2）条）保护的"农林水产植物"中包括种子植物、蕨类植物、苔藓植物、多细胞藻类和其他植物。澳大利亚《1994 年植物育种者权利法》（第 3 条）保护的植物包括所有真菌和藻类，但不包括细菌、拟杆菌（bacteroids）、

❶ Para. 274. 2 of Summary Minutes Records of the 1991 Diplomatic Conference.
❷ Para. 274. 3 of Summary Minutes Records of the 1991 Diplomatic Conference.
❸ Para. 274. 4 of Summary Minutes Records of the 1991 Diplomatic Conference.
❹ Para. 274. 5 of Summary Minutes Records of the 1991 Diplomatic Conference.

支原体、病毒、类病毒和噬菌体。欧盟植物品种保护局（CPVO）还考虑将蘑菇和内生菌（fungi living in another living organism and expressing themselves indirectly in one or more characteristics of the host organism）纳入共同体植物新品种权的保护范围当中。❶

二、品种

植物新品种权保护制度的设计主线是品种的申请与授权。所谓品种的申请与授权，是申请人通过向国家植物新品种保护机关申请，并经过相应的法定审查后，使一个"可受保护品种"（protectable variety）变成"受保护品种"（protected variety）的过程。可见，申请的主题首先必须是品种。所以，"品种"的定义是植物品种保护制度的逻辑起点，必须加以重视。但遗憾的是，我国《植物新品种保护条例》并未对"品种"这一概念作出定义。

（一）"品种"定义的演变

事实上，给品种下定义的确不是一件那么容易的事，这从 UPOV 联盟三大文本对品种进行定义的过程以及品种定义本身的变化可见一斑。起初，UPOV 公约 1961/1972 年文本对品种的定义是这样的：

本公约中的"品种"适用于能够栽培并符合第 6（1）（c）（d）条规定的任何品种、克隆、品系、砧木或杂交种。

这一定义至少有两个缺陷。一是，品种概念所需达到的条件除"能够栽培"外，在 DUS［特异性（Distinctness）、一致性（Uniformity）和稳定性（Stability）］三性方面只有两个，即一致性和稳定性。因为定义中提到的第 6（1）（c）条之内容是品种授权条件的一致性，而第 6（1）（d）条之内容是品种授权条件的稳定性，特异性并不包括在内，这显然是不合理的。二是，品种定义采取了列举的方法，由此造成的问题是它可能把截止到公约制定时的品种类型包括进去，但随着育种技术的发展后来出现的一些新的品种类型可能就无法包括进去了，从而使品种的定义具有局限性。

于是，1978 年文本修订时试图对品种定义的缺陷进行弥补。在该文本修订外交大会提交的《基础文本》（*Basic Texts*）中，对品种提出了如下定

❶ G WÜRTENBERGER, et al. European Union Plant Variety Protection ［M］. New York：Oxford University Press，2006：29.

义供与会代表讨论："For the purposes of this convention, the word "variety" is applicable to any assemblage of plants which is capable of cultivation and which satisfies the requirements of subparagraphs (c) and (d) of Paragraph (1) of Article 6." ❶ 同时，《基础文本》还作了两项解释：一是，建议以"植物组合"（assemblage of plants）取代 1961/1972 年文本"品种"定义中列举的品种类型，以便能够使品种定义囊括公约建立以来开发以及未来可能开发的所有植物品种类型；二是，建议在 1961/1972 年文本第 2 条（1）（2）两款之后增加一款，其中第（3）款用以明确成员可以只将本公约适用于某属或种中的一部分品种。该部分品种可以根据繁殖方式来定义（如有性繁殖品种和无性繁殖品种、纯系品种、杂交品种、开放授粉品种、无融合品种等），也可以通过品种的最终用途来定义（如林木品种、水果品种、砧木品种等）。在对《基础文本》中的品种定义进行讨论时，代表们的观点出现了较大的分歧，比较突出的问题有三个。第一个问题是：定义应该采用"任何能够种植的植物组合"（an assemblage of plants which is capable of cultivation）还是"栽培植物的组合"（an assemblage of cultivated plants）这一用语的问题。英国代表认为，"任何能够种植的植物组合"这一说法与《国际命名法》（*The International Code of Nomenclature*）的措辞不太一致。该命名法指出，品种一词适用于"栽培植物的组合"。既然两个用语含义相同，因此建议使用得到广泛认可的《国际命名法》之措辞。德国代表同意英国代表的这一观点，但他暂时又不同意修改《基础文本》中的措辞。他说我们必须牢记"品种"的抽象含义，而且 UPOV 公约中任何地方都没有要求育种者要实际培育品种。❷ 第二个问题是："品种"定义中是否应当包含特异性条件。英国代表认为，品种这个定义中不但应当包含一致性和稳定性条件，而且还应当包含特异性条件。❸ 大会秘书长 MAST 博士解释了"品种"定义中没有把特异性条件放进去的原因：根据第 6（1）（a）条规定，一个品种若要得到保护必须至少在一个或多个重要性状上明显地区别于任何其他品种，其结果必然是，仅在一个或多个非重要性状上具有特异性的品种不被视为品种，从而因不符合第 6（1）（a）条规定的特异性条件而被排除出去；同时，若在品种的定义中包含特异性条件，意味着此类品种也将作为第 6

---

❶ Basic Texts of Records of the Geneva Conference, 1978: 16.
❷ Para. 107 of Summary Minutes of Records of the Geneva Conference, 1978.
❸ Para. 103 of Summary Minutes of Records of the Geneva Conference, 1978.

(1) (a) 条提到的"任何其他品种"意义上的品种，被排除在品种承认的范围之外。如此一来，此类品种就不属于公约中的"任何其他品种"，甚至根本就不是品种。❶ 第三个问题是：品种定义中是否包括杂交种的问题。澳大利亚代表认为，从《基础文本》中的"在育种者确定的繁殖周期结束时，品种的特征仍与原来所描述的一致"这一措辞看，杂交种包括在品种定义之下；❷ 但另一代表却持不同意见，他认为：由于杂交种在繁殖时会出现分离现象，在他看来杂交种之最终产品不能说具备稳定性，因此"品种"的定义不能适用于杂交种。❸ 对此观点，德国代表不以为然。他认为：UPOV公约的理念是，除其他外，凡是能够栽培并满足第 6 (1) (c) 和 (d) 条规定条件的品种均可从保护中受益。像玉米、高粱或其他植物种的杂交种，只要每年能够得到适当生产就能够满足这些条件。❶

由于这些问题的存在，1978 年文本的修订者们最终决定将品种的定义从文本中删掉，从而导致 1978 年文本中没有给品种下定义。1973 年《欧洲专利公约》达成，其中的第 53 (b) 条规定，专利不能授予"动植物品种或者生产动植物品种的实质性生物学方法"。这一规定说明，对植物品种进行定义对《欧洲专利公约》是有裨益的，并且有可能反过来影响植物发明的可专利性。所以，在经过了十多年的探讨之后，到 1991 年文本修订时这些问题基本上找到了较好的解决方案。最终，1991 年文本第 1 (vi) 条对于品种的定义是：

"品种"系指已知植物最低分类单元中单一的植物群，不论授予育种者的权利的条件是否充分满足，该植物群可以是：

——以某一特定基因型或基因型组合表达的特征来确定；

——至少表现出上述的一种特性，以区别于任何其他植物群，并且

——作为一个分类单元其适用性（suitability，翻译成适宜性或适应性更好一些）经过繁殖不发生变化。

该定义至少有三个突出的优点。第一，将 1978 年《基础文本》中的"an assemblage of plants"改成了"plant grouping"。这样修改的好处在于避免涉及品种的数量的问题，同时考虑到定义中"'品种'系指已知植物最低分类单元

---

❶ Para. 110 of Summary Minutes of Records of the Geneva Conference, 1978.
❷ Para. 112 of Summary Minutes of Records of the Geneva Conference, 1978.
❸ Para. 113 of Summary Minutes of Records of the Geneva Conference, 1978.
❶ Para. 114 of Summary Minutes of Records of the Geneva Conference, 1978.

中单一的植物群，不论授予育种者的权利的条件是否充分满足"的这一说法过于宽泛，因而采用三个缩进句予以限制。第二，与1961/1972年文本相比，将"can be defined by the characteristics"改成了"can be defined by the expression of characteristics"。第三，第二个缩进句中的"区别于任何其他植物群"（distinguished from any other plant grouping）这一用语的适用表明，能够被定义为品种的标准是和"任何其他植物群"相比存在不同之处，而不是像对于"特异性"定义的那样，有别于"任何已知的其他品种"。说得再直白一些就是：确定一个品种是否具有特异性，其比较的对象是"品种"，而且是已知品种，而定义品种时其比较对象是"植物群"。

（二）品种定义的内涵

1. "品种"处于植物的最低分类单元之中

根据对1991年文本第1（vi）条品种定义中"已知植物最低分类单元中单一的植物群"的理解，"品种"处于植物的最低分类单元之中。由此可以推知，"品种"是"种"的下位概念。❶ "已知等级最低的植物分类群"（botanical taxon of the lowest known rank）的概念是对"植物群"（plant grouping）概念的限制，但同时能够满足对于在定义中包含种间或属间杂交产生品种之关切，因为那个包括了由杂交产生的各种物种的分类单元（the taxon in which a variety derived from such crossing was included）是可以非常迅速地识别出来的。例如，小黑麦（triticale），最初既不存在种层次的问题，也不存在属层次的问题，因为小黑麦既不属于小黑麦种（Triticum），也不属于小黑麦属（Secale），而从主要的分类等级上讲属于禾本科（the family of Gramineae），或者再准确一点说，属于小麦亚科（subtribe of Triticineae）。可见，此类品种始终是可以找到它的位置的。❷

2. 品种是具备一定条件的植物群

第一，就单一植物群（plant grouping）的个体组成而言，品种只能由同一种植物组成，不能由一种以上的植物组成。如果某种植物只是偶然出现的单一植株，虽然只是植株或植株部分，只要它可以繁殖出品种，就可以用其表示现有品种，无法批量繁殖的则不是品种。同时，"植物分类群"不是指任何植物分类群，而是最低等级的植物分类群。第二，品种的基本单位是植株或植株部分。性状（如抗病、花色等）、化学物质或其他物质（如油、DNA）、育种方法（如

---

❶ 牟萍. 植物品种权研究［M］. 北京：法律出版社，2011：80.

❷ Para. 991. 3（ⅲ）of Summary Minutes Records of the 1991 Diplomatic Conference.

组织培养）等，由于不符合品种的定义，因而都不是品种。● 对此，欧盟《基本条例》● 也做过类似规定，● 植物群包括能够繁育出整个植株的植株或植株部分。第三，品种必须具备 DUS 三性，这一点是毋庸置疑的。但是，由于该定义采用三个缩进句的方式来表达，等于将授权品种的 DUS 三个条件提到定义中了，而不是像 1961 年文本那样规定符合授权条件中的一致性和稳定性。

3. 品种的判断依据是其生物学特征

这个结论是从 UPOV 公约关于"品种"定义中"以某一特定基因型或基因型组合表达的特征来确定"和"作为一个分类单元，其适用性经过繁殖不发生变化"两个用语得出的。前一用语表达了两层意思。第一，一个植物新品种并非指某一具体的植株，而是指某一类具有基因型或基因型组合的表达形式。对于表达特征来自相同基因型的情形自然无须解释，但是对于表达特征来自基因型组合的情形就必须解释一下了。对于"基因型组合"，UPOV 联盟《关于 1991 年文本品种定义之解释性说明》第 9 条明确指出它包括合成品种（synthetic varieties）和杂交种。● 不过需要指出的是，基因型组合不同于特定的生理组合，寄生或共生组合或不属于同一个种的砧穗组合不包括在内。杂交种是两个以上基因型的组合，以胡萝卜为例，在由两个胡萝卜品种杂交组合而成的子代——杂交种中有其两个亲本的遗传物质。如此说来，似乎杂交种不应当属于"品种"的范畴。但在对品种进行定义时由于考虑到"已知植物最低分类单元中单一的植物群，不论授予育种者的权利的条件是否充分满足"这一用语外延太大，所以该定义又用三个缩进句加以限定。其中的第一个缩进句说，该植物群可以是"以某一特定基因型或基因型组合表达的特征来确定"。如此一来，杂交种又可以顺理成章地归入到品种的范畴之内了。因此从根本上来说，界定品种不是从遗传物质的单一性上来考虑的，而是从特征表达的一致性来考虑的。不过，用来描述和定义品种的性状必须由植物的基因型或基因型组合所决定，否则就不能用来描述和定义品种。所以从某种程度上也可以说，植物新品种权这一知识产权形式保护的是具有遗传功能的特定基因型或基因型组合。第二，"表达的特征"可以没有变化也可以在同

● UPOV/EXN/VAR/1：Explainary Notes on the Definition of Variety Under the 1991 Act of UPOV Convention adopted by the Council as its forty-fourth ordinary session on October 21，2010：EN5.

❷ Council Regulation（EC）No 2100/94 of 27 July 1994 on Community plant variety rights.

❸ Article 5 of（EC）No. 2100/94.

❹ UPOV/EXN/VAR/1：Explainary Notes on the Definition of Variety Under the 1991 Act of UPOV Convention adopted by the Council as its forty-fourth ordinary session on October 21，2010：EN9.

一种类的品种成分之间发生变化，只要变化程度来源于基因型或基因型组合即可。❶ "作为一个分类单元，其适用性经过繁殖不发生变化" 这一用语表示UPOV 公约并没有限制品种繁殖不发生改变的方式。对于诸如无性繁殖、自花授粉和异花授粉的品种来说，品种可以通过品种本身的植株得以繁殖而不发生改变；但对于像杂交种和合成品种这样的品种来说，其可以通过可能涉及该品种以外的植物的一个繁殖周期保持不变。此处，一个繁殖周期可能涉及两个亲本的一次简单杂交（如单交种），也可能涉及一个更复杂的繁殖周期（三交种、合成品种）。❷

综上所述，所谓 "品种" 系指已知植物最低分类单元中单一的植物群，这一植物群具有三个特点：第一，它以某一特定基因型或基因型组合表达的特性来确定；第二，它至少能够表达出一个与其他植物群不同的特性，从而区分于其他植物群；第三，这种特性经繁殖后不发生变化。同时，品种的定义完全是从生物学特征进行的。此外，"作为一个分类单元其适应性经过繁殖不发生变化" 这一用语表明，品种定义中涵盖了所有类型的品种，不论其繁殖方式如何。❸ 一言以蔽之，UPOV 公约 1991 年文本之品种定义承袭了育种学定义的基本内涵，是从技术层面对品种进行定义的。

接下来，一个需要进一步明确的问题是：杂交种究竟是否属于 "品种" 的范畴？这一现在看似非常明确的问题在国际植物新品种保护制度的发展过程中曾经一度是非常有争议的。❹ 实际上，在 UPOV 公约对品种做出定义之后，寻找杂交种是否属于品种的答案即变得简单起来。所谓杂交种，指的是一种由两个或两个以上相同或不同分类群基因型组成的植物，但不包括嫁接到砧木上的接穗所形成的组合。❺ 杂交种是 "品种" 也好，非 "品种" 也罢，

❶ Article 5 of （EC） No. 2100/94.

❷ UPOV/EXN/VAR/1: Explainary Notes on the Definition of Variety Under the 1991 Act of UPOV Convention adopted by the Council as its forty-fourth ordinary session on October 21, 2010: EN10.

❸ Para. 999-1000 of Summary Minutes Records of the 1991 Diplomatic Conference.

❹ 早在 2008 年 1 月 7 日，欧洲专利局上诉委员会（Board of Appeal of the EPO）即在其第 T788/07 号决定中指出，"杂交种或其植株不视为 '其适应性经过繁殖不发生变化' 的单位，因此不被视为排除在专利范围之外的植物品种 ［Article53（b）EPC]。该意见所产生的结果是，杂交种可以受到专利保护，并将被排除在共同体植物品种权的保护范围之外。但在 2012 年 3 月 22 日关于同意专利申请的决定中，欧洲专利局异议处背离了这一裁决，认为："在经过一个繁殖周期（两个植物品种之间的杂交）之后该植物应视为没有发生变化。" 其结果是，作为对上诉委员会决定的后续行动而授予的欧洲专利被撤销。显然，欧洲专利局异议处和欧盟植物品种保护局（CPVO）的观点是一致的。CPVO 认为：杂交种，至少 F_1 代杂交种，被涵盖在植物品种的定义之中，因而是共同体植物品种保护制度下可以受保护的主体。

❺ Section 3 of Australia Plant Breeder's Rights Act 1994 （consolidated as of August 25, 2018）.

关键是要看它是否能够满足 UPOV 公约给品种定义的条件。

2017 年，Bart Kiewiet 先生专门撰文，论述杂交种对于品种定义的符合性。❶他认为，按照品种的概念，第一，要看杂交种是否是"植物最低分类单元中单一的植物群"。然而遗憾的是，UPOV 公约并未对"植物群"这一概念作出界定，好在欧盟《基本条例》第 5（3）条填补了这一空白："植物群由整个植株或植株部分组成，只要这些植株部分能够生产出整个植株。"由这一定义可知，即使考虑到杂交种生产出来的植株其基因会发生一定变化这一因素，说杂交种就是这样的植物群似乎都是无可争议的。不仅如此，杂交种还是属于"最低分类单元中的单一植物群"，这是因为：杂交种通常都是在品种水平上进行杂交的结果，即使是在种间或属间杂交的情况下也是没有问题的，而且杂交种与其亲本处于相同的最低植物学等级，所以关于这个问题的答案必须是肯定的。第二，要看杂交种是否可"以某一特定基因型或基因型组合表达的特征来确定"。无论杂交种涉及一个基因型的特征还是基因型组合的特征，很明显，杂交种是可以用其特征表达来定义的。对受到共同体植物新品种制度保护的杂交种的描述，是对这一立场令人信服的证明。第三，要看杂交种是否能够"至少表现出上述的一种特性，以区别于任何其他植物群"。由于杂交种是两个亲本杂交的结果，因此其特性必然既不同于其亲本品种也不同于其他杂交品种。其结论是：杂交种一定能够满足品种定义中的"特异性"条件。这是因为：出于基因型组合的原因，两个不同植物品种杂交以后必然会出现某一种特定的表型，从而与其亲本及其他植物群区分开来。第四，要看杂交种是否达到了"作为一个分类单元其适用性经过繁殖不发生变化"这一条件。将"作为一个分类单元其适用性经过繁殖不发生变化"增加到"品种"定义的过程清楚地表明，它不会将杂交种排除在植物品种定义的范围之外。1991 年外交大会会议纪要中的内容可以说明这一点：Guiard 先生答复说，专家组已经就提议使用的句子是否涵盖杂交品种这一问题进行了详细的讨论。在专家组看来答案是肯定的，因为这句话提到了适用性。也就是说，这是一个非常宽泛的概念，并且该句还使用了被动语态（"for being propagated"而不是"for propagating"）。这表明外部干预的可能性，要么使用未必一定包括在品种中的植物群，要么使用特殊技术中的植物群。Guiard 先生的意见得到了 UPOV 公约 1991 年文本最后文本签署方的赞同。这意味着在遵守品种定义的

---

❶　BART KIEWIET. Should Hybrids Be Considered as Plant Varieties?［EB/OL］.（2017-03-01）［2019-05-20］. https://cpvo. europa. eu/en/news-and-events/articles/should-hybrids-be-considered-plant-varieties.

这方面，"繁殖"一词包括对亲本系进行杂交所形成的杂交种之繁殖，而不是指杂交种本身的种子繁殖。在考虑公约签署方的意图时，应当考虑到早在外交会议举行的几年前欧洲专利局即已作出了决定——杂交种不能视为品种，因为它们"在整个世代群体的某些特性上缺乏稳定性"。在欧洲专利局上诉委员会作出这一决定时，彼时有效的 UPOV 公约没有对植物品种进行定义，欧洲专利局上诉委员会的决定是建立在它自己对品种进行的定义基础之上的。来自欧洲的 UPOV 成员的参会代表们对于欧洲专利局上诉委员会作出的前述判决也是知道的。可见，他们接受 1991 年文本对于品种定义之行为，显然是在有意背离这一判决。

需要进一步说明的是，不仅杂交种应当作为品种受到品种权的保护，而且其亲本品种也应当受到保护。但是，由于生产实践中的亲本品种是用来生产杂交种的，因此就不会在市场上销售。因此，人们对于杂交种的认识总是或多或少出现一些偏差，即有人把亲本品种看作杂交种的繁殖材料，特别是在杂交种品种权的许可活动中，认为只要得到了杂交种品种权人的授权，其中自然就应当包括亲本品种的授权。在"河南金博士种业股份有限公司与北京德农种业有限公司、河南省农业科学院侵害植物新品种权纠纷案"中，"郑单 958"是一个由母本"郑 58"与父本"昌 7-2"杂交而成的杂交品种，只要生产繁育"郑单 958"玉米杂交种，就必须使用其母本品种"郑 58"。因此，生产繁育"郑单 958"玉米杂交种必须取得"郑 58"权利人的同意。❶但是，被告北京德农种业有限公司却认为，既然它已取得"郑单 958"的品种权使用权，那么该权利中自然应当包含允许其使用"郑 58"生产"郑单958"的权利。因此，北京德农种业有限公司使用"郑 58"生产"郑单 958"，并不构成对河南金博士种业股份有限公司的侵权。❷正是这种对于品种概念的含糊不清的理解，才导致了其被判赔 4952 万元"天价"赔偿。该判决有力地证明了亲本品种和杂交种都是品种权意义上的品种，可以受到同等保护。

(三) 与"可受保护品种"的区别

"可受保护品种"（Protectable Variety）是 UPOV 联盟《关于 1991 年文本品种定义之解释性说明》在对"不论授予育种者的权利的条件是否充分满足"进行解释时使用的一个术语。至于什么是"可受保护品种"，该说明并未解释，不过欧盟《基本条例》第 6 条"可受保护品种"（Protectable Varieties）规定：

---

❶ （2018）最高法民申 4587 号。

❷ （2015）豫法知民终字第 00356 号。

"共同体植物品种权应当授予具备特异性、一致性、稳定性和新颖性的品种。此外，该品种还必须按照第 63 条的规定进行命名。"可见，所谓"可受保护品种"指的是达到了植物新品种权授权条件的品种。而品种定义中的"不论授予育种者权利的条件是否充分满足"明确地表明被称为"品种"的植物不一定满足植物新品种的授权条件。换言之，品种中既有"可受保护品种"也有不"可受保护品种"，所以"品种"的外延宽于"可受保护品种"；❶ 反言之，不"可受保护品种"可能仍然符合第 1（vi）条中的品种定义。但需要明确的是：申请品种（candidate variety）必须与已知品种有明显区别。❷ 所以，在用"无论是否完全符合授予育种者权利的条件"对品种进行定义后，品种概念的定义即变得宽泛起来，涵盖了一个不一定能够受到育种者权利保护的群体。即使有后面的限制性缩进句，仍然有可能发现有些符合定义的植物分类是不能受到保护的。这一点很重要，因为它使任何看到品种定义的人都能充分了解到，有些品种虽然不符合公约定义的保护标准，但并不意味着此类品种不存在。❸

谈到"可受保护品种"时，还有一个与之密切关联的词——"受保护品种"。"受保护品种"指的是受到法律保护的品种，或者更准确一点说，指的是仍处于有效保护期限内的品种。"可受保护品种"和"受保护品种"是从品种的法律状态上进行区分的："可受保护品种"是指已经具备了品种授权保护的条件但未申请保护的品种；"受保护品种"是得到国家授权且权利仍然有效的品种。从"可受保护品种"在《关于 1991 年文本品种定义之解释性说明》中出现的语境以及欧盟《基本条例》第 6 条对于它的定义看，它等同于我国《植物新品种保护条例》中的"新品种"。该条例第 2 条规定："本条例所称植物新品种，是指经过人工培育的或者对发现的野生植物加以开发，具备新颖性、特异性、一致性和稳定性并有适当命名的植物品种。"

不言而喻，"新品种"和"品种"显然不是等量齐观的概念。我国《植物新品种保护条例》中有"新品种"的定义，但缺乏对"品种"的定义。没有品种定义作为基础，新品种定义的根基一定不坚实，品种权的概念也一定没有厚重感。正在拟议中的《植物新品种保护条例》（修订意见稿）对品种进行了定义，试图弥补这一不足。修订意见稿中这样写道："品种是指经过人

---

❶ Explainary Notes on the Definition of Variety Under the 1991 Act of UPOV Convention adopted by the Council as its forty-fourth ordinary session on October 21, 2010：EN6.

❷ Explainary Notes on the Definition of Variety Under the 1991 Act of UPOV Convention adopted by the Council as its forty-fourth ordinary session on October 21, 2010：EN7.

❸ Para. 991. 3 (ⅲ) of Summary Minutes Records of the 1991 Diplomatic Conference.

工选育或者发现并经过改良，形态特征和生物学特性一致，遗传性状相对稳定的植物群体。"这一定义，虽然与《种子法》的定义保持了一致，但仍有较大的遗憾：定义缺乏特异性方面的体现。但正如前文所言，UPOV 公约关于"品种"的定义是从植物的生物学特征方面进行的。说得再明确一点，只有具备了特异性、一致性、稳定性条件的品种才是 UPOV 公约意义上的品种。这是品种应当具备的基本技术条件，而修订意见稿中的定义只有一致性和稳定性的要件，明显缺乏特异性方面的条件。

综上所述，"品种""可受保护品种"与"受保护品种"三者在外延上依次缩小："受保护品种"亦可称为"授权品种"，指的是得到国家授权的新品种；"新品种"一定是"品种"，但"品种"未必是"可受保护品种"。只有那些既具备品种本身需要的生物学技术条件又具备人为规定的法定条件的品种，才是"可受保护品种"。

在研究"可受保护品种"这一定义时，还有一个问题需要加以讨论，即"发现的品种"是否属于"可受保护品种"？UPOV 公约在对待发现方面与专利制度不同。发现不具有可专利性，而在栽培植物种群中"发现"的突变或变异确实是潜在的新的改良品种的来源。如果 UPOV 公约将此类变种排除在保护范围之外，不让发现者保持为造福世界而保存和传播这些有用发现的积极性，那它的使命将无法实现。美国在 1930 年向"发明或发现以及采用无性繁殖方法繁殖出任何具有特异性和新颖性的品种的人"提供植物专利时也是采用了与此相同的方法。❶

植物新品种权的客体显然应当是"品种"。但是，UPOV 公约的三个文本均承认"培育或发现并开发"（bred, or discovered and developed）（达到授权条件）品种的人有权得到保护。表面上看这与专利的保护客体之区别显然是巨大的，然而实实在在地说，单纯的发现是不可能受到保护的，这是因为：从技术上讲，只有品种达到特异性、一致性和稳定性的品种方可受到保护，一个发现的品种若要达到这些条件显然是少不了人为干预的。不过需要说明的是，虽然受到保护的条件是"发现并开发"，但法律并没有规定，"发现"和"开发"必须是同一人所为。因此，"发现"的品种在被别人"开发"以后，同样能够受到植物品种权保护。从这一意义上说，发现的品种是可以受到保护的。将"发现"纳入公约的原因是"发现"对于品种的生产来说是一种非常有价值的遗传变异资源。如果被排除在保护范围以外，那么植物新品种保护制度将难以实现其利用遗传资源多样性最大限

---

❶ Para. 14 of C（Extr.）/19/2 Rev..

度地进行研发的目标。由于为了获得保护而强调植物品种的研发（或驯化），UP-OV 公约保护并不介意保护土生土长（indigenous）的植物群体。这也就能够解释得通一些遗传资源丰富的发展中国家寻求利用和 UPOV 公约相结合的方式对当地的一些植物生命进行保护的原因。❶

　　然而，对于"发现"和"开发"这两种行为 UPOV 公约并没有给出明确的答案，欧盟植物品种保护局复审委员会在 2004 年 12 月 16 日审结的一个案例❷

---

❶　MARGARET LIEWELYN, MIKE ADOCK. European Plant Intellectual Property ［M］. Oxford：Hart Publishing, 2006：162.

❷　该案例的具体情况是：南非育种者 Potgieter 在 1999 年 10 月 20 日，取得"Phasion"品种的共同体植物品种权，后转让给 Kirsten 公司。2002 年 7 月 23 日，有人举报该品种不具备新颖性和特异性，因为该品种 1970 年即在南非有过销售。同时，该品种在南非的品种权也遭到起诉。在调查过程中，Kirsten公司所有人 Mr. Kirsten 主张"Phasion"品种的真正育种者是他而非 Potgieter。但是，2003 年 11 月 6 日，Mr. Kirsten 曾在南非高等法院陈述：1991 年，Kruger 在其私人花园中展示该"Phasion"品种给他看。在2003 年 11 月 11 日，南非最高法院判决撤销 Mr. Kirsten 的南非植物品种权，理由就是 Mr. Kirsten 的陈述。欧盟植物品种保护局据此认为 Mr. Kirsten 未"发现"该品种，他并非《基本条例》第 11 条定义的"育种者"，于是决定撤销"Phasion"品种的共同体品种权。2004 年 1 月 6 日，Kirsten 公司申请对欧盟植物品种保护局的决定进行复审。理由是：植物品种权保护制度允许多数发现者的存在，而且"没有预料地碰到"与《基本条例》中"发现"的意思相容，因此"发现"不必是"在找寻的过程中"遇到。Kirsten 公司的代理人还指出，本案并非 Kruger 将该植物展示给 Mr. Kirsten，而是 Mr. Kirsten 在没有他人帮助、没有预料的情况下"碰到"了该品种，并评估其具有商业潜力，进而对其进行开发的。

　　欧盟植物品种保护局复审委员会认可 Kirsten 公司关于"发现"并不限于单一时间与单一地点的观点。认为不同的人可以在不同时间和不同地点发现同一个品种，但只有伴随"开发"的"发现"才与品种权有关系。所以欧盟植物品种保护局并不认为"发现"与"碰见"意思相同。依据 Mr. Kirsten 在南非高等法院及欧盟植物品种保护局听证程序中的陈述，欧盟植物品种保护局认为 Kruger 不但知道该品种存在，并且曾展示给 Mr. Kirsten 看，所以"Phasion"并非 Mr. Kirsten 发现的。

　　复审委员会就本案的裁决是：若有两个人涉入《基本条例》第 11（2）条规定之行为，在本案必须是：(1) Mr. Kirsten "发现并开发""Phasion"品种；或 (2) Kruger "发现"、Mr. Kirsten "开发""Phasion"品种；或 (3) Mr. Kirsten 育成"Phasion"。此外，依照 UPOV 1991 年文本修订会议的记录，"发现"从未被解释为识别该品种具有商业潜力。所谓"发现"是指："某人碰巧遇到一个品种，不论是经过找寻还是偶然碰到，并意识到其为一新品种；该品种应为其此前所不知，并且据其了解其他人也在此前不知。"在此定义下，被"发现"的品种有无商业潜力并不相关。同时，同一品种被两个或多人同时"发现"的可能是存在的。但本案未有充分证据证明究竟是 Mr. Kirsten 还是 Kruger 发现了"Phasion"。因为纵观本案，并不存在所谓的"发现"行为：(1) Mr. Kirsten 没有发现该品种。因为 Mr. Kirsten 曾清楚地陈述，如果不是 Kruger 展示给他看该品种，其不会注意到。此外，Mr. Kirsten 在法庭上说辞反复：先说当时只有两人在场，后来又说当时有第三人在场可证明。(2) 不能证明 Kruger 发现了该品种。虽然 Kruger 可能已注意到该品种的存在，但是仍无法排除 Kruger 是从其他第三人处购得该品种。于是 Mr. Kirsten 及 Kruger 皆不能成为《基本条例》第 11 条规定的"发现者"。因此，对于 Mr. Kirsten 是否开发"Phasion"品种不必回答。复审请求人虽又以先前发生的案例（A017/2002 青花菜案例）之判决结果作为抗辩理由，但该案申请人已培育出一纯系品种，他不但有种植行为也有选择等行为，符合《基本条例》第 11 条关于"培育"的要求。何况本案复审请求人主张的是"发现并开发"而非"培育"。然而，正如前述，其并没有发现行为，且未能证明复审请求人曾对"Phasion"做过任何特别的开发。即使是主张培育，但从相关档案看，本案品种与 Kruger 展示给 Mr. Kirsten 的品种并没有任何特异性存在，可见并没有培育行为，因此不具备品种申请人资格。（参见李秀丽. 植物品种法律保护制度国际比较研究 ［M］. 北京：知识产权出版社，2014：127-129.）

中，复审委员会对"发现"的含义进行了解释："在复审委员会看来，'发现'的意思是某人'偶然或通过寻找'遇到了一个品种，而该品种是他以前不知道的或者在他看来其他人以前也不知道的。在这种情况下，该新品种是否具有商业开发价值与它是否是新品种并不相关。因此，一个或同一个品种在同一地点或两个不同的地点分别被两个或两个以上的人在不同的时间分别发现，这种情况是可能的。"笔者认为，这种解释是符合 UPOV 公约精神的，而且为那些适用《基本条例》第 11（1）条的人提供了有力的工具。在判决时，复审委员会无须对"开发"这个词进行解释，作为"育种者"这个概念的第二部分，发现的客体是对符合品种条件的植物分类。如果将这个因素也考虑进去，那么"开发"就是对"发现"的补充，其意思是对被发现的品种的选择或者繁殖。换言之，"开发"这个概念就其单纯的意义来说，十分接近"育种"。[1]

第二节　植物新品种权的概念与特征

一、植物新品种权的概念

在我国，植物新品种权（New Plant Varieties Rights）有广义和狭义之分：广义的植物新品种权，是指育种者对植物新品种的生产方法及植物新品种所享有的独占性的权利；[2] 狭义的植物新品种权，是指育种者对植物新品种依法享有的独占性的权利。所以，狭义上的植物新品种权就是育种者权。[3]

植物新品种权是我国独有的称谓。《植物新品种保护条例》第 1 条明确规定："为了保护植物新品种权，鼓励培育和使用植物新品种，促进农业、林业的发展，制定本条例。"实际上，植物新品种权在国际植物新品种保护领域还有另外两种称谓：一种是"植物品种权"（Plant Varieties Rights，PVR，简称"品种权"），如欧盟、新西兰、美国等，意在侧重对权利客体——植物新品种的强调；另一种是"植物育种者权利"（Plant Breeder's Right，PBR，简称

---

[1] G WÜRTENBERGER, et al. European Community Plant Variety Protection [M]. New York：Oxford University Press, 2006：24.

[2] 吴汉东. 知识产权基本问题研究 [M]. 北京：中国人民大学出版社, 2009：564.

[3] 胡潇潇. 植物品种权法律基础 [M]. 北京：知识产权出版社, 2018：7.

"育种者权利"），如澳大利亚、加拿大、荷兰、肯尼亚、南非等，侧重于对权利主体——育种者的申明。❶ 本书中，若非特别说明，"植物新品种权"等同于"植物品种权"和"植物育种者权利"。

对于植物新品种权的概念，学者们的意见也不尽一致，主要有从以下四个角度进行的定义。一是从品种权的主体和客体的角度进行定义，认为：植物新品种权，也称"植物育种者权利"，是法律赋予植物新品种培育者对其所培育的新品种所享有的专门权利。二是从品种权的授予条件和权利内容两个方面对其进行定义，认为：植物新品种权是依法授予经过人工培育的或者对发现的野生植物加以开发，具有新颖性、特异性、一致性和稳定性并有适当命名的植物新品种的所有人以生产、销售和使用授权品种繁殖材料的专有权。我国《种子法》对于植物新品种权就是从这一角度进行定义的。❷ 三是从国家植物新品种保护机关授予品种权程序的角度进行定义，认为：植物新品种权是指国家植物新品种保护主管机关依法对植物新品种申请人的申请材料进行审查、对其提交的繁殖材料进行相关测试之后，对符合授权条件的植物新品种所授予的、依法专有使用的权利。四是从知识产权分类的角度进行定义，认为：植物新品种权是指国家主管机关依照法律、法规授予品种权人的对其新品种所享有的经济权利和精神权利的总称。经济权利是指完成新品种育种的单位或者个人依法对其品种享有的独占权，以及许可他人生产、销售、使用并获得报酬的权利等。精神权利是指完成新品种的培育者享有的表明其是该品种完成者这一身份的权利，以及因完成该品种而获得相应的奖励和荣誉的权利，它与完成新品种的培育者的人身不可分离，是人身关系在法律上的反映。❸ 本书比较赞成第一种定义，即植物新品种权是法律赋予植物新品种培育者对其所培育的新品种所享有的专门权利。

对于植物新品种权概念的含义，应从以下三个方面加以理解。第一，植物新品种权是重要的知识产权类型之一。植物新品种权是法律赋予植物新品种培育者对其所培育的新品种所享有的专门权利。它同专利、商标、

❶ 牟萍. 植物品种权研究 [M]. 北京：法律出版社，2011：12-13.
❷ 《中华人民共和国种子法》第 25 条规定："对国家植物品种保护名录内经过人工选育或者发现的野生植物加以改良，具备新颖性、特异性、一致性、稳定性和适当命名的植物品种，由国务院农业、林业主管部门授予植物新品种权。"
❸ 聂洪涛. 论植物新品种国际保护的发展趋势——兼评我国相关法律的完善 [J]. 江西社会科学，2011（10）：165-170.

著作权一样，是 TRIPs 协议（《与贸易有关的知识产权协议》）规定的七种知识产权类型之一，也是《中华人民共和国民法典》（以下简称《民法典》）规定的民事主体依法享有的知识产权类型之一。《民法典》第 123 条规定："民事主体依法享有知识产权。知识产权是权利人依法就下列客体享有的专有的权利：（一）作品；（二）发明、实用新型、外观设计；（三）商标；（四）地理标志；（五）商业秘密；（六）集成电路布图设计；（七）植物新品种；（八）法律规定的其他客体。"第二，植物新品种权的获得需要具备法定条件、履行法定程序。植物新品种权是国家植物新品种保护主管机关依法授予育种者对其经过人工培育的或者对发现的野生植物加以开发，具有新颖性、特异性、一致性和稳定性并有适当命名的植物新品种所享有的生产、销售和使用授权品种繁殖材料的专有权。植物新品种权的授权条件包括技术性条件和非技术性条件两部分。前者包括特异性、一致性和稳定性；后者包括新颖性和适当的命名。由于我国目前仍然实行植物新品种保护名录制度，所以在我国一个植物新品种若要得到国家主管机关的授权，还必须是属于《植物新品种保护名录》中的植物属或种。具备授权条件的植物新品种并不当然地取得植物品种权，申请人需要依照法定程序向国家植物新品种保护主管机关提出植物新品种权授权申请，经国家植物新品种保护主管机关进行形式审查和实质审查，并经过公告、批准等程序后方可获得授权。第三，植物新品种权的内容包括经济权利和精神权利两个方面。我国《植物新品种保护条例》第 6 条规定："任何单位或者个人未经品种权人许可，不得为商业目的生产或者销售该授权品种的繁殖材料，不得为商业目的将该授权品种的繁殖材料重复使用于生产另一品种的繁殖材料；但是本条例另有规定的除外。"简言之，品种权人对其获得授权的植物新品种享有生产权、销售权和使用权。品种权人除了享有这些经济权利，还享有精神权利。精神权利是指完成新品种的培育者享有的表明其是该品种完成者这一身份的权利以及因完成该品种而获得相应的奖励和荣誉的权利，它与新品种培育者的人身不可分离，是人身关系在法律上的反映。我国《植物新品种保护条例》第 4 条规定，"完成关系国家利益或者公共利益并有重大应用价值的植物新品种育种的单位或者个人，由县级以上人民政府或者有关部门给予奖励"。而且根据相关规定，新品种的培育者享有授权品种的署名权。需要指出的是，在许多情况（如职务育种和委托育种）下，经济权利的所有人与精神权利的所有人存在相互分离的现象。

二、植物新品种权的性质与特征

既然植物新品种权属于知识产权的类型之一，它就应当具有知识产权所共有的特征，如权利的法定性、排他性、地域性和时间性（商业秘密除外），客体的非物质性、公开性（商业秘密和部分作品除外）和易于传播性等。又如，作为一种法定权利，其获得需要经过一定的法定程序，即须经申请、审查和批准才能获得，并在使用、转让、继承等方面受到法律法规的限制。另外，作为一种独立存在的知识产权，植物新品种权与其他类型的知识产权相比也存在一些区别。由于一种类型的权利区别于另一种类型权利的根本原因是该权利所指向的客体不同，因此植物新品种权的特征就反映在植物新品种权所指向的权利客体——植物新品种上。确切地说，正是由于植物新品种所包含的生物遗传信息才使得植物新品种权具有了不同于其他类型知识产权权利的特征。

（一）植物新品种权以具有生命活力的物质载体之存在为前提

1. 植物新品种权的保护对象是具有生命和自我繁殖能力的植物新品种

首先，虽然植物新品种权同专利、商标、著作权等其他知识产权类型一样，本质上是一种民事权利，但是它的特殊之处在于其保护对象是具有生命和自我繁殖能力的植物新品种。植物新品种的这一特点造成了以下三个问题。一是人们在植物新品种保护制度创立之前的相当漫长的时间里一直都习惯性地认为，具有生命活力的生物是自然产物，不应该受到知识产权的保护。二是植物新品种的许多性状（如味道、颜色、气味等）不能满足专利法上的书面描述及信息充分公开的要求，因而无法给予专利法上的保护。三是植物新品种中内含的生物遗传信息更加容易受到侵害，即使是一个达不到该领域内一般育种技术水平的人，只要拿到了受保护品种的繁殖材料，即可繁殖或生产出用于生产或销售的品种，从而赚取比品种权人更高的利润，削弱品种权人的市场地位和竞争能力。

2. 植物新品种遗传信息的表达形式与植物繁殖材料不可分离

由于品种权以植物遗传信息的表达形式为客体，因此，植物遗传信息不能脱离具有生命活力的植物繁殖材料而存在。对于植物遗传信息来说，最直接的生命形式就是植物遗传信息的物质载体，即植物材料的存在。这些植物材料包括植物的整株或其部分，这就决定了品种权必须以对应的物质载体的存在为前提。如果某一植物新品种的物质载体不存在了，则对应的植物新品种权也就失去了存在的意义，因而应该被取消或提前终止。从这个意义上说，单纯的描述植物新品种特征的技术资料是不能作为品种权存在的依据的，这是植物新品种权与专利权的一个明显的差别。品种权的这一特征在植物新品种法律保护制度中反映得十分清楚。首先，植物新品种权的产生离不开活的繁殖材料的存在。这是因为：在植物新品种权成立的五个条件中，其中三个关键的技术性条件的具备与否是需要经过 DUS 测试方可得出结论的，而 DUS 测试恰恰是对申请品种的活体测试，即对植物品种进行大田栽培试验。测试结果反映的是待测植物品种的物质载体所表现出的特征和特性，而这些特征和特性又恰恰是决定 DUS 测试结论的主要依据。如果没有活的植株就反映不出 DUS 测试结果，植物新品种也就无法确认，其对应的品种权也就无法诞生。其次，品种权内容的实施也同样需要活的植物载体的存在。作为品种权内容的生产和繁殖、为繁殖而进行的处理等都离不开活的生物繁殖材料的存在，而这也恰恰是由生物遗传信息的特征决定的。

3. 植物新品种权对其所对应的物质载体有一定的要求和条件

与其他类型的知识产权相比，品种权对其所对应的物质载体有一定的要求和条件，而这一要求和条件不是任何物质都能够满足的。能够作为植物新品种权载体的物质必须是具有生命活力的植物，这是植物新品种权的一个比较明显的特点。需要补充说明的是，虽然作为知识产权载体的植物有别于其他物质载体，但是，其作为知识产权物质载体的身份和法律地位没有改变。品种权之所以选择相应的具有生命活力的植物作为自己的载体，是由生物遗传信息自身的特点决定的。也正是生物遗传信息自身的特征决定了一般的物质不能作为植物新品种权的物质载体，而是必须以一定的具有生命活力的植物体作为自己的物质载体。可见，生物遗传信息自身的特征决定了物质载体的选择，同时也决定了植物新品种权的特征，使品种权表现出不同于其他类型知识产权的特征。❶

（二）植物新品种权的存在期限受其客体稳定性的限制

1. 植物新品种权的客体是生物遗传信息的表达形式

知识产权是关于信息的一类权利，但权利的客体并不是信息本身，而是信息的一定表达形式。同时，并不是所有的信息及其表达形式都能构成知识产权权利客体的。植物新品种权的客体是生物遗传信息，其表达形式就是植

---

❶ 侯仰坤. 植物新品种权保护问题研究 [M]. 北京：知识产权出版社，2007：345-349.

物新品种。植物新品种权的一切特征都由其客体决定，并受生物遗传信息的影响。从分子学的角度说，生物遗传信息是 DNA（脱氧核糖核酸）双螺旋结构中核苷酸的排列顺序，但是，并不是任何两个核苷酸的排列顺序就能传递一定的遗传信息，由几十个、上百个，甚至几百个核苷酸的排列顺序才能传递一定的遗传信息，而这些能够传递一定遗传信息的核苷酸所组成的排列顺序就构成了一个基因，基因是体现生物遗传功能的基本单位。

2. 生物遗传信息的表达形式在其形成的过程中会发生变异

生物遗传信息从产生到最后被以生物学性状的形式在生命体上表达出来，需要经过一系列生理生化过程。依据中心法则，大致的过程包括 DNA 复制→向 RNA（核糖核酸）转录→翻译成蛋白质，然后由不同的蛋白质构成植株的不同组织和器官，借助这些组织和器官通过形成生物体的不同性状最后才能表达出来。由于这个过程经过的中间环节太多，因而某些环节上出现差错就是不可避免的，特别当受到外界环境或者人为因素影响时，情况更是如此，由此引起生物遗传信息在"传递"过程中发生变化，引起生物遗传上的变异。从整个生物进化的历史看，生物的这种变异是绝对的，保持不变是相对的。植物新品种体现的也是一定的生物遗传信息，在这一生物遗传信息的遗传过程中，同样不可避免地存在着遗传上的变异。

3. 当植物新品种不再符合授权时的条件时，其权利保护期限于届满前终止

基于生物遗传信息的表达形式在其形成的过程中会发生变异这一特点，在植物新品种保护制度中规定了品种权的终止制度，将"经检测授权品种不再符合被授予品种权时的特征和特性"作为权利保护期限于届满前终止的情形之一。可以说，这是品种权的一大特征，即品种权的存在期限除受法律规定的期限约束以外，还要受到权利客体生物信息遗传变异的影响。需要指出的是，出现不再符合授予品种权时的特征和特性的原因并不在于育种家或品种权人，甚至也不在于该授权品种的使用者，而是在于植物新品种本身，是由植物新品种作为一种植物自身所具有的不可消除的遗传变异性决定的。当然，种植管理条件能够影响到这种变化的进程，如加速或者延缓遗传变异的发生时间和速度等。当变异发生后，除非育种家或品种权人能够提供已经恢复到申请品种权时所提供的符合条件的植物新品种，否则，该品种权提前终止或者被撤销，这是其他类型的知识产权权利所不具有的特点。

（三）植物新品种权的独占性水平弱于专利

知识产权的独占性与对有形物的独占性不同，权利人对有形物的独占性表现为对实物的占有，并绝对排斥他人干涉。由于知识产品的无形性，权利人无法直接占有知识产品，而只能通过对知识产品载体的控制达到独占目的。品种权人正是通过对植物新品种的载体——具体繁殖材料的控制实现其独占性权利的。植物新品种权的独占性还表现为对同一新品种，不允许存在两个品种权，只能是"一品种一权利"。❶ 所以与专利权相比，植物新品种权的优势在于，它提供了一些专利所不能提供的法律上的明确性：单个产品可能要受到许多专利权的保护，而任何植物品种皆可被单个植物新品种保护证书覆盖。❷ 但客观地讲，与专利权相比，植物新品种权的独占水平相对还是要低一些。这是因为，在植物品种权法律保护制度中，除了规定品种权的权利内容，还规定了权利的例外，尤其是研究"利用授权品种进行育种及其他科研活动"（所谓的"研究豁免"）与"农民自繁自用"（指"农民留种"）。就前一种情况来说，利用他人的品种育成的新品种（此处不包括杂交种），其销售不需要取得被利用品种之权利人的授权，仅这一点就比专利的保护强度差了许多。因为根据专利法的相关规定，新育成的品种若包含被利用品种的特性，在对其进行商业化时即应当取得被利用品种之权利人的授权，但是在植物新品种保护制度中，只有在新育成的品种为实质性派生品种或与授权品种没有明显区别的情况下，其商业化才需要得到授权品种之权利人的授权。后一种情况对于品种权人的利益也会产生不小的影响。知识产权制度在本质上是一种利益平衡机制，农民是植物新品种的最大使用群体，若允许他们拥有留种特权，品种权人的利益受到削弱就是必然的。

第三节　植物新品种权的产生和发展

植物新品种权保护制度发端于欧美发达国家。早在 19 世纪的欧洲，人们即开始意识到系统的植物育种工作对社会所带来的潜在利益，并开始探索建立用一种不同于既往的知识产权形式对植物新品种进行保护的制度。到了 20

❶ 丁广梅，赵云芬. 植物新品种权的独立知识产权属性分析 [J]. 西南农业大学学报（社会科学版），2009（3）：56-59.

❷ G DUTFIELD. The Globalisation of Plant Variety Protection：Are Developing Countries Still Policy Takers？[J]. Intellectual Property and Development（Understanding the Interfaces），2019：277-293.

世纪 30 年代，人们越来越认识到对待植物育种者应当像对待发明家一样，使他们在开发植物品种方面的投资得到专利奖励，否则会破坏他们从事植物育种的积极性。● 1930 年 5 月 13 日美国国会通过了《植物专利法》，开始对无性繁殖品种进行保护，开创了世界植物新品种保护立法之先河。● 经过一段时间的思考之后，20 世纪 50 年代末欧洲育种家和其他人在既有种子法规的基础上为欧洲设计了一套全新的植物新品种保护体系。● 1957 年 5 月，法国外交部邀请德国、荷兰、奥地利等 12 个国家和 3 个政府间国际组织参加了在法国召开的第一次植物新品种保护外交大会。欧洲遂成了 UPOV 的策源地。● 此后，在法国政府的积极推动下，1961 年 12 月 2 日召开了第二次外交会议，此次会议签署了《国际植物新品种保护公约》（其法语全称为 "Union Internantionale pour la Protection des Otentions Vegetales"，简称 "UPOV 公约"），该公约于 1968 年 8 月 10 日生效。UPOV 公约的生效标志着国际植物新品种保护联盟这个政府间组织的正式成立，● 植物新品种保护制度从此进入了国际化发展阶段。●

据文献记载，20 世纪 60 年代至 70 年代，植物品种权制度运行还是非常成功的。在此期间，UPOV 公约分别于 1972 年和 1978 年修订了两次。不过，这两次修订幅度都是非常有限的，1961 年文本所制定的实体性内容未发生太大变化。在这一时期，虽然现代植物遗传学的所有潜能已经得到了认知，但成果还不是太多。不过时间进入 20 世纪 80 年代以后，一切都变了。首先，植物育种技术快速发展，这给植物新品种权保护制度带来了挑战。因为在新的植物育种技术成果中，有些可以受到 UPOV 公约（指 1978 年文本）的保护，但是还有一些却明显地落入"品种"这个概念之外，从而得不到 UPOV公约（指 1978 年文本）的保护。其次，植物新品种市场发展也非常迅猛，但品种权的授予却必须经过严格的审查程序。最后，有人甚至认为 1961 年和

● 李秀丽. 植物品种法律保护制度国际比较研究 [M]. 北京：知识产权出版社，2014：193.

● 吴立增，黄秀娟，刘伟平. 基因资源知识产权理论 [M]. 北京：科学出版社，2009：2.

● G DUTFIELD. The Globalisation of Plant Variety Protection：Are Developing Countries Still Policy Takers? [J]. Intellectual Property and Development（Understanding the Interfaces），2019：277-293.

● 管荣齐，薛智胜. 从 TPP 知识产权规则审视植物新品种的可专利性 [J]. 知识产权，2016（3）：117-121.

● 周宁，展进涛. 基于 UPOV 公约的国际植物新品种保护进程及其对我国的启示 [J]. 江西农业学报，2007，19（8）：141-144.

● 王志本. 从 UPOV1991 文本与 1978 文本比较看国际植物新品种保护的发展趋向 [J]. 中国种业，2003（2）：1-4，7.

1978 年文本只是专门针对农业植物育种者这一特殊群体制定的，对其他育种者的利益没有给予明确和平等的重视。尽管 UPOV 公约的两个文本在序言中都特别说明农作物不是植物新品种权保护的唯一类型或主要类型，然而人们还是认为，UPOV 公约（指 1978 年文本）对非农植物品种保护不够。

在对 UPOV 的植物新品种保护制度的众多批评当中，国际商会（ICC）的批评最直接。它在一篇观点文章中写道："UPOV 公约下的植物新品种保护制度保护的是那些不能满足受保护条件的材料，用以激励在植物生物领域和育种研发方面的研究和进步是不合适的，尤其该制度既不能提供必要程度的排他性来激励研发投资，也不能提供早期公开描述和信息披露必须具备的要素，以辅助进一步的研究，而这两点恰恰都是专利制度固有的。"❶ 该文件还说，尽管 UPOV 制度的价值极其有限，但是在该制度能够也应该完善的同时，绝不允许其对真正（满足授予专利的所有正常条件的）的植物生物领域和育种研发领域中的发明之专利化构成障碍。ICC 认为："在植物生物技术领域，不应该对专利保护有任何特别的限制。"而且对于为什么专利保护和植物品种保护不可以同时提供，或者为什么发明人不应该自由选择保护方式或者两种方式都要，这些也尚未看到任何有说服力的理由。在实体性制度的修改上，ICC建议保护范围应当延及最终产品和收获材料，而且应当对一切品种进行保护。WIPO（世界知识产权组织）则要求 UPOV 联盟要切实行动起来。它认为，只要现行制度能展现出足够的灵活性和快速应对新发展需要的能力，它是可以保留下来的。

既然没有人建议终止 UPOV 制度，那么从当时的争论可以看得很清楚，外界的期望就是对法律进行修改。如果科学预见正确，那么采用传统方式培育的品种数量即会下降，进而导致品种权数量减少，甚至少到该制度本身实实在在的不再具有任何真正价值的地步。似乎预料中的结局是，禁止对植物品种进行专利保护的规定会被取消，植物品种权的死亡也是不可避免的。❷ 正是在这种对 UPOV 公约规定不满意的背景下，迄今为止最有意义的一次对UPOV 公约的修订开始了。1991 年文本修订的一个核心主题是增加植物品种权制度对于育种者的吸引力。实现这一目标的具体做法是尽量使品种权成为

---

❶ 转引自：MARGARET LIEWELYN, MIKE ADOCK. European Plant Intellectual Property ［M］. Oxford：Hart Publishing, 2006：155.

❷ 转引自：MARGARET LIEWELYN, MIKE ADOCK. European Plant Intellectual Property ［M］. Oxford：Hart Publishing, 2006：156-157.

一种更接近专利类型的权利。结果显示：1991 年文本对发展中国家没有产生太大的吸引力；不过，1991 年文本修订以后，社会对于植物新品种权制度的批评确实是大大减少了。

1994 年 TRIPs 协议达成，在贸易制裁的压力下许多发展中国家陆续加入UPOV 公约，UPOV 范式的植物新品种保护制度开始从发达国家走入包括我国在内的发展中国家。截至 2020 年 2 月 3 日，UPOV 联盟共有 76 个成员，其中非洲知识产权组织（African Intellectual Property Organization，OAPI）和欧盟（European Union）为地区性组织成员。前者中有 17 个国家参加，后者有它的27 个成员国以及英国参加（截至 2020 年 12 月 31 日），实际加入 UPOV 公约的国家已经达到了 119 个，其中目前尚未加入 1991 年文本的国家只有 17 个。不少发展中国家往往以牺牲某一贸易领域的利益来换取另一贸易领域的利益：为满足扩大农产品等实物商品对外出口的需求，发展中国家往往不得不在其他方面对发达国家作出让步，这是增加其他商品进入发达国家市场的机会所要付出的代价的一部分。● 虽然发展中国家更多地选择加入 UPOV 而不是探索其他方法对植物品种进行保护，但一些发展中国家一直在试验偏离 UPOV 标准的替代方法，并普遍寻求使专利远离农业。以印度为代表的发展中国家利用 TRIPs 协议中的弹性条款捍卫本国利益，❷ 制定出了一种"Non-UPOV"的植物新品种保护制度。在近年建立起来的一些"Non-UPOV"的专门制度中即包括印度、马来西亚和泰国的制度。但需要指明的是，即使在某些方面偏离 UPOV（例如，有条件地允许农民出售种子或允许农民品种得到保护，尽管这不符合常规标准），但这些制度主要还是基于 UPOV 公约 1978 年文本制定的。❸

与西方发达国家相比，我国植物新品种保护起步较晚。1997 年 3 月 20日，中华人民共和国国务院令第 213 号公布了《植物新品种保护条例》；1998年 8 月 29 日，第九届全国人民代表大会常务委员会第四次会议通过决定，中国有条件地签署了 UPOV 公约 1978 年文本；1999 年 3 月 23 日，中国政府代表团赴瑞士日内瓦，代表中国政府向国际植物新品种保护联盟递交加入书，自 1999 年 4 月 23 日起，我国正式成为 UPOV 第 39 个成员国，同时开始接受国内外植物新品种权申请，这标志着植物新品种保护制度在中国正式建立。

❶❸　G DUTFIELD. The Globalisation of Plant Variety Protection：Are Developing Countries Still Policy Takers？[J]. Intellectual Property and Development（Understanding the Interfaces），2019：277-293.

❷　李洁琼. 国际知识产权制度的当今发展及其对我国的影响 [J]. 知识产权，2016（12）：99-103.

《植物新品种保护条例》于2013年和2014年分别进行了两次小的修订，但仍然不能较好地满足快速发展的品种权保护需要。2015年我国修订的新《种子法》在对品种权保护方面引入了一些世界先进的品种权保护法律制度，从而使18年前所制定的《植物新品种保护条例》在某些方面落后于《种子法》的相关规定，两者的关系亟待衔接。为解决上述问题，2018年下半年农业农村部启动了《植物新品种保护条例》的第三次修订，并公布了《关于中华人民共和国植物新品种保护条例修订草案（征求意见稿）》（以下简称《征求意见稿》），广泛征求社会意见。

第二章
植物新品种权的授予条件

　　植物新品种权保护的实质是授予育种者对其培育的新品种以排他性的独占权，但植物新品种权在给品种权人带来巨大利益的同时也会使他人的权利受到限制，因而 UPOV 公约和实行植物新品种保护制度的国家均对植物新品种权的授予条件作出了严格规定。按照 UPOV 公约的规定，植物新品种权的授予条件是新颖性、特异性、一致性、稳定性和适当的命名。植物新品种权的授予条件是植物新品种获得授权所应达到的最低要求。

第一节　新颖性

一、新颖性的定义

　　UPOV 公约 1978 年文本第 6（1）（b）条对新颖性条件的规定是："在向一个联盟成员方注册保护申请时：（ⅰ）该品种尚未经育种者同意在该国领土内提供出售或在市场销售，若该国法律另行规定，则不能超过一年；（ⅱ）藤本、林木、果树和观赏植物的品种，包括其根茎，经育种者同意在任何其他国家提供出售或已在市场销售不超过六年，或所有其他植物不超过四年。" UPOV 公约 1991 年文本第 6（1）条的规定是："一个品种应被认为具有新颖性，如果在育种者权利申请书提交之日，该品种的繁殖或收获材料尚未因利用该品种之目的被育种者本人或经其同意出售或转让他人（ⅰ）在提交申请书的缔约方领土上距该提交日未超过一年；（ⅱ）在提交申请书的缔约方以外的领土上，距该提交日未超过四年，或在树木或藤本的情况下未超过六年。"
　　比较可知，上述两个定义之间有以下四个重要变化。一是 1978 年文本当中的"提供出售或已在市场销售"（offered for sale or marketed）在 1991 年文本中变成了"出售或转让他人"（sold or otherwise disposed of to others），"提供出售"被删掉了。这一变化说明新颖性条件变得宽了。这是因为，UPOV公约规定新颖性的初衷是通过实际的市场销售，让育种者感到有必要进行品种权保护，如果连同提供销售也会造成新颖性丧失，就会背离其立法初衷。二是"经育种者同意"（with the agreement of the breeder）变为"育种者本人或经其同意"（by or with the consent of the breeder）。这一变化说明，无论是"经育种者同意"销售或向他人转让还是"育种者本人"销售或向他人转让都会导致品种的新颖性丧失。举例来说，若某人在承担申请品种的试验任务时，违背与品种权申请人签订的不得扩散、销售的协议，造成申请品种流入市场的，或他人非法获得申请品种并使其流入市场的，新颖性不丧失。又如，"在协议要求以该品种繁殖出的材料之财产须返还给育种者的情况下，代表育种者对该品种繁殖材料进行繁殖的人所进行的销售或向他人转让"，❶ 由于该销售或向他人转让未经育种者同意也不会导致新颖性的丧失。三是1991年文本在"出售或转让他人"之前增加了"因利用该品种之目的"。由此造成的结果是，那些非因品种利用之目的的"出售或转让他人"不导致品种的新颖性丧失。例如，"与出售或为利用目的处置品种无关的试种""为了对品种进行评价，从事田间测试或室内试验或小规模加工处理试验的人所进行的销售或向他人转让""该品种的销售或向他人转让构成法定或行政义务的一部分，尤其是涉及生物安全或在允许进行贸易的品种之官方目录中进行登录""为消费目的出售或向他人转让在育种以及试验性活动中产生的副产品或剩余产品""在官方主办或官方认可的展览会上为展示该产品而向他人进行的转让"。❷ 由于这些活动均没有"利用该品种之目的"，当然不会使品种的新颖性丧失。四是将"品种"的销售改为了"品种的繁殖或收获材料"的销售。这一变化是针对销售标的进行的规范。比如，在"根据协议要求向权利继承人转让权利的销售或向他人转让"❸ 中，由于不涉及繁殖材料也不涉及收获材料，因而不导致申请品种丧失新颖性。同时，这一变化带来的直接影响也是显著的。举例来说，某省地级果树站的工作人员培育出了一个新的苹果树品种，并且将该新品种的树苗无偿地送给当地农民种植，后农民种植的苹果树丰收了，

❶❷❸ UPOV. Explanatory Notes on Novelty Under the UPOV Convention Document prepared by the Office of the Union to be considered by the Council at its forty-third ordinary session to be held in Geneva［EB/OL］.（2019-10-22）［2019-05-02］. http://www.upov.int/export/sites/upov/en/publications/pdf/upov_exn_nov_1.pdf.

农民将其果实销售到了市场上，从中获得了不菲收入。第二年，苹果树结下的苹果依然受到市场欢迎。于是，果树站打算为该苹果树品种申请植物新品种权。现在的问题是：该品种是否还能满足新颖性条件？在回答这个问题之前，提请注意两个问题：第一，该苹果树品种的培育人果树站从未销售该品种之苹果树苗；第二，尽管该苹果树品种的培育人果树站从未销售该苹果树苗，但该品种苹果树结下的苹果却是家喻户晓，已经成为响当当的已知品种了。按照我国现行规定，该苹果树品种显然满足新颖性条件，因为该品种树苗从未销售。而按照 1991 年文本，则该苹果树品种丧失了新颖性。原因是：按照 1991 年文本的规定，申请品种收获材料的销售也会导致品种新颖性丧失。这个事例充分说明，1991 年文本中的新颖性条件比 1978 年文本中的条件更加严格了。也许有人会说，苹果树之收获材料——苹果的销售也不是培育人果树站销售或经果树站同意销售的。这一质疑虽然有一定道理，但反过来讲果树站也未曾阻止或通过签订协议不允许果农销售苹果。所以，按照 1991 年文本的规定，无论如何该苹果树的新颖性都丧失了。

二、新颖性的判定要素

（一）销售

值得指出的是，植物新品种保护法上的新颖性与专利法上的新颖性是两个完全不同的概念。专利法上的新颖性指的是专利发明在申请专利之前不属于现有技术，其判定标准为"是否在出版物上发表过"或"公知公用过"。❶ 植物新品种保护意义上的新颖性条件要求在提交品种权申请之前，该品种（的繁殖材料或收获材料）未曾销售或未曾经由育种者同意进行销售或向他人转让。即销售或转让是判定申请品种新颖性的唯一标准。对此，需要作以下理解。

第一，将销售规定为新颖性条件丧失的原因。植物新品种是植物育种者对现有品种的改良与培育，具有较高的创造性。按照知识产权保护的原理，创造性才是授权的主要条件。那么，植物新品种保护法上为什么要将销售与否规定为授权的条件呢？换一个角度看，与其说销售是个条件倒不如说是对育种者的一种恩惠。因为按照相关规定，即使申请品种上存在销售行为，只要销售的时间没有超过规定期限（所谓的"宽限期"），该品种仍不丧失新颖性；而且即便是超过了宽限期，那些未经育种者本人同意的销售仍然不导致申请品种丧失新颖性。这对于育种者来说简直是太有利了。当初，植物新

❶ 李明德. 知识产权法 [M]. 北京：社会科学文献出版社，2007：212.

品种保护制度作出这一规定的原因是，一个新品种被培育出来以后，是否能够得到市场的认可与接受，育种者能否收回其在该品种中的投资并获得一定的经济回报，只有投入市场销售以后才能知道。因此，法律规定允许育种者在销售一定时间之后再决定是否申请保护，因为申请保护毕竟是需要支付一定费用的。所以如果申请品种在申请日以前，仅向公众提供有关品种说明的情况，或即便在一定范围内公开使用过或以其他方式为公众所知，只要没有在市场上销售或向他人转让或销售或向他人转让的时间没有超过规定时限，就不丧失新颖性。例如，美国《植物品种保护法》第 41（b）（1）条规定："为繁殖以外的目的，对为了确定某一品种之特性进行试验或测试或对为增加某一品种之副产品所产生的收获材料进行出售或处置，不视为为开发该品种目的之出售或处置。"美国《植物品种保护法》第 41（b）（2）条又规定："为繁殖目的的出售或处置某一品种，如果该出售或处置是作为确定该品种特性或代表育种者或育种者利益的继承人增加该品种的试验或测试方案的一个组成部分，则不被视为开发该品种的目的之出售或处置。"

　　第二，对"销售新颖性"中的"销售"不能作狭义的理解，否则有人即有可能通过易货或投资等方式实现该品种上的经济利益，从而变相地延长保护期限，进而影响到公众的利益。为此，许多国家的法律都将以下行为视为销售行为：权利转让（向继承人的转让除外）、权利许可、易货贸易（品种权人以授权品种换取其他物品）、债权抵押（品种权人以申请品种进行抵押）、折价入股（品种权人将其品种以折价入股的方式与他人合作开办企业）等。之所以对"销售"作如此理解，是因为上述行为能够使品种权人实现其品种权的价值。《中华人民共和国植物新品种保护条例实施细则》（以下简称《植物新品种保护条例实施细则》）第 15 条规定："具有下列情形之一的，属于《条例》第十四条规定的销售：（一）以买卖方式将申请品种的繁殖材料转移他人；（二）以易货方式将申请品种的繁殖材料转移他人；（三）以入股方式将申请品种的繁殖材料转移他人；（四）以申请品种的繁殖材料签订生产协议；（五）以其他方式销售的情形。具有下列情形之一的，视为《条例》第十四条规定的育种者许可销售：（一）育种者自己销售；（二）育种者内部机构销售；（三）育种者的全资或者参股企业销售；（四）农业部规定的其他情形。"

　　第三，只有经过育种者同意的销售方导致品种新颖性丧失。从 UPOV 公约的规定可以看出，即便是销售已经超过了宽限期，只要该销售未经育种者本人同意，仍然不导致申请种丧失新颖性。如此说来，对于育种者来说，这个销售的规定简直宽到无以复加的程度了。因此，实践中有时候关于育种者是否同意销售的判断，不能仅以育种者本人是否表示同意为准，而是要结合实际情况加以判断。例如，在欧盟植物品种保护局（CPVO）关于"Oksana"品种的复审案中，育种者不承认申请品种经其许可进行过销售，但品种被广为种植之事实否定了育种者未许可销售的说法。

该案中：某申请人对西洋梨品种"Oksana"提出了品种权申请。但审查证实：该品种不但以"Noiabrskaja"的名称繁殖和分销过，而且还被德国植物品种保护办公室种质库收藏了，在过去二十年中也向对其感兴趣的人提供了。按照当时苏维埃社会主义共和国联盟的通行做法，当材料显示出良好的潜力时通常即会在各研究所之间分发，因此该品种自 20 世纪 70 年代后期以来一直在市场上销售。有人认为该品种缺乏新颖性，故对其品种权申请提出异议，理由是该品种曾以另一名称销售过，有借记卡、信件和书籍摘录中的品种说明为证。申请人对其申请的品种与德国种质库中的品种相同提出了异议。他还认为，即使两者为同一品种，其申请品种也不是已知品种，而且育种者从未同意进行分销目的的分发。CPVO 接受了第三方提出的异议，以不具备新颖性为由驳回了该品种的共同体植物品种权申请。品种权申请人遂向复审委员会提起复审。

复审委员会认为，申请品种缺乏新颖性的证据十分确凿：第一，它与"Noiabrskaja"为同一品种；第二，20 世纪 60 年代开发，自 1995 年以来就被列入乌克兰的品种名录，之后传到德国东部；依据 2000 年至 2005 年品种成分（variety constituents，指繁殖材料）在德国销售的证据，复审委员会裁定该品种在提起品种权申请前一年开始销售；第三，复审请求人之育种者未许可销售或处置该品种之主张与认定事实不符。复审委员会指出：正如育种者本人所证实的那样，向第三方配置种质资源不需要育种者的同意，因此品种材料的销售同样也不需要经过育种者同意，根据材料的性质和多年的销售量可以认定这种配置目的显然是为了对其开发使用。同时，由于该品种已被列入乌克兰国家品种名录，因而应认定为已知品种。复审请求人争辩道：为避免对该申请不利，CPVO 是否可以要求对该品种 DUS 审查中的品种描述进行修改。根据《基本条例》第 56（2）条之规定，技术审查是 CPVO 的重要职责之一。为确定各品种之间的关系对品种描述加以修订实际上是 CPVO 的义务。然而，复审请求人本人在其品种权申请中提到了"Noiabrskaja"，可见在提交品种权申请时该品种即已成为已知品种。[1]

2015 年，我国在新修订的《种子法》中增加规定，"除销售、推广行为丧失新颖性外，品种经省、自治区、直辖市人民政府农业、林业主管部门依据播种面积确认已经形成事实扩散的"视为已丧失新颖性。

（二）宽限期

所谓宽限期，是指虽然申请品种已经在市场上销售从而为公众所知晓，但只要申请人进行市场销售的时间不超过规定时限，则该申请品种仍视为具有新颖性。简言之，在"宽限期"之内进行销售不丧失新颖性。正如前文分析的那样，法律作出如此规定的主要原因是，现实中由于植物品种权的申请及维持都需要支付一定的费用，如果育种者将其培育出来的品种立刻进行品种权申请，一旦后来证明该品种并无太大市场价值，那么即使获得批准，对于育种者也没有意义。因此，通常的做法是育种者先在小范围内进行试种和推广，以观察其市场接受性。

首先，宽限期的期限因植物类型不同而有所不同。这主要是考虑到各种植物品种的生长速度不同（一般而言，树木和藤本植物生长得比较缓慢），种植后在境内外进行评估所需花费的时间也不同。其次，不同销售地点的宽限期亦有所不同，比如对于"境外"品种的宽限期规定得就长了一些：藤本植物、林木、果树和观赏树木品种为未超过 6 年，其他植物品种为未超过 4 年。举例来说，某育种者在甲国分别培育了燕麦和苹果两个品种。虽然该育种者在甲国对这两个品种进行了市场销售，但只要他在甲国的销售时间距离他在甲国申请植物品种的时间尚未超过 1 年，则这两个品种均不会丧失新颖性。如其他授权条件也能达到，则应当获得植物品种权保护。现在假设该甲国育种者欲在我国为这两个品种申请植物新品种权，我国的植物新品种保护主管机关在对这两个品种进行审查时，不仅要考虑其在我国是否进行过市场销售，还要考虑其是否在包括甲国在内的其他国家进行过销售。如果在我国进行过销售，则申请人须证明在我国的销售时间未超过 1 年。如果在其他国家进行过销售，则申请人还须证明在其他国家进行的销售时间未超过规定时限。具体来说，燕麦在其他国家进行的销售时间未超过 4 年；苹果在其他国家进行

[1] Case A 007/2013；Boomkwekerij Van Rijn-de Bruijn B. V. vs CPVO, Artevos GmbH and Dachverband Kulturppflanzen- und Nutziervielfalt e. V., other parties to proceedings, 2/7/2014（CPVO Case-law 1995-2015, Summaries, 61）.

的销售时间未超过 6 年。如果该育种者虽然在我国没有进行过销售，但在其他国家对这两个品种的销售时间超过了规定时限，则仍可被视为超过了规定时限，从而不能获得我国的植物新品种权保护。

在关于新颖性的问题上，还有所谓的"过渡期保护"问题。例如，UPOV公约 1991 年文本第 6（2）条规定："缔约方在对以前未实施本公约或先前文本的某一植物属或种实施本公约时，对在申请之日已有的某一品种可以看作符合一款规定的新培育的品种，即使其销售或转让他人早于该款规定的期限。"我国《种子法》第 92 条（六）规定："本法施行后新列入国家植物品种保护名录的植物的属或者种，从名录公布之日起一年内提出植物新品种权申请的，在境内销售、推广该品种种子未超过四年的，具备新颖性。"实际上，"过渡期保护"也是一种特殊的宽限期保护。

三、与专利法上的新颖性之区别

植物新品种授权条件之一的新颖性条件所关心的是申请品种有无在先的商业化。套用专利法上的说法，这个条件与"在先使用人"（prior user）有关，而与是否存在一个由第三人培育的其所有方面与申请品种完全一样的"现有技术"（prior art）品种无关。该申请品种应是一个尚未经由育种者许可进行过销售的品种。可见，此处的新颖性衡量标准与专利法上新颖性的衡量标准是不同的。专利法关心的是"绝对新颖性"而不仅仅是有无"在先使用人"。所谓绝对新颖性，又称世界新颖性。判定一项技术是否具有新颖性，依据的是全世界范围内的现有技术。具体来说，在申请日以前没有相同的技术在全世界范围内的出版物上公开过，也没有相同的技术在全世界范围内公知公用过。因此，专利法上的新颖性是指，可以获得专利权的技术发明是新的，或是前所未有的。❶ 在植物品种保护制度中，即使某一品种已经在社会上公开，只要申请人能够证明申请品种的繁殖材料或收获材料在申请日前只是用于培育另一个新品种而没有销售（或者销售没有超过宽限期），那么，申请品种仍然能够满足新颖性的标准。比如，根据我国现行规定，某个只是为了生产 F_1 代杂交种而使用过的亲本系品种，如果其本身没有进行商业化使用，它仍然可以作为申请品种权的客体，即使这些亲本系已经为生产 F_1 代杂交种而使用了多年。当然，这样的规定是否合理是另一个问题，在下文中还会进一步分析，但现行规定就是如此。

---

❶ 李明德. 知识产权法［M］. 北京：社会科学文献出版社，2007：212.

四、关于亲本品种的新颖性问题

按照 UPOV 公约对于新颖性的定义，一个品种只要该品种的"种子"或"繁殖材料或收获材料"之销售不超过宽限期就具备新颖性，但是任何事情并不都是那么简单。

实例一：某玉米 F_1 代杂交种在未申请品种权保护的情况下即被投入市场，而且表现非常好。等到该品种的培育人意识到申请品种权保护的必要性时，其销售时间已经超过了销售"宽限期"。显然，此等情况下该杂交种因新颖性丧失而无法获得品种权保护。于是，该杂交种的培育人转而将同样是由他培育的母本品种申请了品种权保护。那么，该亲本品种能否获得授权呢？答案显然是肯定的。道理非常简单：通常情况下，亲本品种是绝对不会在市场上销售的。只要作为申请品种的亲本品种不在市场上销售，其新颖性即不会丧失，其品种权申请获得成功就是必然的事。其结果是，虽然 F_1 代杂交种已经进入公共领域，按理讲任何人皆可以利用，但是由于生产 F_1 代杂交种需要利用其母本品种，而该母本品种又是一个享有品种权的品种，因此，只要生产 F_1 代杂交种即会侵犯该母本品种的品种权。如此一来，一个原本已经因新颖性丧失无法受到保护而进入公共领域的 F_1 代杂交种即变相地受到了保护。

实例二：实践中，前例中的育种人在亲本品种上的成功经验被"完美"地运用到另一案例。该案中，另一 F_1 代杂交种也是一个市场表现上乘的优势品种，但与前例不同的是，此次 F_1 代杂交种是一个受品种权保护的品种但保护期限临近届满，即将进入公共领域。为使该 F_1 代杂交种继续保持市场地位，其品种权人将其原先"秘不示人"的亲本品种拿出来申请了品种权，这一想法很快得到兑现。这其中的道理也非常简单：虽然该 F_1 代杂交种因保护期限临近届满将不再受到保护，但其亲本品种却因马上即可得到品种权授权而开始受保护。此时，若他人未经许可使用其亲本品种生产 F_1 代杂交种，也构成侵权。其结果是使该 F_1 代杂交种的保护期得到了延长。

实例三："天隆公司与徐农公司纠纷案"是最高人民法院审判委员会发布的一个指导性案例。❶ 该案的核心内容是：一个广受稻农欢迎且已经进入公共领域的杂交水稻品种"9 优 418"，因其父母亲本分属于不同权利主体，导致

---

❶ 中华人民共和国最高人民法院. 指导案例 86 号：天津天隆种业科技有限公司与江苏徐农种业科技有限公司侵害植物新品种权纠纷案 [EB/OL]. (2017-03-16) [2017-10-01]. http://www.court.gov.cn/zixun-xiangqing-37692.html.

案件中的双方当事人分获涉案父、母亲本的独占实施许可权后因相互指控对方侵权而无法继续生产。最终江苏省高级人民法院以司法裁判的方式直接判令双方当事人相互授权许可且互免许可费，促使已广为推广种植的优良杂交水稻品种"9优418"得以继续生产。最高人民法院审判委员会认为，该裁判是法院"以法律精神为指引，打破常规审判思路"的结果，"从根本上符合双方的共同利益，更符合国家粮食生产安全的公共利益""体现了公平原则和鼓励植物新品种转化实施的基本司法价值导向""法律效果与社会效果良好""所体现出的探索与创新精神对于司法解决类似知识产权争议亦有积极的启示"。

上述三个实例有一个共同的特点：那就是都涉及 F_1 代杂交种之亲本的品种权问题。进而言之，F_1 代杂交种之亲本之所以能够"及时"地得到品种权，其根本原因在于通常情况下其根本不会在市场上销售。但问题在于 F_1 代杂交种毕竟是会在市场上销售的，难道 F_1 代杂交种的市场销售在法律上不应该对其亲本品种的新颖性产生影响吗？

按照现行规定 F_1 代杂交种的市场销售对其亲本品种的新颖性并不产生影响，但这是值得商榷的。首先，F_1 代杂交种的销售不导致其亲本品种新颖性的丧失易造成事实上的不公平。举例来说，通常情况下用来生产 F_1 代杂交种的自交系品种本身是不进行市场销售的。现在若申请人为了对该自交系品种进行商业化利用而将其申请植物品种保护，他是会成功的。这是因为：即便该自交系品种被用来生产 F_1 代杂交种的时间已经长达数年，但按照1991年文本规定，由于它的使用只是为了培育新品种而非商业化，它仍旧不会丧失新颖性。❶ 可见，对于 F_1 代杂交种来说，只要其亲本品种不向外流露，该亲本品种在法律上就一直都具有新颖性。当然，此等情况下的亲本品种作为商业秘密保护是无可厚非的，但一个作为商业秘密使用了多年的亲本品种，在该商业秘密的持有人需要时摇身一变，即可得到国家的知识产权保护，这确实有失公允。对此，参加 UPOV 公约1991年文本修订外交大会的美国代表在其发言中是这样说的："假如将亲本品种秘密地保存起来，而仅仅是把从该亲本的收获材料以杂交种的形式提供出来，那么在经过数年的使用之后，当该亲本品种面临被世人知晓的危险的情况下，育种人还能获得另外20年或更长时间的保护，是不公平的。"

❶ G TRITTON, R DAVIS, et al. Intellectual Property in Europe（Third Edition）［M］. London：Sweet & Maxwell, 2008：605.

其次，衡量申请品种新颖性丧失与否的标准表面上是看申请品种是否进行了销售或转让，实质上则是申请品种中的遗传信息是否被进行过商业化利用。虽然 F_1 代杂交种之亲本品种本身没有实际在市场上销售，但并不意味着它没有被商业化利用。亲本品种的遗传信息已经随着 F_1 代杂交种的销售或转让进入公共领域，故法律应当规定 F_1 代杂交种的销售导致其亲本品种新颖性的丧失。事实上这种观点在某些 UPOV 成员国的国内立法中也已得到体现。《英国 1997 年植物品种保护法》第 2 条第 4（10）款规定："为品种使用之目的，一个品种之繁殖材料或收获材料的销售或转让，若其和另一品种有关联，亦应作为该另一品种之繁殖材料或收获材料为使用之目的的销售或其他转让"；该条第 4（11）款则规定："前款中，若一个品种的性质属于不对该另一品种反复使用，则该品种之反复生产是不可能的，一个品种即与另一个品种有关联。"另外，美国《植物品种保护法》第 41（b）（3）条也作出了类似的规定：出售或处置杂交种子应被视为出售或处置种子生产所用品种的收获材料。持此立场的国家作出这种规定的理由是，F_1 代杂交种是其亲本品种的收获材料，收获材料销售导致其品种新颖性丧失，这层含义仅从 UPOV 公约 1991 年文本第 6（1）条新颖性［标准］本身即可读出。

当然，这种观点也得到了国际种子联盟（ISF）和国际植物育种者保护植物品种协会（ASSINSEL）的反对，但反对的理由是它们不同意"F_1 代杂交种是其亲本品种的收获材料"这种说法。其中，ISF 认为：任何一个杂交种的生产单凭一个亲本都是实现不了的，都是两个或两个以上亲本一起发生作用的结果，因此杂交种应视为 UPOV 公约所定义的品种而非收获材料。ASSINSEL 则认为："F_1 代杂交种是其亲本品种的收获材料"这种说法"显然不足以解释父本，亦解释不了当作杂交种母本使用的母本自交系。这是因为"如果我们拿由杂交种收获而来的产品进行种植，其子代一定不是母本自交系本身，这就意味着基于 F_1 代杂交种是其亲本品种的收获材料这种考虑所做的解释，与 UPOV 公约关于品种之'作为一个分类单元其适用性经过繁殖没有发生变化'这一定义不符"。❶ 至于亲本品种的新颖性是否应当随着 F_1 代杂交种销售宽限期的到期而丧失并没有提出反驳的理由来。这种观点显然是有问题的，其问题就在于它机械地强调杂交种是品种而非其亲本品种的收获材料这一观点本身。从法律上讲，杂交种及其品种都是品种这个没有错，但从生产或技

---

❶ 转引自：GERT. European Community Plant Variety Protection［M］. New York：Oxford University Press, 2006：44-45.

术角度讲，说杂交种是其亲本品种的收获材料也无可厚非。所以建议未来我国修法时增加规定 F_1 代杂交种的销售或转让导致其亲本丧失新颖性。

第二节 特异性

一、特异性的定义

特异性，是植物新品种获得品种权授权需要达到的技术性条件之一，它是指申请品种权的植物新品种应当有一个以上性状明显区别于在递交申请以前已知的植物品种。特异性判定的基础是性状。性状是可遗传的、稳定的、重复性的，能够识别、区别和描述植物的特征和特性。❶ UPOV 公约 1978 年文本第 6（1）（a）条规定："不论原始变种的起源是人工的，还是自然的，在申请保护时，该品种应具有一个或数个明显的特性有别于已知的任何其他品种。"UPOV 公约 1991 年文本第 7 条则规定："如果一个品种在申请书登记之时显然有别于已知的任何其他品种，则这个品种应被认为是特异的。"此即植物新品种权授权条件之特异性条件。比较可知，两大文本对于特异性条件的规定没有发生变化。然而，有趣的是，在欧盟发生的一起案例中，申请品种被认定"在法律上与对照品种不存在差别"。

该案中，欧盟植物品种保护局（CPVO）收到一项由 Konsortium Südtiroler Baumschuler（以下称 KSB）提交的栽培苹果"Gala Schnitzer"的共同体植物品种权（CPVR）申请。由于申请人提交的材料感染了病毒，第一次 DUS 测试只好停止，测试材料也被连根拔除。CPVO 决定用申请人新提交的无病毒材料进行第二次 DUS 测试，测试完成后测试站向 CPVO 提交了测试报告，结论是该品种具有一致性和稳定性，且与其他品种相比具有不同之处。有人对 DUS 测试报告给出的结论提出异议，但 CPVO 维持了该品种的共同体植物品种权授权。于是，相对方就 CPVO 作出的授予共同体植物品种权的决定提请复审委员会复审。复审委员会不但驳回了"Gala Schnitzer"的共同体植物品种权申请，并且也撤销了 CPVO 对其作出的授权决定。但复审委员会的裁定只处理了重新提交植物材料是否合理的问题，而"Gala Schnitzer"是否符合

---

❶ 邓伟，崔野韩. 中国农业植物新品种保护制度及发展的研究 [J]. 中国种业，2020（11）：1-7.

特异性条件的问题却留了下来。因此，复审委员会的决定又被诉至欧盟普通法院（General Court）。

欧盟普通法院于 2010 年 9 月 13 日作出决定，撤销复审委员会所作出的决定。欧盟普通法院的这一裁决被进一步诉至欧盟法院（the Court of Justice of the European Union），欧盟法院于 2012 年 12 月 19 日裁定驳回上诉。由于欧盟法院的裁决使这一问题悬而未决，复审委员会仍需确定的问题是 "Gala Schnitzer" 是否与对照（reference）品种 "Baigent" 存在差异。复审请求人请求（因为缺乏特异性）撤销 "Gala Schnitzer" 的共同体植物品种权，而 CPVO 和申请人则要求驳回该上诉。

复审委员会对于申请品种（candidate variety）DUS 测试作出的决定是：附加性状 "果实条纹宽度" 仅在一个季节被观察这一事实违反了 DUS 适用准则和测试指南；尽管 UPOV 测试指南（TG/14/8）规定的所有其他性状均在 2004 年和 2005 年进行了测试，但果实条纹宽度之恒定性却未得到两个季节的审查，这显然违反了 UPOV 测试指南（TG/1/2）第二条第 22 和 25 点。由于测试站和 CPVO 都违反 DUS 测试程序，复审委员会裁定申请品种在法律上与对照品种不存在差别。复审委员会认为，该复审请求理由充分，因而撤销了 CPVO 关于授予第 18759 号共同体植物品种权的决定和第 OBJ06-021 号和第 OBJ06-022 号异议申请。该案结果是：复审决定再次被撤销，复审请求人和共同体植物品种权申请人的上诉费全部由 CPVO 承担。该裁决后被诉至欧盟普通法院（Cases T-91/14 and T-92/14），请求予以废止。❶

二、特异性的判定要素

（一）已知品种

"已知的植物品种" 又被称为 "已知品种"。审查申请品种是否具备特异性条件的一个重要方面是和 "已知品种" 进行比较。可见，"已知品种" 的界定对于特异性条件判定具有重要影响。所以 UPOV 公约两大文本和各国植物品种保护法律均对这一概念进行了定义。UPOV 公约 1978 年文本第 6（1）（a）条规定，"已知" 的存在可参考下列因素：已在进行栽培或销售；已经或正在法定的注册处登记；已登在参考文献中或已在刊物中准确描述过。

---

❶ Case A 003/2007；SNC Elaris vs CPVO and Schniga S. r. l. , Board of Appeal；Case A 004/2007；Brookfield New Zealand Limited vs CPVO and Schinga S. r. l. , 20/9/2013, CPVO Case-law 1995-2015：Summaries：57.

UPOV 公约 1991 年文本第 7 条规定:"如果一个其他品种的育种者权利申请或在法定的品种登记处登记的申请,获得了育种者的权利或在法定的品种登记处登记,则应认为从申请之日起,该其他品种便是已知的品种。"但从 UPOV 联盟 DUS 测试文件之 TGP/3.2 的规定来看,1991 年文本在对已知品种进行定义时采用的方式是非穷尽式的列举,其中提到的两种情况只是导致品种"已知"的示例,并非意味着导致品种"已知"的情形只有两种。根据 TGP/3.2,可以列为已知的情形至少还包括:(1) 该品种的繁殖材料或收获材料已经商业化,或其详细描述已经发表(这里要注意,品种繁殖材料或收获材料的详细描述已经发表并不破坏品种的新颖性,只是作为已知品种的判断标准);(2) 如果一个其他品种的育种者权利申请或在法定的品种登记处登记的申请,获得了育种者的权利或在法定的品种登记处登记,但如果仅仅是提出过申请,最终并没有得到授权或没有在官方登记簿登录,则该品种不能视为已知品种;(3) 活体植物材料在公众能够获取品种的植物保藏中心保存。同时,"已知"不受国家或地理边界的限制。如此看来,两大文本在"已知品种"的界定上并不存在差异。

这里需要对上述第(2)种情况做一下解释。如果一个品种仅仅是提出了植物品种授权申请或是进行了进入官方登记簿的申请,但最终并未成功登入官方登记簿或并未获得植物品种授权保护,则不能视为"已知"。举例来说,某育种者对自己培育的品种提出了植物品种保护授权申请,但技术审查结论显示该品种不具备一致性。此时,可能另一个育种者也在培育同一个品种,而且他培育出的品种能够满足品种的授权条件。即前一个育种者培育出的品种没有达到一致性要求,而后一个育种者所培育的品种却达到了。此时,按道理讲,不能因为前一个育种者提出过申请而导致后一个育种者无法进行申请。但是,若将前一个育种者提出申请的品种界定为"已知品种",其结果就会造成后一个育种者培育的品种无法满足授权条件中的特异性要求,从而最终不能获得授权保护。因此,仅仅是提出过申请但最终并未获得授权的品种不能视为"已知品种"。此外,进入官方登记簿的品种,虽然不是得到了植物品种权保护,但是出于农业方面的原因,该官方登记簿通常被认为是很重要的情形,比如,在实行品种审定和品种保护分立的国家,那些通过了品种审定的品种,自然要在国家相关主管部门进行登记,从而获得进入市场的资格,这对于一个品种来说是非常重要的。因此,进入了官方登记簿的品种也视为

"已知品种"。❶《种子法》第 92 条第（十）项规定，已知品种是指已受理申请或者已通过品种审定、品种登记、新品种保护，或者已经销售、推广的植物品种。显然，我国在对已知品种进行定义时采取的是列举的方式。

UPOV 联盟《关于已知品种的解释性说明》明显排除了已知品种的可受保护性。这种界定对于我国目前的植物新品种保护实践具有较高的指导意义。例如，美国先锋国际良种于 2018 年 2 月 2 日将实质上已经进入社会公共领域的玉米母本品种 PH 6 WC 和父本品种 PH4 CV 向我国植物新品种保护主管机关提出了授权保护申请。然而检索发现，PH4 CV 已经于 2002 年 6 月 6 日向美国农业部提交了品种权申请，并于 2004 年 7 月 1 日获得授权证书（参见美国农业部网站 US PVP Application Report（xlsx）表格第 7261 行）。无论是按照 UPOV 公约关于已知品种的规定还是按照我国《种子法》对于已知品种的规定，PH4 CV 都已经是已知品种。如果按照 UPOV 联盟《关于已知品种的解释性说明》之排除已知品种可受保护性的意旨，则像 PH4 CV 这样的品种都不再应该得到我国的植物新品种权授权。

目前我国的《植物新品种保护条例》没有对"已知品种"进行定义，而是将该定义放在了《植物新品种保护条例实施细则》中："《条例》第十五条所称'已知的植物品种'，包括品种权申请初审合格公告、通过品种审定或者已推广应用的品种。"与《种子法》对已知品种的定义相比，变化有两点：一是《种子法》在原有被规定为已知的情形的基础上，增加了"品种登记、新品种保护，或者已经销售"三种情形；二是我国《植物新品种保护条例实施细则》把"品种权申请初审合格公告"的植物品种也包含在已知的范围之内，这是不对的。对此新《种子法》将其修改为"已受理申请"，但仍然不够妥当，建议未来修法时加以改正。

（二）性状差异

植物新品种的特异性，有的表现在质量性状上，如颜色（白色或者黄色）、花型（单花或者双花）、种子形状（圆的或者皱褶的）；有的表现在数量性状上，如叶片数、株高、叶片的长短、长度/宽度比例等。

判断一个品种是否具有特异性的具体操作，实际上是将申请品种所具有的某些性状和近似品种进行对比。申请品种与近似品种相比不仅需要具有差异，而且两个品种性状表现出的差异必须是恒定的和明显的，即所谓差异恒

---

❶ 李秀丽. 植物品种法律保护制度国际比较研究 [M]. 北京：知识产权出版社，2014：22.

定和差异明显。

判定差异恒定时，要首先保证在种植试验中所观察到的性状差异是恒定的。方法之一是至少分别在两种情况下对某一性状进行测试，这可以通过在两个不同的生长周期种植一年生和多年生品种并分别进行观察，或一次种植后对多年生品种进行两个不同生长季节的观察。在环境影响不明显的情况下，是不需要种植第二个生长周期来保证不同品种之间观察到的差异具有充分一致性的。例如，如果作物的生长条件可控（如在温度和光照都是具有可控性的温室里种植），第二个生长周期的种植观察即为不必要；如果观察到的品种间的差异非常明显，也没有必要进行第二个生长周期的观察。当然，在这两种情况下，需要考虑品种的繁殖特性和植物材料的质量。关于是否需要种植几个独立的生长周期来展示品种充分一致性的问题需在《DUS测试指南》中加以规定。而对于某些品种来说，种植测试在一个生长周期就能完成。❶

规定品种的特异性条件是为了保证申请品种能够被从该种内的所有品种中辨别出来。一般而言，除形态上能够看得见的性状之外，外观性状仅在某些具体的条件下才能表达出来。在《植物新品种特异性、一致性和稳定性测试及统一描述总则》（*General Introduction to the Examination of Distinctness, Uniformity and Stability and the Development of Harmonized Descriptions of New Varieties of Plants*）中，尤其是TGP9中是这样表述的：判定两个品种间的差异是否明显取决于若干因素，特别是被评价性状的类型，即它是以质量性状、数量性状还是以假质量性状进行表达的。❷ 对于质量性状而言，如果性状表达在测试指南中处于不同级别，则认为两个品种在该性状上具有明显差异；如果性状表达为同一级别，则认为差异不明显。而对于假质量性状，则并不尽然。用测试指南中的不同级别来判定特异性可能是不充分的，这是因为在某些情况下，性状描述在同一表达状态的品种可能是有明显区别的。比如叶子的形状，在椭圆形（1）和圆形（2）之间的差异可能被认为足以认定其具有特异性，而圆形（2）和卵圆形（3）之间的差异却未必被认定为其具有特异性。用数量性状测定特异性需要根据品种的繁殖特性和观测方法加以确定。观测方法上的主要区别在于是否使用了统计方法，否则，质量性状若在两个代码上存

---

❶　5.3.3.1 of General Introduction to the Examination of Distinctness, Uniformity and Stability and the Development of Harmonized Descriptions of New Varieties of Plants.

❷　5.3.3 of General Introduction to the Examination of Distinctness, Uniformity and Stability and the Development of Harmonized Descriptions of New Varieties of Plants.

在差异，几乎就能代表差异是明显的了。当观察到的品种间的差异过小时，使用统计方法可以起到确认差异是否存在的作用。统计方法中有一种所谓的"最小显著差法"（Least Significance Differences，LSD），经常被用作测定特异性的标准。如果差异小于最小显著差，则不足以证明具有特异性，尤其是在异花授粉品种的情况下。特异性评价还可以采用"特异性多年综合分析法"（Combined Over Years Distinctness，COYD）来进行。采用这种方法时通常要考虑被评估性状多年（通常为三年）数量性状之间的变化。此外，植物品种生长的气候和环境条件是能够影响到来源于基因型的非质量性状表达的。但有些情况下，植物育种者的育种目标恰恰是培育适应特定气候和环境条件的品种，因此在对品种进行特异性测试时，要考虑到这一点。也正是因为如此，在育种者为申请植物品种保护授权所提交的技术问卷中就专门设计了一栏，要求填写在对申请品种进行测试时，是否需要特殊条件。

当申请品种满足了特异性的条件之后，就可以说该品种已经被育种者加入到了植物王国当中，或用专利术语来说，就是该品种成了现有技术。这个事实即是对品种提供植物品种保护的最好的注脚。不论是在自然条件下还是在人工种植条件下，对一个已经存在的品种单纯地进行简单复制或繁殖是没有资格获得植物品种保护的。品种所具有的与已知品种中最相近似的品种之间的距离，对于界定品种的身份非常重要。对于在形态或是外观上与其他品种相似的植物品种，即使已经授予了植物品种保护权，在实践中也是很难保护的。同时，也会影响这些品种的其他近似品种的保护水平。

（三）已知品种和特异性的关系

已知品种范围越大，申请品种满足特异性条件的难度就越大；反之亦相反。以下案例是一个阐释已知品种和特异性关系的绝佳案例：杜鹃花属品种"Pink Sachsenstern"和"Fluostern"均为 De Langhe 先生培育的品种，但"Pink Sachsenstern"品种权申请人是 Rannacher，而"Fluostern"的申请人是 DeLanghe 先生本人。由于 De Langhe 先生知道该两品种之间不存在明显的区别，因此当他得知 Rannacher 对"Pink Sachsenstern"提出品种权申请后，他立刻对该品种权授权申请提出异议，以防自己提出的品种权申请因与"Pink Sachsenstern"之间缺乏特异性而不能获得品种权授权。

该案中，Rannacher 为品种"Pink Sachsenstern"提出了一项品种权申请，但由于申请人身份信息缺乏，因而只拿到了临时提交日。Rannacher 遵照欧盟植物品种保护局（CPVO）的要求，将该品种明确为一个受到德国和比利时保护的"Sachsenstern"品种之突变体，培育人是 De Langhe 先生。De Langhe 先生曾口头同意将"Pink Sachsenstern"品种之所有权转让给 Rannacher，对此 Rannacher 的比利时代表予以确认，但 CPVO 要求 Rannacher 提交所有权转移证明文件。尽管 Rannacher 未能在规定的一个月期限内作出答复，但申请亦未被驳回。

然而，后来 De Langhe 先生对"Pink Sachsenstern"之植物品种权授权提出了异议，理由是该品种与 De Langhe 先生已经提出共同体植物品种权申请的品种"Fluostern"没有区别。在广泛交换文件之后，CPVO 作出了三项决定：驳回"Pink Sachsenstern"的品种权申请；在承认 De Langhe 对"Pink Sachsenstern"之品种权申请所提出的异议的同时，驳回"Fluostern"的品种权申请；驳回 Rannacher 针对"Fluostern"之品种权申请提出的异议。结果该三项决定均被请求复审。最后，CPVO 收到了一封双方书写的联名信，内容是他们已达成协议：由 De Langhe 将"Pink Sachsenstern"和"Fluostern"的所有权利转移给 Rannacher，撤回其中的两项复审请求；撤回 De Langhe 先生针对 Rannacher 的"Pink Sachsenstern"品种权申请所提出的异议；对于 CPVO 关于拒绝对该品种授予共同体植物品种权的决定，双方不但一致要求复审委员会撤销，而且还要求对其授予共同体植物品种权或将案件交由 CPVO 决定。对此，复审委员会指出，请求复审的范围只是确定是否可以继续处理申请，因为双方同意将"Pink Sachsenstern"的权利转让给 Rannacher，从而消除了拒绝的理由。从当事双方寄给 CPVO 的信中，可以确定复审请求人是有资格得到该品种的人。复审委员会的结论是，申请程序应继续进行，对驳回申请之复审请求不必加以讨论。最终复审委员会决定："Pink Sachsenstern"植物品种权申请汇交 CPVO 继续走处理程序。复审费由各方自己承担。❶

三、特异性条件的判定

判断一个品种是否具有特异性，实际上是将申请品种所具有的某些性状和近似品种进行对比，如果两者之间的差异达到了测试指南规定的标准，即视为具有特异性。具体地讲，如果测试品种在质量性状上有一个性状或数量性状上有两个及两个以上性状与近似品种存在差异，或数量性状有一个性状

---

❶ Case A 007/2011；Karsten Rannacher vs CPVO, Peter De Langhe third party, 23/4/2013, CPVO Case-law 1995-2015, Summaries：56.

与近似品种相差两个及以上的变异位点，即可判定测试品种具有特异性。根据中华人民共和国国家标准《植物新品种特异性、一致性和稳定性测试指南　总则》（GB/T 19557.1—2004）第 3.5 条的规定，所谓近似品种是指在所有的已知品种中，相关特征或者特性与申请品种最为相似的品种。正因为如此，只要判定申请品种与近似品种存在规定程度的差异，即可判断申请品种具有特异性。因此，近似品种的选择非常重要。近似品种除与申请品种具有一定血缘关系外，在某些性状上应区别于申请品种，但是必须具备可比性，不能差距太大，尤其是在品种生育期和植株高度方面。同时，近似品种必须是稳定的高纯度的品种，否则将会被要求更换❶。近似品种必须在相同的种属范围内选择，必须具有最相近似的外观形态，如果有国外的近似品种，也应该用来进行比较。

　　一般而言，近似品种的选取与所申请保护的植物种属的已知品种数量有关，已知品种数量越多，近似品种的选取越有效。品种保护所选近似品种是世界范围内或国内的已知品种，选择的是性状上的差别和突出特征特性（通常以外观形态为主）。要求新品种在诸如植株高矮、花的颜色、叶片宽窄、株型等一个或几个方面，明显区别于已知品种，或在品质、抗性上与已知品种比较达到显著差异，但不一定要求经济产量。❷

四、关于特异性标准的问题

（一）问题的提出

　　一个已经在一国得到品种授权的品种到另一国申请植物新品种权，其在先申请是否导致其成为已知品种？进而言之，在判断特异性条件时，该来自外国的申请品种是需与该品种权申请之日前全世界范围内所有（包括在后申请人本人）的已知品种相比？还是仅仅需要与其被在国外提起申请之前的已知品种相比？举例来说，品种 A 获得甲国授予的植物品种权后，该品种的育种人又将其拿到乙国申请植物品种权。根据植物品种权保护的独立性原则，乙国仍需对品种 A 进行"DUS 三性"审查。根据特异性的定义，品种 A 需要和已知品种进行对比。现在的问题是，在审查品种 A 的特异性时，已知品种是否应当包括品种 A 本身，因为品种 A 在甲国的申请与授权已经使其成为已知品种？乍一看，这

❶ 李兰芬. 浅谈植物新品种保护及 DUS 测试 [J]. 黑龙江农业科学，2005（3）：48-49.
❷ 滕海涛，吕波，等. 植物新品种 DUS 测试及近似品种的选择 [J]. 中国种业，2008（8）：14-15.

个问题有些荒唐。试想若已知品种中包括该申请品种本身，那任何授权品种都是没有可能在他国获得植物品种权的。但是，这的确是个问题。对于在外国申请或获得植物育种者权利的品种，澳大利亚《1994年植物育种者权利法》第43 (8) 条作出了这样的规定："除了将植物品种作为已知品种的其他理由外，如果一个品种 (a) 已向缔约方或非缔约方的外国提出了该品种的植物育种者权利申请；并且 (b) 该申请正在向前进行或已导致授予植物育种者权利，则该品种应当作为已知品种对待。"第43 (9) 条进一步规定："由于植物育种者权利申请应视为第 (8) 款所言已知植物品种的品种，从申请之日起即应如此对待。"实际上这就涉及是否应当为特异性设定标准的问题。

(二) 专利法上的新颖性标准之借鉴

在专利法上，依据"现有技术"范围的不同，通常将新颖性的判断标准分为相对新颖性、绝对新颖性和混合新颖性。所谓"相对新颖性"，又称"国家新颖性标准"，即判定一项技术是否具有新颖性，依据的是该国的现有技术。具体来说，在专利申请日之前没有相同的技术在国内的出版物上发表过，也没有相同的技术在国内公知公用过。所谓"绝对新颖性"，又称"世界新颖性标准"，即判定一项技术是否具有新颖性，依据的是全世界范围的现有技术。具体来说，在申请日以前没有相同的技术在全世界范围内的出版物上公开过，也没有相同的技术在全世界范围内公知公用过。❶ 所谓"混合新颖性"，是指以公开的地域和形式为标准，出版公开采取世界新颖性标准，而使用公开和其他公开形式则采取本国新颖性标准，即只要是以出版形式在申请日前公开的技术，无论在世界何地公开的，均构成现有技术。但如果在中国以外的国家和地区采取实用或其他方式公开的技术，只要没有出版公开，即不丧失在中国申请专利技术的新颖性。简言之，"出版物"的标准是全世界的，而公知公用的标准则是一国的。在新颖性标准的问题上，各国基本上都经历了从相对标准、混合标准到绝对标准的发展变化过程。实际上新颖性标准由相对标准变为绝对标准，其背后的主要原因是各国之间经济交往日益频繁，包括互联网在内的信息交流手段已经普遍为各国所采用，技术的公开很难区分国内国外了。采用前两种新颖性标准，已经成为不可能。❷

在植物新品种保护制度中，申请品种能够获得授权的技术性条件之一是

---

❶ 李明德. 知识产权法 [M]. 北京：社会科学文献出版社，2007：212-213.
❷ 韩晓春. 判断新颖性的三种标准 (专利知识讲座97) [EB/OL]. (2016-06-19) [2019-08-21]. http://m5.baidu.com/sf_edu_wenku/view/723fde951ed9ad51f01df2f8?fromShare=1&fr=copy&copyfr=copylinkpop.

看该品种是否具备特异性，而特异性是指一个植物品种至少有一个以上性状明显区别于已知品种。如果将专利法上的新颖性标准的逻辑套用到植物新品种保护制度中来，则可以这样认为：在对特异性条件进行审查时，如果将申请品种与与之比较的已知品种的范围确定为全世界范围内，就是绝对特异性标准；如果只是把已知品种的范围界定为一国之内，就是相对特异性标准。当然，截至目前世界范围内还没有关于特异性标准的这一提法。但是无论这种提法存在与否，它所涉及的问题都是无法回避的。

UPOV 公约 1978 年文本第 6（1）（a）条对于特异性条件的定义是："不论原始变种的起源是人工的，还是自然的，在申请保护时，该品种应具有一个或数个明显的特性有别于已知的任何其他品种（from any other variety whose existence is a matter of common knowledge）。"UPOV 公约 1991 年文本第 1 条对于特异性条件的定义是："如果一个品种在申请书登记之时显然有别于已知的任何其他品种（from any other variety whose existence is a matter of common knowledge），则这个品种应被认为是特异的。"

我国《植物新品种保护条例》第 15 条规定："授予品种权的植物新品种应当具备特异性。特异性，是指申请品种权的植物新品种应当明显区别于在递交申请以前已知的植物品种。"将我国《植物新品种保护条例》规定的特异性概念与 UPOV 公约两大文本的特异性概念相比较，可以发现两者还是有一定区别的。其不同之处有两点：一是前者之已知品种的时间范围是"在递交申请以前"，而后者之已知品种的时间范围是"在申请书登记之时"；二是从品种所涵盖的范围来看，前者是"已知的植物品种"，而后者是"已知的任何其他品种"。第一个不同之处，主要是用语不同但意思是一致的，即都是指申请日前且不包括申请日当天；而后一个不同之处，则主要体现在品种所涵盖的范围方面："在递交申请以前已知的植物品种"指的应当是递交申请以前的所有已知品种，而"已知的任何其他品种"一词的含义是说无论申请从何时计算都不应当包括申请品种本身。如果套用专利法上关于新颖性标准的规定，则可以认为我国《植物新品种保护条例》的特异性标准是绝对性的，而 UP-OV 公约的特异性标准是相对性的。但研究发现，目前在对外国来我国申请植物新品种权的品种之特异性进行审查时，都不考虑其在国外首次申请导致成为已知品种的情况。在此前提下，国外品种在我国提出的二次申请，如能符合新颖性条件，就都能符合品种权的授权条件，因而也都能够得到品种权授权。法律的规定和现实操作之间的不一致十分明显。可见，在植物新品种法律保护制度中确立特异性标准还是很有必要的。

（三）不同特异性标准对销售宽限期的影响及绝对特异性标准确立之合理性

1. 不同特异性标准对销售宽限期的影响

任何一项新制度的引入都不能仅仅考察这项新制度本身的合理性，更重要的是要考虑它与现有其他制度的衔接。基于这样的思考，以下让我们来考察一下，在存在优先权制度的前提下，不同特异性标准对与品种权申请关系密切的销售宽限期的影响。

首先，绝对特异性标准对销售宽限期的影响。由前文可知，对于一个外国的在后申请品种（此处指的是除树木或藤本植物之外的植物品种）来说，在采用绝对特异性标准的情况下，由于申请品种本身属于已知品种的考虑范围之内，因此，不会使该外国申请品种丧失特异性的唯一选择，就是该外国品种权申请人最迟要在自申请品种销售之日起 2 年之内在另一国申请品种权，即一国品种权人在甲国提出申请之前的 1 年加上其在另一国提出申请时可以享受的优先权期限之 1 年。否则，该外国申请品种特异性丧失。如图 2-1 所示，甲国 A 申请人在甲国提出品种权申请的最晚时间是自其在甲国开始销售申请品种之日（2017 年 1 月 1 日）后一年之内的最后一天（2017 年 12 月 31 日）。当然，在此种情况下，该申请人销售 A 品种的时间也可以开始于 2017 年 1 月 1 日至 12 月 31 日的任何一天（比如，2017 年 5 月 1 日），但如果申请日为 2017 年 12 月 31 日，则无论如何不可以在 2017 年 1 月 1 日前存在销售行为。同时，A 申请人到乙国提出品种权申请的最晚时间是 2018 年 12 月 31 日，否则，该品种在乙国的品种权申请即会丧失特异性。其原因是：若申请晚于这个时间，则该申请人即会丧失优先权，同时由于在先申请品种已经成为已知品种，进而使在后申请品种丧失特异性。因此，此等情况下，即便规定外国品种的销售宽限期为 6 年（树木或藤本植物）或 4 年（树木或藤本植物以外的其他植物），其实都是没有实际意义的，只不过是个"空头人情"而已。可见，向另一国提起品种权申请的销售宽限期因绝对特异性标准的限制而缩短了，但这却会产生较好的社会效应。这是因为，在绝对特异性标准下，一个已经在一国取得品种授权的育种者，若不在 2 年内到另一国提出品种权申请，即会使其品种丧失特异性。这在客观上起到了督促该申请人在 2 年内尽快到另一国申请品种权的作用，因而有利于一国新品种向另一国的早日扩散。

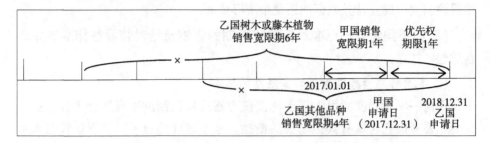

图 2-1 绝对特异性标准对申请品种销售宽限期之影响示意

其次，相对特异性标准对销售宽限期的影响。在采用相对特异性标准的情况下，无论优先权是何状态，其对销售宽限期都不会造成影响。这是因为：在相对特异性标准下，无论一国申请人在另一国何时提出品种权申请，已知品种中都不包括申请品种本身，因此申请品种在申请日前可以销售的最长期限就是在提交申请书的缔约方以外的领土上距该提交日未超过4年或在树木或藤本植物的情况下未超过6年，即该申请人到另一国申请的时间均为在甲国申请日之后的3年或5年（树木或藤本植物），如图2-2所示。但前提条件是在此期间没有抵触申请发生。可见，相对特异性标准下的销售宽限期不发生变化，但相比而言，相对特异性标准不能够产生绝对特异性标准带给社会的促进新品种早日扩散的良好效应，因而不利于一国新品种的更新换代。

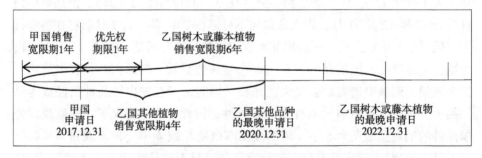

图 2-2 相对特异性标准对申请品种销售宽限期之影响示意

2. 确立绝对特异性标准的合理性

迄今为止，尽管在世界范围内尚无人提出特异性标准的问题，更未对其进行相对与绝对之分，但由前文分析可知，确立绝对特异性标准还是必要的。同时，基于向另一国提起二次品种权申请的销售宽限期会因绝对特异性标准的限制而缩短从而能产生较好的社会效应这一结论，建议未来我国在建立特异性标准制度时确立绝对特异性标准，支撑这一观点的最核心理由就是它能够加速育种成果在世界范围内的传播，使育种成果惠及更多国家。当然，也许有人会反对这种观点，说植物新品种的保护对象与专利法不同，植物新品种并不像专利法上保护的专利信息那样易于传播。植物新品种的遗传信息和植物品种载体具有复合性，确立绝对特异性标准没有必要。但是换个角度想一想，一个已经在国外获得品种保护多年的品种，若又在另一国家获得品种保护，那是不是可以认为它的保护期限被延长了？此等情况下，育种者和社会公众之间的利益不就失衡了吗？也许还有人会说，在知识产权保护领域实行的是独立性保护原则。乍看起来这种观点似乎有道理，但实际上还是经不起推敲。因为品种育成之时，育种者即有权同时向多个国家申请保护，但恰恰由于其自己决定不到他国申请保护，而使本来可以在他国享受到的受保护机会被白白丧失。

（四）不同特异性标准对于已知品种范围界定之影响及"已知品种"范围的界定

1. 不同特异性标准对于已知品种范围界定之影响

熟悉植物新品种保护法律的人都知道，来自外国的品种在向我国申请品种权时，都会涉及能否享受优先权的问题。因此，在对来自外国的在后申请品种进行实质审查前，首先要考虑的是申请人的优先权状态。对于享有优先权的申请人来说，由于可以将首次申请日作为在后申请日，因此，在判断特异性条件时，已知品种的范围应当为首次申请日之前的已知品种，且不包括该授权品种本身。可见，在二次申请人享有优先权的情况下，无论采取何种特异性标准，已知品种范围界定都不会发生不同的影响，授权情况与首次申请也应该没有不同。但是，正如图2-3所示，对于不享有优先权的申请人来说，虽然二次提出申请的品种还是首次申请的那个品种，但不同特异性标准情况下，其已知品种的范围是不同的（见图2-4）。首先，在绝对特异性标准下，此时作为比较对象的已知品种的范围却发生了一个微妙的变化，即由首次申请时的已知品种加上从首次申请日至二次申请日之间新增的已知品种。这是因为申请品种因首次申请成功授权后即从首次申请之日变为已知品种，理论上讲该申请品种应该纳入已知品种的范围之中，当然，在此期间如果还有其他被授权的品种也应当作为已知品种一并加入进来。如此一来，已知品种中一定包括申请品种本身。自己和本身就是它自己的已知品种进行比较，申请品种当然就不具备特异性了，因而也就不应当给予授权。其次，在相对特异性标准下，由于已知品种的范围不需要考虑申请日前在国外提出的首次申请的品种，因而优先权对于已知品种范围的界定都不会发生不同的影响，授权情况与首次申请也应该没有不同。

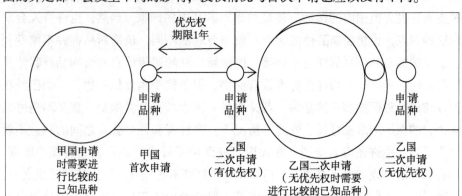

图 2-3 不同特异性标准对已知品种范围界定之影响示意

绝对特异性标准+二次申请人享有优先权→已知品种范围中不包括首次申请品种
绝对特异性标准+二次申请人不享有优先权→已知品种范围中包括首次申请品种
相对特异性标准+二次申请人享有优先权→已知品种范围中不包括首次申请品种
相对特异性标准+二次申请人不享有优先权→已知品种范围中不包括首次申请品种

图 2-4 不同优先权状态和不同特异性标准对于已知品种范围界定之影响

可见，只有在采取绝对特异性标准且二次申请人不享有优先权的情况下，已知品种的范围才会扩大。然而，对于优先权期限已过的外国品种的二次申请现实操作又是怎样的呢？调查发现，目前的做法是，在对这两类品种进行"三性"审查时，只要新颖性未丧失，而且这个品种到实际申请日之前仍然能够保持 DUS 条件，那么就一律给予授权。至于优先权期限过后的品种权申请，在判断其特异性条件时其已知品种的考虑范围是否应当包括其本身在内，由于目前国内外法律均没有作出明确规定，因而未引起相关部门的关注与重视。

2. "已知品种"范围的界定

说到已知品种的范围界定，除了前面要考虑不同特异性标准、不同优先权状态对于已知品种范围界定的影响之外，以下两个问题也是不得不加以考虑的重要方面。

首先，未经品种育种者同意申请品种审定的品种是否导致其成为已知品种？倘若法律允许以一个"剽窃"而来的品种去申请审定，并且还会使其成为所谓的"法定已知品种"，并最终导致培育人不能得到法定授权，那么，这样的规定岂不是违背了法律的正义性？于是，有人可能就会提出这样一个问题，即这种在培育人尚未对其育种成果申请品种权的情况下的、非由申请人提出或未经培育人同意的品种审定申请，是否应当被排除在已知品种的范围之外？研究植物新品种保护的人都知道，在判断申请品种的新颖性时，未经育种者同意的销售并不导致申请品种新颖性丧失。这是因为《植物新品种保护条例》明确规定："新颖性，是指申请品种权的植物新品种在申请日前该品种繁殖材料未被销售，或者经育种者许可，在中国境内销售该品种繁殖材料未超过 1 年……"那么，未经育种者同意（比如，盗取他人成果）提出品种审定申请的，该品种在通过审定以后是否导致其成为已知品种呢？对此，法律并没有作出规定，但可以作出两种理解：一是不导致；二是导致。前一种理解存在的问题是找不到法律依据，因为《种子法》第 92 条第（十）项在列举已知品种的情形时，并没有像在对新颖性定义时那样使用"经育种者许可"之类的用语。那么由此可能提出的一个问题就是：我们要不要将现行规定修改为通过审定的品种为已知品种，但未经品种的培育人同意的审定品种除外呢？毕竟，此类未经育种者同意，尤其是盗取他人成果提出的品种审定不是法律鼓励的。另外，如果规定在对品种进行审定、登记，甚至是植物新品种保护时，要求相应的主管部门对申请品种的合法性进行把关，不仅会大大加重这些单位的行政负担，而且是不可能的。那么，是否可以考虑等到上述申请中的品种来源被证实不合法以后，再正本清源呢？即如果申请品种被证实不合法，则规定该品种之申请将不导致其成为已知品种。这种做法显然也是不妥的。这是因为，已知与否是个事实，已知就是已知了，这是无法改变的。至于品种的培育人所遭受的损失，法律可以通过其他渠道进行救济，但不宜以给已知品种"平反"的方式进行。由此得出结论：品种一旦完成培育即先申请保护，绝不给盗窃他人成果的人以可乘之机。

其次，育种者本人申请通过的品种审定或品种权申请是否构成其在后申请的已知品种？对于这个问题中的育种者，可分为两种情形加以考察：一是育种者为中国人；二是育种者为外国人。根据《种子法》第 92 条第（十）项规定，构成已知的情形包括三种：（1）品种审定、品种登记；（2）新品种保护；（3）已经销售、推广。因此，对于育种者为中国人的情况来说，还要看品种成为"已知"的原因。首先，如果是因通过了"新品种保护"造成的"已知"，自不必说，属于重复申请，显然应当成为已知品种。其次，如果是因"品种审定、品种登记"造成的"已知"，这就涉及《种子法》第 92 条（六）关于"农作物品种已审定或者登记两年以上未申请植物新品种权的"

被视为已丧失新颖性的规定。现实中，即便是已经审定或登记，只要其没有丧失新颖性，而且其他授权条件也能够得到满足，通常都是可以获得授权的。由此反证此等情况下，育种者本人申请通过的品种审定或品种权申请并不构成其在后申请的已知品种。最后，因"已经销售、推广"造成"已知"的情况与第二种情况的处理是相同的。对于育种者为外国人的情况，前文已经进行了讨论，即只有在采取绝对特异性标准且二次申请人不享有优先权的情况下，育种者本人的品种权申请才会构成其在后申请的已知品种。

（五）延伸问题研究

1. 关于对作为已知情形之一的销售之时间期限与新颖性销售宽限期进行协调的问题

由《种子法》第 92 条（十）之规定可以看出，构成已知的情形包括三种：（1）品种审定、品种登记；（2）新品种保护；（3）已经销售、推广。但是，由于《植物新品种保护条例》对新颖性作出了宽限期的规定，加之《种子法》第 92 条（六）规定"审定或者登记两年以上未申请植物新品种权的"视为丧失新颖性（若通过审定或者登记的时间不超过两年，则仍视为具备新颖性，因而也能获得植物新品种授权），所以，在不考虑特异性标准的情况下，单从新颖性的角度考察，即便是一些"已经销售、推广的植物品种"也能获得品种权。这就给了人们一种错觉，即已知品种也是可以得到品种权授权保护的。但仔细分析后即可得出结论：这种观点是完全错误的。这是因为：如果这个因销售导致的已知品种在其宽限期内没有其他人早于他提出品种权申请的话，那他是可以得到品种权保护的，但是在宽限期内却不能保证也不能阻止他人就相同的品种提出品种权申请，此时这个已知品种会因为他人提出品种权申请在先，从而丧失申请品种权的机会。需要补充说明的是，此等情形发生后，即使是没有丧失新颖性的品种也是无法取得品种权的。可见，这个新颖性宽限期的规定只对在此期间没有发生品种权抵触申请时才有意义。同时，由于销售是导致已知的情形之一，因此即便不丧失新颖性，也会丧失特异性，这使销售宽限期的规定形同虚设。另外，对于在此期间内提出品种权申请的人来说，由于这个通过品种审定或登记的已知品种之存在，也无法得到品种权。尤其值得指出的是，这种宽限期的规定还会造成对在此期间合法获得品种（尤其是无性繁殖品种）的人的不公平。例如，在品种权人没有取得品种权之前甚至没有提出品种权申请之前，人家在宽限期内买来品种以后，只允许种植不允许扦插繁殖，显然是不公平的。所以，只有规定作为造成已知情形之一的销售时间与销售宽限期的时间一样长，这个制度才是有意义的。

2. 关于销售宽限期与优先权期限的协调问题

如前文所言，对于一个外国的在后申请品种来说，如果对特异性审查采用绝对标准，则销售宽限期会因绝对特异性条件的影响实际被缩短。所以，期限长于 2 年（外国品种在本国的销售宽限期+优先权期限 1 年）的销售宽限期规定是没有意义的。实际上，按照 UPOV 公约的规定，各国对于销售宽限期的规定都是相同的，即"在提交申请书的缔约方领土上距该提交日未超过 1 年；在提交申请书的缔约方以外的领土上，距该提交日未超过 4 年，或在树木或藤本的情况下未超过 6 年"。可见，新颖性条件中的宽限期远远长于绝对特异性条件下外国申请人既能够享受到优先权待遇又不丧失特异性的有效期限。为了使两个规定的期限能够衔接起来，需要通过修法进行协调，办法有两个：一是继续保留目前销售宽限期的规定，延长优先权的期限；二是保留优先权期限不变，缩短销售宽限期。比较而言，后一种办法更好一些。

3. 关于已知品种的起算时间问题

我国《种子法》第 92 条第（十）项规定："已知品种是指已受理申请或者已通过品种审定、品种登记、新品种保护，或者已经销售、推广的植物品种。"与 UPOV 公约相比，这一规定存在两个缺陷：一是它规定了导致品种"已知"的情形，但没有规定"已知"的起算时间；二是我国《种子法》在对已知品种进行界定时使用的是"已通过品种审定、品种登记、新品种保护"这样的用语。这就给人造成一种错觉，似乎"已知"的时间应当从审定通过之日开始计算。实际上，这种理解是不正确的，因为它与 UPOV 公约的相关规定不符。UPOV 公约 1991 年文本第 7 条明确规定，"如果一个其他品种的育种者权利申请或在法定的品种登记处登记的申请，获得了育种者的权利或者在法定的品种登记处登记，则应认为从申请之日起，该其他品种便是已知的品种"。因此未来修法时应当明确，已知品种的起算时间为从审定申请之日或品种权申请之日起算。

（六）小结

随着我国对外开放的大门越开越大，今后还会有越来越多的外国种业公司来中国寻求发展，其基础性工作之一就是申请植物新品种权保护。可以预见，今后会有越来越多的外国品种来到中国。因此，迫切需要明确特异性的标准来处理好各类不同法律状态的植物新品种权申请，以平衡好育种者与社会公众之间的利益。专利法上新颖性标准的划分为植物新品种保护制度的完善带来了有益的启示：如果在植物新品种保护制度中也对特异性进行绝对或相对标准划分，并根据确定的标准界定已知品种的范围，那么，在接受外国品种的二次申请时即可有章可循。同时，从特异性标准对现行制度可能产生的影响看，绝对特异性标准具有一定的合理性。因此，建议未来修法时明确规定绝对特异性标准。但是，采用绝对特异性标准后，一种可能出现的现象是：一些"聪明"的申请人对其在先申请品种更换名称，再到我国寻求保护。为此，植物新品种保护机关应当加快申请品种 DNA 鉴定档案的建设工作，同时加强与 UPOV 公约成员之间的合作，防止此类行为的发生。另外，对于违反植物新品种命名统一性原则、改头换面骗得品种授权的行为，通过复审程序宣告授权无效也不失为一剂良方。

第三节　一致性

一、一致性的定义

所谓"一致性"实际上指的是同一代品种中植株与植株间的整齐性。对于一致性，UPOV 公约 1978 年文本第 6（1）（c）条的规定是："就该品种的有性或无性繁殖特性而言，必须是充分均质或一致的。" UPOV 公约 1991 年文本第 8 条对于一致性的定义是："一个品种从其繁殖的特点预期可能出现变异的情况下，如果其有关特性表现足够的整齐一致，则该品种应被认为具有一致性。"从两大文本对于一致性的定义看，1991 年文本对于品种授权的一致性要求更加客观一些：1978 年文本在规定一致性要求时使用的用语是"必须"，而且对有性繁殖植物和无性繁殖植物不加以区分；而 1991 年文本的用语是"足够的整齐一致"，而且还关注到品种的繁殖特点。这主要是考虑到品种在繁殖过程中都会出现一定的差异，但只要这些差异是"预期可能出现"的即可。美国《植物品种保护法》对于一致性的要求是"具备差异可描述、可预测和商业上可接受的一致性即可"。❶

二、一致性判定要点

首先，一致性的标准是"足够的一致"而非"绝对的一致"。植物不是

---

❶ Sec. 42.（a）（3）："uniform, in the sense that any variations are describable, predictable, and commercially acceptable."（7 U. S. C. 2402.）

用模具制造出来的，即使是同一个植物品种的植株之间，其外观性状也或多或少地存在差别。因此，要求植物品种保持绝对一致是不现实的。为植物品种保护起见，只要这些差别保持在一定限度之内就是允许的。即在对一致性进行判定时，只要保证品种足以达到保护的目的即可。其次，不同繁殖方式下植物品种的一致性标准可以有所不同。由于植物的繁殖方式是不同的，因而其所能够达到的一致性水平也是不同的。在规定授权品种的一致性要求时，需要将品种所应达到的一致性要求和品种的具体繁殖方式联系在一起。一般而言，繁育无性繁殖植物时多采用扦插和嫁接的方式，而繁育有性繁殖植物时多采用播种的方式，其结果是，无性繁殖植物比有性繁殖植物所能达到的一致性水平更高一些。因此，不同繁殖特性的植物，其一致性标准可以有所不同。例如，黑麦草是异花授粉植物，同一品种植株间有些差异是可以接受的；谷类植物是自花授粉植物，同一品种植株间的差异就不能过大。最后，申请品种在相关特征或特性上发生的变异必须是可以预见的。在受到外界环境因素影响的情况下，有的性状会发生一定的变异，这些变异通常是"可以预见的"，如植物的株高和生长期等；育种手段不同，后代分离的世代也会有所不同，如远缘杂交和辐射育种分离的世代长，在制定品种的一致性条件时，就对其品种的繁殖世代要求长一些。上述三个要点在以下案例中得到了诠释：

2017 年 4 月 25 日，荷兰 Bejo 种子有限公司（以下简称 Bejo 公司）提交了马铃薯品种"Oliver"的共同体植物品种权申请。此前，该品种已经根据一份DUS 报告被批准为国家植物品种（A title for a national plant variety right）。CPVO 要求该测试报告一旦完成需立刻向其提交。由于"Oliver"是有史以来第一个杂交种繁马铃薯（hybrid seed-propagated potato）品种，所以测试没有对照品种可供参考，审查办公室必须在审查申请品种的同时制订一份临时技术测试计划。该 DUS 测试的结果是，审查办公室认为该品种具备足够的一致性。但 CPVO 认为 DUS 报告不能作为授予 CPVR（共同体植物品种权）的充分依据，因而拒绝授予共同体植物品种权。

2018 年 7 月 25 日，Bejo 公司就 CPVO 的决定提出了复审请求。Bejo 公司称，CPVO 对《基本条例》第 8 条关于申请品种一致性规定的解释是错误的。对于一致性来说，由于品种的具体繁殖特性不同，其可以预见的变异也会有所不同。CPVO 并未考虑申请品种是杂交的种繁马铃薯品种，因而其在性状表达上的变异水平会较高这一因素，拒绝授予共同体植物品种权是没有根据的。该品种本应作为一个种群对待，并应以适用于异花授粉种群品种的、不十分严格的方法来评估其一致性。此外，该品种的保护范围应当来自其父母亲本组合。微近交亲本系（Slightly inbred parent lines）品种"Oliver"的亲本系属无性繁殖品种，该定义本身就是具备一致性的。虽然微近交亲本系为杂合子，但由于它们是无性繁殖的，所以具备一致性和稳定性。然而，由此产生的杂交种在遗传上是有变异的，其变异水平应当与黑麦草等种群相当，CPVO应该对这些因素加以考虑。此外，审查办公室没有观察到适用于无性繁殖马铃薯的测试指南（CPVO-TP/023/2）中与嫩芽（light sprouts）有关的某些独特性状。最后，鉴于该申请品种的创新性，CPVO本应尊重审查办公室的建议，在一致性方面采取宽松一些的做法。

CPVO认为，它已经考虑了申请品种的繁殖特性，并认为它确实与种群具有可比性。然而，即使考虑到这些问题，申请品种的一致性也不足以获得共同体植物品种权授权。事实上，在无性繁殖品种的情况下，在6个性状中测得的变异范围至少应能涵盖两个不同品种的保护范围。此外，对于与嫩芽有关的11个性状没有给予观察，这是因为它们不是一般的DUS审查之内容，其评价应在特殊测试条件下进行，它们与正常的生长/生产周期也没有任何相关性。CPVO还声称，它在决定是否给予共同体植物品种权授权时不受审查办公室意见的约束。最后，即便是一个创新品种，也不意味着在注册条件的评估方面应当有过度的灵活性。

复审委员会的意见是，"Oliver"代表了一种新型的马铃薯品种，根据UPOV在《植物新品种特异性、一致性和稳定性测试及统一描述总则》配套文件TGP/13/1号文件第4条的规定，除非另有规定，新类型品种的DUS测试原则上与任何其他品种的测试没有区别。然而，新品种可能需要考虑一些其他附加因素。由于繁殖特性和由其导致的种内高水平变异，应适用与现行指南（CPVO-TP/023/2）之一致性标准不同的标准。此外，就杂交品种而言，UPOV联盟TGP/10/1号文件第2条规定，一致性的容差限度应当根据遗传和环境对特性表达发生变异的影响水平设定。在由于新品种是其所属品种类型的首例而不存在相对一致性标准的情况下，UPOV建议参照已测试过的相同类型品种之相近种属所适用的一致性标准（见TGP/13/1号第4.5.5条）。在没有可比品种的情况下，复审委员会考虑了具有遗传结构相似的其他种属之品种（如玉米和韭菜），然而品种"Oliver"植株间的差异还是被认为高了些。复审委员会认为，即使考虑到上述情况，相较于"Oliver"之繁殖特性而言，技术审查中观察到的性状表达仍然达不到足够一致的水平。尽管精确的一致性阈值现在尚不能确定，但适当的阈值应当比申请品种的变异水平更严格。因为品种"Oliver"植株间的差异实在太大，若对其给予保护将会规定出一个不合理的宽泛的保护范围。对此，复审请求人解释说，杂交种足够一致的水平应当通过父母亲本选择来实现。最后，复审委员会认为，种繁马铃薯品种新的 DUS 测试指南中应当包括嫩芽性状，因为它们与特异性的评估有关。复审委员会观察到，亲本系具备一致性和稳定性是杂交种具备一致性和稳定性的先决条件，应当与杂交种的稳定性联系起来加以考虑。因此，即使考虑到"Oliver"之特殊的繁殖特性对技术审查期间观察到的性状表达之影响，复审委员会还是驳回了复审请求人的全部请求，维持 CPVO 不授予共同体植物品种权的决定，理由是申请品种缺乏一致性。❶

三、一致性的评价方法

一致性评价是判定测试品种经过繁殖，除可预见的变异外，其相关的特征、特性是否一致，以测试品种的变异株和异型株（指植株的表现或植株部分的性状表达与该品种绝大多数植株有明显区别的植株）不超过一定的误差范围为判定依据。由于导致品种不一致的原因不同，各品种所能够达到的一致性水平也不同，因而评价一致性的标准和方法自然应当有所不同。

一致性的评价方法主要有三种。一是异型株评价法。这种方法主要用于异型株相对比较容易辨认的情形。营养繁殖品种和严格自花授粉品种及主要自花授粉品种都是用这种方法。对于这一组品种的性状来说，其基因型引起的变异和环境引起的变异水平都比较低，因此辨别那些看上去与大多数典型植株不同的异型植株是可能的。由于品种的繁殖方式是不同的，群体内异型株的可接受率可因植物属或种的不同而有所不同：对于营养繁殖和严格自花授粉品种来说，一致性条件要求要比异花授粉植物品种的要求高一些。二是标准差评价法。对于某些难以辨别出其异型株的属或种的植物品种，其一致性评价一般采用标准差法。采用标准差法进行一致性评价所掌握的原则是申请品种的变异率不能超过已知的对照品种的变异率。在对申请品种和对照品种进行比较时，推荐使用的方法是一致性多年综合分析法（COYU）。所谓一致性多年综合分析法，就是根据对多年的被测的数量性状所进行的比较，对

---

❶ Case A007/2018, Bejo Zaden BV v CPVO, 17.5.2019 (from CPVO Case-law 2015-2020, Volume Ⅱ, 36-37).

申请品种的一致性和对照品种的一致性进行对比。三是分离性状评价法。对于多交种（如三交种或双交种）和综合种（指通过自由传粉或对选择的数量有限的亲本成分进行杂交，然后通过连续几代自由传粉加以繁殖而培育出来的品种）来说，如果其性状分离与其繁殖方法相一致，那么，其性状分离是可以接受的。如果某个明显的分离性状基因是已知的，而且性状以预期的方式进行表达，那么，该品种可视为具有一致性。以下案例在一定程度上反映了实践中关于一致性评价的一些具体做法。

本案中的复审请求人为其瑞香属植物品种"Rogbret"提出了共同体植物品种权授权申请并提交了用于 DUS 测试的材料。由于在第一个 DUS 测试周期中测试开展得不够充分，审查办公室和复审请求人均同意延长审查。在后来的几个 DUS 测试周期内，审查办公室观察到其所提交的植物材料尤其是在花斑特性方面缺乏一致性，因此 CPVO 决定以该品种不具备一致性，驳回其共同体植物品种权申请。于是，该品种权申请人提出了复审请求，并基于以下理由反对 CPVO 作出的驳回申请决定：首先，他认为该品种的一致性条件是满足的，并指出虽然申请品种对回复突变（reverse mutation）有易感性，但远低于 DUS 测试中观察到的程度；其次，他指出客户对该品种是满意的，并对 6 株至 35 株之异型株最大可接受数量只能为 1 的要求提出质疑；最后，他争辩说 DUS 测试报告是不完整和不详尽的，没有就品种的稳定性和特异性作出任何结论；此外他还声称，也没进行过一致性评估补充测试，并要求再进行一次 DUS 测试。

复审委员会在其作出的决定中指出，CPVO 的决定和 DUS 审查仅应以 DUS 审查所提供的材料为依据，来自非正式样本的信息在 DUS 测试中只是适当考虑，以帮助理解正式样本中观察到的一致性，而不能依此对一致性作出判断。此外，复审委员会还澄清说，审查办公室为界定异型株容差标准而采用的统计方法载于 UPOV 的推荐文件中，采用 6 个至 35 个植株中只能有 1 个异型株之容差标准，将一个不符合规定的样本宣布为符合规定的可能是有的，反之亦然。审查办公室注意到异型株的数量大于 UPOV 推荐文件允许的数量，因而得出结论说该品种缺乏一致性。因此，复审委员会同意审查办公室和 CPVO 的意见，该品种未达到一致性标准。至于花斑，复审委员会注意到，在申请品种中植株之间的肥料施用是均匀的，因此无论是符合条件的植株还是异型株之判断都是在相同的农艺条件（氮浓度和温室曝晒程度）下进行的。关于可能更适合该品种的酸性条件，复审委员会澄清说，审查办公室获悉申请品种必须在这样的条件下种植，并有经验判断在那三个异型株中观察到的特征中哪些是因遗传变异造成的。复审委员会指出，审查办公室有责任在其观察到的 DUS 要件足以作出决定时立即通知 CPVO，而不必等到 DUS 测试周期结束。由于一致性标准在上一次 DUS 测试中没有得到满足，复审委员会确认 CPVO 有理由认为没有必要再延长测试，并因缺乏一致性而驳回品种权申请。因此，复审委员会认为，在三个异型株中观察到的变异与遗传变异有关，而非由于环境因素引起的表达波动。此外，复审委员会解释说，没有必要提交一份详尽的报告，因为 CPVO 已核实测试指南已得到遵守，而该品种缺乏一致性。当 DUS 条件中有一个得不到满足时，不需要考虑其他两个条件。由于本案中因回复突变造成一致性条件没有得到满足，因此稳定性条件也同样不能满足。由于该品种在 DUS 测试中没有表现出足够的一致性，CPVO 没有义务根据 UPOV 的推荐文件另行做一个周期的 DUS 测试。复审委员会的结论是，在申请的审查阶段没有必要提交详尽的报告，故报告不能被视为不完整。❶

第四节 稳定性

一、稳定性的定义

UPOV 公约 1978 年文本第 6（1）（d）条规定：在向一个联盟成员注册保护申请时该品种的基本特性（its essential characteristics）必须是稳定的。即经过重复繁殖，或在育种者规定的特定繁殖周期（the breeder has defined a particular cycle of reproduction or multiplication）中的各个周期结束时，品种的基本特性仍与原来所描述的一致。UPOV 公约 1991 年文本第 9 条规定："如果一个品种经过反复繁殖其有关特性（relevant characteristics）保持不变，或者在特定繁殖周期（a particular cycle of propagation）的每个周期末尾其有关特性保持不变，则该品种就应认为是稳定的。"

对上述定义需要从以下几个方面加以理解。第一，从 UPOV 公约的规定来看，虽然 1991 年文本用的是"相关性状"，1978 年文本用的是"基本性状"，但性状保持不变是衡量稳定性的主要考量。关于性状保持不变的范围，澳大利亚《1994 年植物育种者权利法》第 43（4）条的规定是"相关

---

❶ Case A 009/2011；Mr Przemyslaw Rogalski vs CPVO（CPVO Case-law 1995-2015, Summaries, 51-52.）

性状"保持不变；美国《植物品种保护法》对于必须保持不变的性状规定得更详细一些，根据该法第42（a）（4）条的规定，所谓稳定性，指的是该品种在重复繁殖时，其主要和特异性性状（the essential and distinctive characteristics）保持不变，其不变水平就其合理可靠性程度而言与使用同一育种方法培育的同一类别品种相称即可；欧盟《基本条例》则规定"审查特异性所包括的性状和品种描述中使用的性状"（characteristics which are included in the examination for distinctness, as well as any others used for the variety description）。但无论如何不是全部性状都必须保持不变。即便规定如此，实践中掌握的标准可能还要宽松一些。正如欧盟植物品种保护局复审委员会在2016年审结的一起复审案中所说的那样："品种性状描述中的内容可能会有些变化，这取决于许多因素。植物品种是由具有生命力的材料组成的，就蓝眼菊属植物而言，因为审查通常只进行一年以上的测试且是在室外进行的，必然导致变化比在温室内进行审查测试的情形更大，性状描述的容差范围相对应当较高。"❶ 关于这一点并没有什么难以理解的，因为稳定性往往是在授权后很长时间一直要达到的要求。植物品种本身就有退化

---

❶ 1996年9月5日，申请人Jørn Hansson为其蓝眼菊属品种"Lemon Symphony"向欧洲植物品种保护局（CPVO）提起共同体植物品种权（CPVR）申请（申请号：1996/0894），1999年4月6日得到CPVO的授权。2004年10月26日，Ralf Schrader先生以"Lemon Symphony"不再具备稳定性为由，请求撤销授予"Lemon Symphony"的共同体植物品种权，但遭到CPVO驳回。2007年6月11日，复审请求人（Ralf Schrader）就上述决定提交复审请求通知书，声称该品种技术审查不正确，品种缺乏稳定性。2007年12月4日，该复审请求被复审委员会驳回。于是，复审请求人就上述决定向欧盟法院提起诉讼。欧盟法院认为，由于必要最低通知期限没有得到遵守，造成复审请求人未被适当地传唤到复审委员会进行庭审。欧盟法院的结论是，由于违反《诉讼条例》［Regulation（EC）No 874/2009］第59条第2款，复审请求人参加庭审的权利遭到侵犯，故撤销该争诉决定。复审委员会恢复审理此案，询问复审请求人是否想继续审理A006/2007号案件的复审请求。复审请求人确认其对复审请求程序的兴趣，但复审委员会还是驳回了复审请求人的复审请求。复审请求人主张"Lemon Symphony"的共同体植物品种权应予撤销，该撤销应具有追溯效力或者立即生效。但复审委员会认为，复审请求人未能就"Lemon Symphony"的稳定性提交出足以使复审委员会对其提出严重质疑的实质证据和事实。复审委员会观察到，品种的性状描述不可能是一成不变的，这取决于许多因素。植物品种是由具有生命力的材料组成的，就蓝眼菊属植物而言，因为审查通常只进行一年以上的测试且是在室外进行的，必然导致变化比在温室内进行审查测试的情形更大，性状描述的容差范围相对应当较高。关于"嫩芽姿态"（attitude of shoots）这一性状的三条记录中所存在的差异，可解释为1997年没有开发出具有这种性状的代表品种（example varieties）。性状描述中的差异往往是环境条件造成的。就蓝眼菊属而言，除了它是户外栽培品种且更易受多种环境因素的影响之外，1997年至2005年的已知品种数量也大幅增加。因此，"Lemon Symphony"的主要性状被认为具有稳定性。最终，复审委员会裁决驳回复审请求。（Case A006/2007 RENV, Ralf Schräder v CPVO, Jørn Hansson, 2/9/2016（CPVO Case-law 2015-2020-Volume II, Summaries of Decision from 2015 to 2020, by Decision Date, 22.）

的趋势，所以，如果表现不好，自然会被市场淘汰，不必太过关注。

第二，品种的繁殖特性不同，其稳定性表现也有所不同。对于不同繁殖特性品种之稳定性要求通常都是区别对待的：有性繁殖品种（Generatively Propagated Varieties）比营养体繁殖品种达到稳定性要求的难度更大一些。因此，测试指南对有性繁殖品种在稳定性方面的规定会相对更宽松一些。

第三，稳定性定义中的"反复繁殖"一词，暗含的意思是关于这个条件的审查必须进行一次以上。正如欧盟植物品种保护局复审委员会在 2003 年审结的一起复审案中所说的那样："稳定性是授权条件中的一个独立的条件，需在繁殖多年后才可以观察到。"❶ 为了测试稳定性，审查办公室必须对品种在至少两个生长季节的表现进行观察，尤其是涉及有性繁殖品种时。然而，实践中对无性繁殖品种进行稳定性审查的经验表明，只要在对申请人提供的植物材料进行观察时，发现其性状具有一致性而且没有发生变异或混杂就可以了。

第四，"稳定性"这个条件仅指遗传性状。该定义中的"繁殖周期"这个词仅指所谓的近交系的杂交，这种杂交导致杂交种的产生。由于杂交种不具有稳定性，为此，近交系必须一次又一次地杂交直至杂交种在"各个周期结束时"能够满足稳定性条件。

可见，稳定性实际上指的是植物新品种代与代之间的一致性，具备了稳定性条件的品种，各代之间的相关性状不应当发生变化。植物品种的特点之一就是其具有退化的趋势。然而，为获得品种保护，育种者必须保证他培育

---

❶ 该案的基本案情大致是这样的：彼得·约瑟夫·恩卢克（Pieters Joseph en Luc B. V. B. A.）为菊花属品种"Marielle Red""Marielle Maurve"和"Marielle Bronze"申请共同体植物品种权（CPVR）。DUS 测试结果表明，这三个品种不具备稳定性，且与同样是由该申请人培育的已经成为已知品种中的对照品种相比不具备特异性。他认为：尽管 DUS 测试中使用的对照品种经其同意在欧洲领土范围内销售过，但是由于他已经将该对照品种的品种权申请撤回，因而该对照品种应当不属于已知品种，并据此提出复审请求。他认为：由于他申请的这三个新品种具备了稳定性，因而也就具备了特异性。他还争辩说，他看不到审查报告，他获得公正庭审的权利也受到了侵犯。欧盟植物品种保护局（CPVO）认为，对照品种的上市销售是使其成为已知品种的关键原因；与对照品种相比，申请品种不具备特异性；稳定性对于特异性的判定起不到什么作用。复审委员会认为，首先，他的这些品种在各方面都长得一样，只不过是具备了稳定性，而稳定性与特异性的判定无关。品种可以是具备特异性、一致性和稳定性但不满足 CPVR 授权条件的植物群体。稳定性是授权条件中的一个独立的条件，需在繁殖多年后才可以观察到，但是因为它表达不出来，所以不能作为特异性因素对待。其次，对照品种在提交 CPVR 申请日之前销售的时间已经超过一年，这直接导致它们成为已知品种，因而破坏了"Marielle"品种的新颖性。最后，因为复审请求人可以按照有关规定合理获得信息，他获得公正庭讯的权利并未受到侵犯。（Cases A 001/2002, A 002/2002, A 003/2002; Pieters Joseph en Luc B. V. B. A. vs CPVO, 1/4/2003, CPVO Case-law 1995-2015, Summaries：14.）

出的品种具有稳定性。

二、稳定性的评价

正如前文所言，用于评价稳定性的性状不必是全部性状，那么，哪些性状保持不变才能达到稳定性条件呢？相关的或必要的性状至少包括用于 DUS 测试的所有性状，或包括在该植物品种得到授权保护时的品种描述中的性状。因此，所有明显的性状都可以考虑，无论这些性状在《DUS 测试指南》中有无出现。一般而言，实践中进行稳定性测试所产生的结果与特异性和一致性测试产生的结果那样具有确定性是不常见的。然而，经验表明，对品种的许多不同类型来说，当一个品种已被证明具有一致性时，它也可以被视为具有稳定性。进一步说，如果品种不再具有稳定性，所生产的材料就不符合该品种的性状，育种者就无法提供符合品种性状的材料，因而育种者权利可能被撤销。但在有疑问的情况下，可再种植一季或种植新的种子来证实该材料表现出的性状与原先所提供材料表现出的性状是否一样，以判定其稳定性。

第五节　适当的命名

关于品种的命名，UPOV 公约 1978 年文本规定 "品种应按第 13 条的规定命名"，此即所谓的 "适当的命名"。在 UPOV 公约 1978 年文本中，适当的命名是和新颖性、特异性、一致性和稳定性四个条件并列放在一起的。换言之，五大授权条件不分伯仲，地位相同。而 UPOV 公约 1991 年文本则是将植物新品种的 "保护的条件" 分为 "需符合的标准" 和 "其他条件" 两类，其中，第 5 (2) 条 "其他条件" 规定："凡育种者育出的品种是按照第二十条规定的名称命名的，……则对育种者权利的授予就不应附带任何其他的条件。" 尽管 1991 年文本将品种命名与其他条件作出了区分对待，但无论如何，它也是品种权的授权条件之一。不过，在关于适当命名是否应当作为授权条件的问题上也是存在分歧的。比如，参加 1991 年文本修订外交大会的美国代表就表达过这种观点，甚至美国《植物品种保护法》在植物品种的授权条件部分完全没有提及有关品种名称的规定，而只是将其作为提交品种申请时应当提交的内容之一。因此从某种程度上讲，要求品种具备适当的命名是为了品种管理和使用上的方便而规定的管理措施。● 尽管如此，如若品种名称不具有适当性，即便授权之后，也可以要求品种权人更正，否则将面临被撤销的风险。

一、植物新品种的命名原则

适当的命名是植物新品种能够获得品种权的重要条件。在对植物新品种进行命名时，应当注意以下几点。

首先，品种应以通用的名称命名，品种名称的注册不妨碍与该品种有关名称的自由使用，即使是在该品种权期满之后。此即所谓的品种命名的通用性原则。如果一个已经被商标主管机关注册为商标的名称又被作为品种名称使用，其可能出现的后果就是使该商标退化为通用名称。若此等情形果然出现，则该商标就会面临被撤销的危险。为了确保品种名称具有清晰性和确定性，对那些与品种权人的商标名称完全相同的品种名称，主管机关应当不予注册。为避免品种保护申请被驳回，育种者在提交暂定名称时可选择放弃其商标权。

其次，品种名称必须有别于相同或者相近的植物属或者种中已知品种的任何名称。此即所谓的品种命名的唯一性原则。这一原则要求品种命名不得存在下列情形：（1）仅以数字或者英文字母组成的；（2）仅以一个汉字组成的；（3）含有国家名称的全称、简称或者缩写的，但存在其他含义且不易误导公众的除外；（4）含有县级以上行政区划地名或者公众知晓的其他国内外地名的，但地名简称、地名具有其他含义的除外；（5）与政府间国际组织或者其他国际国内知名组织名称相同或者近似的，但经该组织同意或者不易误导公众的除外；（6）容易对植物品种的特征、特性或者育种者身份等引起误解的，但惯用的杂交水稻品种命名除外；（7）夸大宣传的；（8）与他人驰名商标、同类注册商标的名称相同或者近似，未经商标权人同意的；（9）含有杂交、回交、突变、芽变、花培等植物遗传育种术语的；（10）违反国家法律法规、社会公德或者带有歧视性的；（11）不适宜作为品种名称的或者容易引起误解的其他情形。下列情形属于"对植物品种的特征、特性或者育种者身份等引起误解"。第一，容易对植物品种的特征、特性引起误解的情形。其主要包括：（1）易使公众误认为该品种具有某种特性或特征，但该品种不具备该特性或特征的。品种名称不应当传达出或含有该品种实际并不具备的特性信息（例如，如果品种本身并不具备"矮化"的特性，则该品种不能使用"矮化"这个词命名）。（2）易使公众误认为只有该品种具有某种特性或特

● 侯仰坤. 植物新品种权保护问题研究［M］. 北京：知识产权出版社，2007：41.

征，但同属或者同种内的其他品种同样具有该特性或特征的。品种名称不能使人产生只有该品种才拥有某种特性的印象，而实际情况是该种属品种中的其他品种也拥有或可能拥有同一特性（例如，"甜"是许多樱桃品种共同享有的特点，若只在某一个樱桃品种名称中使用"甜"字，则该品种名称的命名就不具有适当性。因为在该樱桃品种名称中使用了"甜"字以后，容易使人产生只有这个品种的樱桃是甜的而其他品种的樱桃不甜这样一个错误印象）。(3) 易使公众误认为该品种来源于另一品种或者与另一品种有关，实际并不具有联系的品种名称不能传递出某品种是由另一个品种派生而来或与另一个品种相关的印象。比如，倘若市场上已经出现了以"南方1号"命名的植物，此时若有人将其新培育的同一类植物命名为"南方2号"，那么这两个名称使人产生的印象是：两种植物是具有类似特性的系列品种。若实际情况并非如此，则后一个品种的命名即不具有适当性。(4) 其他容易对植物品种的特征、特性引起误解的情形。品种名称应当与现有相同或相近的植物品种之名称有区别。一般而言，不鼓励重复使用品种名称，只有在极其特殊的情况下，才允许将老品种名称注册为新品种名称。同一品种名称不得在同一类别植物品种上重复使用。同一类别中的植物种属应视为密切相关或易于导致相关品种类别产生误解或混淆。第二，容易对品种价值或类别方面造成混淆的情形。其包括：(1) 在品种价值方面造成混淆，主要是指在品种名称中不应当使用"比较"或"最"之类的词语，如名称中不能包括或包含有"最好""超级""更甜"等字眼。(2) 在品种类别方面造成混淆，需要注意：如果品种名称只在一个字母或一个数字上存在差异，可被视为在品种类别方面造成了混淆，但虽然只是在一个字母存在差异但却能够带来清晰的视觉差异或发音差异的品种名称除外（如英语中"Harry"和"Larry"是不会造成混淆的）；字母和数字组合构成的名称；仅用数字表示的名称；在同一个名称类别中使用和另外一个种或属名称相类似的名称容易造成混淆。(3) 为了使品种名称清晰、确定，一般不提倡重复利用名称，因为重复使用的名称，即使涉及的品种已经不存在，也能引起混淆。但在极个别的情况下，如对于从未商业化或只是以有限的方式在很短的时间内进行过商业化的品种，破例使用该名称也是可以接受的。若这种情况果然出现，也要求该品种在停止商业化之后至其品种名称再次使用之前必须相隔一段时间，以避免在品种类别及特性上造成混淆。第三，容易对育种者身份引起误解的情形。其包括：(1) 品种名称中含有另一知名育种者名称的。例如，中国的玉米品种中有"登海662""登海9号"

"登海 701"等，在这些品种名称中，"登海"表示登海种业公司，表示这些品种是登海种业公司培育的品种，但若是他人培育的玉米品种中也使用"登海"二字，即可让人误以为该品种系登海种业公司的品种。（2）品种名称与另一已经使用的知名系列品种名称近似的。（3）其他容易对育种者身份引起误解的情形。

最后，为确保植物新品种保护体制能够有效运作，就同一品种使用的品种名称应当相同。此即所谓的品种命名的同一性原则。这一原则要求：（1）育种者就同一品种提出续后申请时，必须向 UPOV 联盟所有成员提交提出首次申请时所使用的名称。上述义务的例外有时是存在的，比如，在品种名称最终被 UPOV 联盟其他成员注册之前，其暂定名称遭到主管机关驳回的情况下，即可能出现例外。但为了使所有国家使用的品种名称具有单一性，育种者应当向所有的主管机关提交一个新名称。（2）主管机关应当接受首次申请时提交并注册的名称，除非这样的名称在他们的领土范围内不具有适当性。基于此，尽管在品种名称的某些规定上允许主管机关对与最佳管理相关的个别指南进行开发，但除非与 UPOV 公约的规定有直接的冲突，否则成员方主管机关应当对 UPOV 公约 1991 年文本第 20（5）条规定的义务给予优先考虑。对此，建议避免对 UPOV 公约的规定及其相关指南或最佳范例做狭义性的解释，以避免品种名称出现不必要的混淆。（3）由于各成员方拼音或书写规则的不同，有必要对提交的名称进行音译或意译，以便使其在另一个国家能够注册。在此情况下，申请中提交的品种名称及其音译应当视为是同一个名称，而名称的意译则不视为是同一个名称。

二、品种名称的注册要求

一个农业植物品种只能使用一个名称。❶ 相同或者相近的农业植物属内的

---

❶　但澳大利亚允许一个品种注册多个品种名称。这是因为澳大利亚十分尊重其他 UPOV 成员的命名规定，对于已经在其他 UPOV 成员方授权的品种，在澳大利亚提出植物育种者权利申请时必须使用其他 UPOV 成员方授权时的品种名称，如果该品种名称不符合《1994 年植物育种者权利法》规定，则必须作为该申请品种的同义词名称附注于在澳大利亚申请的品种名称之后。申请植物育种者权利前，如果该申请品种在其他 UPOV 成员方未被授予植物育种者权利，则这类申请品种的命名应当遵循澳大利亚《1994 年植物育种者权利法》的命名规定，但同样可以附加一个同义词名称。授予植物育种者权利后，为了便于育种家促进授权品种的商业生产与贸易，澳大利亚允许一个品种可以有多个品种名称，而且这些品种名称同样受到《1994 年植物育种者权利法》的保护。澳大利亚《1994 年植物育种者权利法》第 27（7）条还有一个特殊规定：个人姓名或者组织名称用作申请品种名称的，必须经过当事人的同意。如果使用已经去世了的人的姓名作为申请品种名称的，则必须有此人的继承人同意作为申请品种名称的书面签字材料 [Section 27 of Plant Breeder's Rights Act 1994（No. 110, 1994）.]。

品种名称不得相同。申请人应当书面保证所申请品种名称在农作物品种审定、农业植物新品种权和农业转基因生物安全评价中的一致性。相同或者相近植物属内的两个以上品种，以同一名称提出相关申请的，名称授予先申请的品种，后申请的应当重新命名；同日申请的，名称授予先完成培育的品种，后完成培育的应当重新命名。品种名称应当使用规范的汉字、英文字母、阿拉伯数字、罗马数字或其组合。品种名称不得超过 15 个字符。

三、品种名称的使用要求

植物品种使用人必须使用品种名称。我国《植物新品种保护条例》规定，授予品种权的植物新品种应当具备适当的名称，并与相同或者相近的植物属或者种中已知品种的名称相区别。该名称经注册登记后即为该植物新品种的通用名称（第 18 条）。不论授权品种的保护期是否届满，销售该授权品种应当使用其注册登记的名称（第 12 条）。销售授权品种未使用其注册登记的名称的，由县级以上人民政府农业、林业行政部门依据各自的职权责令限期改正，可以处 1000 元以下的罚款（第 42 条）。

在品种名称的使用要求方面，欧盟的要求非常严格。例如，《基本条例》第 17 条对品种名称的使用作出了三条强制性规定。一是"必须使用"品种名称。《基本条例》第 17（1）条规定，任何在共同体领土范围内的人，为商业目的向他人提供或转让受保护品种的品种成分或者第 13（5）条规定的品种（实质性派生品种、与受保护品种没有明显区别的品种以及需要反复利用受保护品种进行生产的品种），必须使用该品种的名称。而且还规定，当该名称以书面形式使用时，应当易于辨认、清晰可读。商标、商品名或类似标识和品种名称一起使用，品种名称必须易于辨认。二是"必须告知"品种名称。《基本条例》第 17（2）条规定，任何在共同体领土范围内的人，为商业目的在向他人提供或转让品种的任何材料（如收获材料或由收获材料直接获得的产品）时，或者当有权机关、购买人或任何享有合法利益的人提出请求时，必须按照法律规定告知品种名称。可见，"必须告知"包括根据法律规定必须告知与应要求必须告知两种情形。三是"必须使用"与"必须告知"的时间❶要求。不但品种权保护期间"必须使用"与"必须告知"，而且品种保护期限过后仍然"必须使用"与"必须告知"。

---

❶ Article17（3）of Regulation 2100/94：即使在共同体植物品种权利终止后，第 1 款和第 2 款也应适用。

此外，《基本条例》第18（1）条还规定，品种权人不得利用自己在与品种名称相同的标识上所取得的其他权利限制品种名称的使用。举例来说，当某人在同一个标识上既注册了商标又用它申请了品种名称并获得批准时，由于商标可以无数次地展期，因而其实际上的保护时间可能远远长于品种权的保护时间。在这样的情形下，法律不允许该人利用其在商标上取得的权利限制他人使用该品种名称。同时，由于品种名称属于通用名称，因此品种权持有人不可以阻碍与该品种相关的品种名称的自由使用。如此一来，倘若品种权人获准注册了一个与品种名称完全相同的商标，他就不得为了阻碍该品种名称的自由使用，在同一品种上就同一名称行使其所享有的商标权。此规定同样适用于商号及类似标识。某联盟成员的国内植物品种保护法规定，当某人提交包含有品种名称建议的申请书时，他必须放弃连同相同或类似商品上与品种名称相关的、某成员方所授予给他的一切权利。❶ 这句话的意思很明显，就是无论品种权人在申请品种权前申请了与该品种名称相同的商标也好、商号或其他类似标识也罢，只要他以该名称去申请品种名称，包括商标在内的其先前申请的标识所赋予他的权利全部自动失效。进一步说，由于商标权可以通过续期而永久地持续下去而品种权的保护期限不可续期，这就有可能造成前者的保护期限在客观上大大长于后者，这也就是许多品种权人将同一名称作为商标进行注册的主要动机。以往的研究大多数只是关注到了这一点，但此处需要进一步强调的是，即便是在品种权有效期间，与品种名称相同或近似的商标也是无权对抗他人的。比如，品种权人在某品种的品种权保护期限内，以其同样享有商标权为由起诉未经许可使用商标的人，就可能面临着败诉。也许有人会问，既然该权利人享有品种权，他何必以商标侵权为由提起诉讼呢？道理很简单，举证上的原因。例如，涉嫌侵权人以授权品种名称销售非授权品种的情况下，按照我国现行法律，此等情况可能被判假冒，其法律后果是行政处罚，若要获得民事赔偿，还需要以反不正当竞争法进行诉讼，程序相当烦琐。但是，此时若允许以商标侵权提起诉讼，情况就会变得非常简单，只要原告能够证明被告使用商标的行为没有获得权利人的同意，侵权即告成立。

另外，若申请注册商标中含有他人的在先植物品种名称，或该申请注册商标的主要要素中含有他人的在先植物品种名称，是否可以获得注册呢？这

❶ P A C E VAN DER KOOIJ. Introduction to the EC Regulation on Plant Variety Protection ［M］. London：Kluwer Law International，1997：43.

个问题的答案在下面的这个案例中可以得出：Kordes'Rose Monique 案❶是第一个因商标和品种名称发生冲突被诉至欧盟普通法院（General Court）的案件。2019 年 6 月 18 日欧盟普通法院通过该案判决首次澄清了植物品种名称的保护范围。该案的基本事实如下：

W. Kordes' Sons Rosenschulen GmbH & Co KG 是一家德国园艺公司，成立于 1887 年，是世界上最重要的花园、切花和盆栽玫瑰种植者之一，品种行销全球。其中许可证玫瑰品种在三十多个国家销售，并且在许多种植区域具有很高的市场份额。2016 年 9 月 26 日，W. Kordes' Sons Rosenschulen GmbH & Co KG 公司，申请将文字标识"Kordes' Rose Monique"注册为欧洲商标。注册商品类别为第 31 类"玫瑰花、玫瑰树及玫瑰树砧木"。审查员依据《欧洲商标条例》第 7（1）（m）条驳回该申请，理由是"Monique"已经作为植物品种名称在荷兰注册（注册号 ROO2671）。申请人不服，向第一复审委员会提出复审。

第一复审委员会认为，《欧洲商标条例》第 7（1）（m）条并不要求，被申请商标复制使用的品种名称是诉争商标唯一的"基本要素"或"主要要素"。在第一复审委员会看来，从视觉和听觉角度看，本案所涉争议商标的三个要素权重相同。从概念上讲，所用词语的顺序至少在英语或德语中传达了一个明确的信息，即一种名为"Monique"且由 Kordes 出售的玫瑰。根据这一推理，第一复审委员会得出结论，认为"Monique"一词构成《欧洲商标条例》第 7（1）（m）条❷意义上的争议商标的基本要素，遂作出驳回复审请求之决定。本案商标申请人向欧盟普通法院提出撤销复审决定之诉。

欧盟普通法院开始审查这一案件，回顾《欧洲商标条例》第 7（1）（m）条追求的普遍利益是保证向所有提供此类货物的贸易商提供植物品种名称。这一结论是符合 UPOV 第 20（1）（b）条"各缔约方应确保命名的品种名称的注册不妨碍自由使用与该品种有关的名称，即使是在该育种者权利期满之后"之规定的，于是以明确和有说服力的措辞得出结论：根据授权品种

---

❶ 转引自 STEFAN MARTIN. General Court clarifies for the first time the scope of protection of plant variety denominations under Article 7（1）（m）of the European Trade Mark Regulation [J]. Journal of Intellectual Property Law & Practice, 2019, Vol. 14, No. 10：748-749.

❷《欧洲商标条例》第 7（1）（m）条规定，对于含有在先植物品种名称或在其主要要素中再现在先使用的植物品种名称且针对与该植物品种相同或相近的植物属提出商标申请的标记，不予注册。其中，在先植物品种名称指的是按照欧盟立法（共同体植物品种）、成员国的国内法或欧盟或其成员国加入的国际植物品种保护协定注册的植物品种名称。

名称是该品种的通用名称这一定义，品种名称应提供给所有贸易商用于其描述货物。《欧洲商标条例》第 7（1）（m）条应根据这一目标加以解释。因此，确定申请商标之注册是否妨碍该商标中所含植物品种名称的自由使用极为重要。

随后，法院确定了评估品种名称"基本要素"这一概念的标准，即品种名称是否在争议商标中保持"重要位置"，从而导致商标的基本功能即其显著性特征存在于植物品种名称之中，而非在争议标志的附加元素之中。评估内容应包括争议商标其他要素的显著性特征、争议商标整体所传达出的信息以及争议商标各要素的数量、大小和位置。此外，欧盟普通法院还强调，如果该商标的显著性特征基于构成它的其他要素，则品种名称不构成争议商标的"基本要素"，因此品种名称仅视为用于信息目的之通用标识。这意味着只有在下列情况下，品种名称才应视为一个基本要素：（1）品种名称为争议商标的唯一要素（例如，商标"Ruby"之申请因品种名称"RUBY"被驳回）；（2）由于大小或位置的原因，品种名称成了争议商标的主要要素；（3）附加要素可忽略不计。

欧盟普通法院适用这些原则得出的结论是，鉴于"Kordes"位于商标开头位置，再加上它是花卉来源企业的商号，所以"Kordes"一词是争议商标中唯一具有显著性特征的要素。

该法院补充说，这一结论也可以从 Genitive 案中得到支持，该案准确地传达了一个概念，即品种名称为 Monique 的玫瑰是一个由不同公司销售的品种，但本案中的这种玫瑰仅来自"Kordes"公司。最后，欧盟普通法院得出的结论是，"Kordes"一词对争议商标所传达的信息至关重要，即产品是由一家以"Kordes"公司名义开展业务的公司分销的。因此，争议商标在其基本要素中没有再现在先注册的品种名称。该判决清楚地表明，争议商标包括品种名称这样一个事实不必然自动地导致商标注册申请被驳回。根据欧盟普通法院的判决，从法律上讲品种名称的确是通用名称，但若非特殊情况，其通用性要素不能成为争议商标的"主要要素"。因此，除品种名称之外，争议商标中只要有具备显著性特征的要素，《欧洲商标条例》第 7（1）（m）条就应排除，不予适用。该案明确的另一个问题是，一个包含品种名称的复杂商标（complex mark）的注册永远不会导致对该品种名称的垄断。这意味着，除其他外，在异议或侵权诉讼中，不能因两种标识中出现了同一品种名称而得出混淆可能性的结论。

第三章
植物新品种权的权利内容与保护范围

第一节　植物新品种权权利内容的扩张

一、植物新品种权权利内容的决定因素

著名知识产权专家李明德曾说："知识产权保护的结果之一，就是要限制人们对于有形物品的任意使用。"❶ 在这句话中，"有形物品"指的是知识产权的载体，对于作为知识产权载体的有形物品任何人未经许可不得使用；"使用"指的是对有形物品之商业化利用，但对于植物新品种保护语境下的商业化利用不可简单地理解为植物新品种的销售，而应当理解为它不仅包括植物新品种的销售还应当包括为商业目的而实施的其他行为。种子的产业链条主要由育种、制种及推广三个环节构成，其中的制种环节又可细化为生产或繁殖、种子加工处理、储存等。可见，植物新品种育成之后，在最终到达使用者之前至少要经过生产或繁殖、种子加工处理、储存与销售等环节。因此，限制他人对于植物新品种的任意使用就是限制他人未经许可对其从事生产或繁殖、种子加工处理、储存与销售等行为，这构成了品种权内容的决定因素。从能够限制人们对于植物新品种本身的利用这一角度来说，植物新品种权权利内容的多少可由该植物新品种从繁殖到销售这一链条上的环节数量来决定；但从权利法定的意义上来说，植物新品种权权利内容的多少则取决于法律的规定。一般而言，当同一类权利之权能性质确定以后，权能数量即成为衡量权利保护水平的重要标准。具体到植物新品种权来说，增加品种权权能之数

---

❶ 李明德. 知识产权法 [J]. 北京：社会科学文献出版社，2007：6.

量无疑能够提高植物新品种权的保护水平。

二、植物新品种权权利内容扩张的原因

由下文分析可知，与 1978 年文本相比，UPOV 公约 1991 年文本最重要的变化之一是品种权内容的大幅扩张，而扩张背后的根本原因当然是 1978 年文本框架下的品种权保护制度对于品种权的保护不力，而造成品种权保护不力的重要原因之一则是作为品种权保护制度核心组成部分的品种权保护内容制度本身存在缺陷：首先，UPOV 公约之最初文本的植物新品种权权利内容之涵盖面太窄，不利于品种权人权利的保护。UPOV 公约 1961/1972 年文本第 5 条规定："授予植物新品种育种者或者其继承者以植物品种权的后果在于，未经其许可，其他人不得以商业销售的目的采用有性和无性繁殖的方式进行生产，以及许诺销售、销售生产出的繁殖材料。" 1978 年文本第 5 条 "受保护的权利；保护的范围" 之第一款规定："授予育种者权利的作用是在对受保护品种的诸如有性或无性繁殖材料之类的进行下列处理时，应事先征得育种者同意：以商业销售为目的之生产；提供出售；市场销售。"该条第二款规定："无性繁殖材料应被认为包括整株植物。在观赏植物或切花生产中，观赏植物或其植株部分作为繁殖材料用于商业目的时，育种者的权利可扩大到以一般销售为目的而不是繁殖用的观赏植物或其植株部分。"该条第三款还规定："利用品种作为变异来源而产生的其他品种或这些品种的销售，均无须征得育种者同意。但若为另一品种的商业生产重复使用该品种时，则必须征得育种者同意。"虽然 1961/1972 年和 1978 年文本关于品种权内容的用语不同，但内容却是相似的，即品种权人的权利主要在于禁止他人未经许可对繁殖材料进行的 "生产" "提供出售" 和 "市场销售"。换言之，权利只与出售或与出售该品种有关的行为联系在一起。正如英国植物品种保护办公室的 John Harvey 所说的那样，UPOV 公约 1978 年文本第 5 条规定的品种权 "只是与销售或与销售品种有关的行为有关，与专利法相比，植物品种权提供了一种较弱的保护形式，因为权利持有人对与其品种相关的一系列行为没有控制权"。而且 1978 年文本第 5 条第三款的规定意味着，即便他人在利用受保护品种进行以商业销售为目的的研发和销售也无须征得品种权人的同意。研发使用不征得品种权人同意也就罢了，因为这属于 "研究豁免" 的范畴，但是利用受保护品种研发出的品种之商业化仍无须征得品种权人同意这一规定使得法律对于育种者权利的保护实在是太弱了。

其次，由于 UPOV 公约之最初文本在品种权人有权禁止的行为前面加上了"以商业销售为目的"这样一个限制性条件，致使品种权人行使权利的机会被大大限缩。即如果不以商业销售为目的，则新品种的生产、繁殖均无须征得品种权人的同意。这一规定对于品种权人的不利在于，它很容易被他人以公共利益之名行逃避支付品种权使用费之实。举例来说，在"美人榆"一案❶中，某地方政府园林管理处大量种植使用"美人榆"而不向品种权人支付品种权使用费。该行为之所以在长达数年的时间里被原告屡禁不止，就是因为被告认为其为事业单位，实施园林绿化是为了公益而非商业目的。好在该案再审时，法官正确地否定了被告的主张，认为被告的行为"暗含了商业利益，应当认定为具有商业目的"。虽然该案以原告胜诉告终，但从中也可以看出，"以商业销售为目的"的限制条件对于品种权人利益的保护是多么的不利。

另外，现代植物生物技术的发展也给植物新品种权保护制度带来了挑战：20 世纪 80 年代以后，随着植物生物技术在育种活动中的逐步应用，一些新的研究成果脱颖而出，但遗憾的是，按照 UPOV 公约的相关规定，虽然有一些成果是可以受到保护的，但是还有一些成果却明显地落到了"品种"这个概念之外。这使得人们对于 UPOV 公约所规定的通过专门法保护植物品种权的方法产生了很大的不满。

尽管没有明显的呼声要求废止该制度，但许多人还是认为它阻碍了使用专利进行保护。❷ 在对植物品种权进行了 2 年的审查之后，WIPO 对 UPOV 范式的植物品种保护制度得出的结论是 UPOV 所提供的保护水平太低，对于大

---

❶ 河北省林业科学研究院、石家庄市绿缘达园林工程有限公司与九台市园林绿化管理处等侵害植物新品种纠纷再审案［山东省高级人民法院（2014）鲁民再字第 13 号民事判决书］。

❷ 比如，有人曾提出："为什么植物或其繁殖材料与微生物和任何其他的有生命或无生命的客体相比，应当受到任何不同的对待呢？这毫无理由。UPOV 公约下的植物品种保护是在继续满足一种有价值的需要，那就是保护那些不能满足受保护条件的材料。它对于激励在植物生物领域和育种研发方面的一些好的研究和进步本来就是不合适的。尤其是，UPOV 的植物品种保护既没能提供必要程度的排他性来激励开发投资，也没能提供早期公开描述和信息披露所必需的要素，以帮助进一步的研究，而这两点恰恰都是专利制度固有的。"该文件还说，尽管 UPOV 制度的价值极其有限，但是在该制度能够也应该完善的同时，绝不允许其存在对真正（满足授予专利的所有正常条件的）的植物生物领域和育种研发领域中的发明之专利化构成障碍。因为育种者权利限制制度（如允许材料被用于研究目的，而且只保护繁殖材料），ICC 认为："在植物生物技术领域，不应该对专利保护有任何特别的限制。而且对于为什么专利保护和植物品种保护不可以同时提供，或者为什么发明人不应该自由选择其想要的保护方式或者两种方式都要，这些也尚未看到任何有说服力的理由。"（转引自 MARGARET LIEWE-LYN, MIKE ADOCK. European Plant Intellectual Property［M］. Oxford: Hart Publishing, 2006: 155.）

多数（如果不是全部）植物研究成果来说，适用专利法的一般原则是可能的。甚至有人说，现行的将专利从其保护领域中排除出去的植物品种保护制度正在迅速地变成一个过时的、妨碍保护的逻辑框架。还有一股强烈的舆论认为，更适合的保护（尤其是在现代植物生物技术时代）是专利制度。总之，20 世纪 80 年代后期，人们逐渐认识到了植物生物技术的经济潜能，这种认识意味着对于植物创新保护的研究，比以前任何时候都有了更高的法律和政治背景，生物技术对育种者权利和对 UPOV 公约的影响显然会越来越大。❶

正是在这样的背景下，UPOV 联盟对 1991 年文本进行了幅度较大的修订，其中最重要的修订之一就是大规模地扩张品种权内容。现在看来，与其将 UPOV 联盟扩张品种权的目的说成是进一步强化育种者权利，倒不如说是应对植物生物技术迅猛发展对品种权保护所带来的挑战的需要。

三、植物新品种权权利内容扩张的表现

与 UPOV 公约 1978 年文本相比，1991 年文本对于品种权内容的规定丰富得多。首先，从权利内容罗列的项数看，1978 年文本只有 3 项，而 1991 年文本则为 7 项。根据 1991 年文本修订外交大会的会议记录，起初提交给大会讨论的权利内容（清单）是 8 项❷而非后来正式通过文本之 7 项。当初的 8 项内容，除包括 1991 年现行文本中的 7 项之外，其第八项的内容为"以（i）至（vii）项所述以外的任何方式的使用"（use in any way other than those mentioned in (i) to (vii)）。可见，1991 年文本起草者的初衷就是尽可能多地将与品种有关的行为列入未经品种权人许可不得实施的行为，从而最大限度地保护品种权人的利益。但在对"以（i）至（vii）项所述以外的任何方式的使用"这一内容进行讨论时，形成了迥然不同的两派观点：一派主张权利清单应当为限制性的，因而第（viii）项内容应当删除；另一派则主张权利清单应当为非限制性的，因而认为第（viii）项应当保留。持保留观点的理由是："大会不能也不应装作能够预见育种者权利应涵盖的所有行为，因此不应删除第（viii）项。如果该观点不被大多数人所接受，……那就应该在第 14 条第 1 款的引言部分增加'至少'一

---

❶ Records of the Diplomatic Conference for the Revision of the International Convention for the Protection of the New Varieties of Plants, Geneva, 1991, 164.

❷ 即（i）生产或繁殖；（ii）为繁殖而进行的种子处理；（iii）提供销售；（iv）售出或其他市场销售；（v）出口；（vi）进口；（vii）用于上述目的（i）至（vi）的种子储存；（viii）以（i）至（vii）所述以外的任何方式使用（use in any way other than those mentioned in (i) to (vii)）。

词。"❶ 也就是说，应当将 UPOV 公约第 14 条 "育种者权利适用范围" 之第一款中的 "涉及受保护品种繁殖材料的下列活动需要育种者授权" 改为 "至少涉及受保护品种繁殖材料的下列活动需要育种者授权"。持删除观点的人则认为，公约只应规定权利内容的下限，与第（viii）项类似的规定虽然是必要的，但应由各国政府自己决定。"许多国家的法律都只是规定下限但不规定上限，但是没有上限并不意味着没有限制。而第（viii）项内容却几乎是无限制的，公约不应以此方式起草。如果以后发现需要得到育种者授权的新的用途，则公约不应禁止缔约方将保护范围扩大到该用途。"❷ 这也恰好解释了 UPOV 公约 1991 年文本第 14（4）条规定了 "可追加的活动" 的原因。该条规定："除第 15 条和第 16 条另有规定，各缔约方可作出规定，除第一款（a）中（i）至（vii）各项外，从事其他活动也应得到育种者授权。"其次，品种权适用的活动范围由过去的生产与销售环节扩展到了品种生产经营的各个环节。UPOV 公约第 14（1）（a）条 "与繁殖材料有关的活动" 规定："除第 15 条和第 16 条另有规定，涉及受保护品种繁殖材料的下列活动需要育种者授权：（i）生产或繁殖；（ii）为繁殖而进行的种子处理；（iii）提供销售；（iv）售出或其他市场销售；（v）出口；（vi）进口；（vii）用于上述目的（i）至（vi）的种子储存。"这种改变的意义是重大的，这是因为：从有利于品种权人维权的角度来说，过去在品种权的权利内容仅限于生产、销售与使用的情况下，品种权人能够证明行为人侵权的证据只有未经许可从事了授权品种的生产、销售与使用行为；品种权的内容扩大以后，由于行为人未经许可从事许诺销售、进口、出口等行为也可被认定为侵权，这无疑扩大了品种权人获取行为人侵权证据的可能性。最后，品种权适用的材料范围由过去的繁殖材料扩展到了收获材料以及由收获材料制成的产品。

不过，值得注意的问题是，UPOV 公约 1991 年文本第 14 条在逻辑结构上是有瑕疵的。例如，"除第 15 条和第 16 条另有规定，从事第一款（i）至（vii）各项活动，涉及由未经授权使用受保护品种的繁殖材料而获得的收获材料，……应得到育种者授权"。实际上，关于 "收获材料" 的活动中，不可能包括 "繁殖"，更不可能包括 "为繁殖而进行的种子处理"；再者，关于 "某些产品有关的活动" 中，也不可能包括 "生产或繁殖；为繁殖而进行的种子处理"。所以，虽然第一款（i）至（vii）各项活动是繁殖材料必然涉及的活动，但将这 7 项活动笼而统之地用到收获材料及由收获材料制成的产品上就

---

❶ Para. 844 of Summary Minutes Records of the 1991 Diplomatic Conference.
❷ Para. 854 of Summary Minutes Records of the 1991 Diplomatic Conference.

有问题了。在这一点上，日本《种苗法》对于品种权内容的规定就克服了UPOV 公约第 14 条的这个缺陷，值得借鉴。日本《种苗法》规定品种权内容的具体办法是，该法在第 2（5）条对"使用"（exploitation）一词进行了定义。即本法中品种的"使用"是指以下行为：（i）该品种繁殖材料的生产、处理、要约转让、转让、出口、进口或为这些行为的储存；（ii）利用该品种繁殖材料获得的收获材料之生产、要约转让或出租、转让、出租、出口、进口或为这些行为的储存；（iii）该品种的加工品之生产、要约转让或出租、转让、出租、出口、进口或为这些行为的储存。比较可知，与繁殖材料所对应的活动相比，收获材料及由收获材料制成的产品所涉及的活动中没有了"处理"，但是增加了"出租"从而使材料与活动能够严丝合缝地对应起来。

第二节　植物新品种权的权利内容

植物新品种权的权利内容，亦称品种权权能，是指品种权人有权排除他人对植物新品种权保护对象所实施的行为。UPOV 公约 1991 年文本虽然对品种权的内容进行了扩张，但细究起来 UPOV 公约并未对各项内容之具体含义作出解释。这就意味着，司法实践中，法官对于行为人未经品种权人许可所实施的行为之性质的认定，全凭个人对于品种权内容的理解。若没有其他有效措施对法官认定侵权的行为加以规制，"同案不同判"就是不可避免的，这对于植物新品种权保护显然是不利的。相比之下有些国家植物新品种保护立法对于品种权内容的具体规定就细致得多，因此以下在对品种权内容进行分析的时候拟结合有些国家的规定侧重对品种权各项内容的具体含义进行解释。

一、生产或繁殖权

所谓"生产或繁殖权"是指，植物品种权人有权禁止他人未经其许可生产或繁殖受保护品种的权利。也就是说，未经许可进行生产或繁殖的行为构成对品种权人权利的侵犯，品种权人有权加以禁止。"生产或繁殖权"是品种权人最重要的权利之一，品种权人可以依据法律所赋予的这项权利向法院提起诉讼，请求法院判令行为人停止侵权并承担责任。举例来说，在敦煌种业先锋良种有限公司与新疆新特丽种苗有限公司、新疆生产建设兵团农一师四团侵害植物新品种权纠纷案中，❶ 原告敦煌种业先锋良种有限公司（以下简称敦煌先锋公司）起诉称：2011 年 5 月 10 日，新疆新特丽种苗有限公司（以下简称新特丽公司）与新疆生产建设兵团农一师四团（以下简称四团）签订了《玉米种子良繁购销合同》，约定由新特丽公司提供亲本，委托四团繁育 1900 亩玉米品种 HB-09，1600 亩玉米品种 XT-25，后该合同付诸实施。原告认为被告的上述行为侵犯了其植物新品种权。该案审理过程中，涉案的新特丽公司辩称其生产代号为 XT-25 玉米品种的行为是受他人委托，且该玉米品种不是"先玉 335"而是"先玉 696"。一审法院委托北京玉米种子检测中心就玉米果穗 XT-25 与标准的"先玉 335"进行了鉴定，该中心出具了对比品种与"先玉 335"差异点为 0、涉案种子与"先玉 335"无明显差异的鉴定结论。该案被告之行为即属于未经品种权人许可生产授权品种，因而该案的品种权人敦煌先锋公司享有禁止被告未经其许可生产或繁殖受保护品种的权利。

严格意义上讲，"生产"和"繁殖"是两种不同的行为。这个定义若弄不清，法官在对侵犯生产或繁殖权的行为进行认定时，就会出现较大的随意性，从而导致同案不同判的情形发生。例如，在"2016 年度中国法院知识产权保护十大案件"之"美人榆"案❷中，法官认为，"美人榆"系无性繁殖，本身即为繁殖材料，所以九台园林处的种植行为属于生产授权品种繁殖材料的行为；而在"2018 年中国法院 50 件典型知识产权案例"之"美人榆"案❸中，法官则认为，对于无性繁殖品种，在无扦插、嫁接等扩繁行为的情况下，对该品种的使用不属于《种子法》第 28 条规定的"生产""繁殖"行为，未侵犯他人的植物新品种权。之所以出现这种"同案不同判"的结果，一方面与我国建立植物新品种保护制度的时间较短、法官对于有些问题的认识有待进一步提高有关，而另一方面更重要的是与我国对于品种权的各项具体内容没有进行法律定义有关。一般而言，"生产"（production），是指人们使用工具来创造各种产品的过程，而"植物生产"是指对繁殖材料的生产和对繁殖材料的栽培管理等，使其生长、发育，形成产品或创造价值的过程，❹ 不包括

---

❶ 中国裁判文书网. 敦煌种业先锋良种有限公司与新疆新特丽种苗有限公司、新疆生产建设兵团农一师四团侵害植物新品种权纠纷再审民事判决书［EB/OL］.（2014-12-01）［2019-07-26］. https://www.tianyancha.com/lawsuit/a0ca4ab51cb611e6b554008cfae40dc0.

❷ (2014) 鲁民再字第 13 号。

❸ (2018) 最高法民再 247 号。

❹ 中国花卉报. "繁殖"、"繁殖材料"、"生产"这三个植物名词有了新内涵［EB/OL］.（2018-07-23）［2020-02-03］. http://www.sohu.com/a/242769079_465390.

产生新个体的劳动过程。❶ "繁殖"（multiplication）是指植物形成新个体的过程，与 "生殖" 可以通用，但较 "生殖" 一词的含义更广泛。植物的繁殖方式分为营养繁殖、无性繁殖和有性繁殖三种类型。也有人将营养繁殖和无性繁殖合称无性繁殖。❷ 澳大利亚《1994 年植物育种者权利法》第 3 条 "定义"（Definitions）对在中文中都被翻译为 "繁殖" 的两个英文单词 propagation 和 reproduction 分别进行定义，即 "繁殖（propagation），就一个活的有机体或其组成部分来说，是指该有机体或组成部分的种植、栽培或扩繁，无论是通过有性手段还是无性手段"。而 "繁殖（reproduction）就某一品种之植物繁殖材料而言，是指使有能力生长成独立的植物繁殖材料的单位数得以扩增的过程"。从字面意思看，propagation 是一个内涵比 reproduction 更大的用语，不仅包括 reproduction，而且还包括种植和栽培，即不论植株的数量有无增加都属于 propagation。英国植物新品种权保护办公室的 John Harvey 则从植物的种植方式对繁殖一词进行定义，他认为，"繁殖包括用扦插、嫁接以及组织培养方式进行的繁殖，以及用种子进行的有性繁殖"。这将使育种者在行使其权利时有更大的灵活性。虽然育种者不能在同一种材料上多次收取权利使用费，但这确实意味着他将能够在他的受保护品种的每一次重复生产中都收取权利使用费。❸ 可见，"繁殖，是指产生新的个体"。❹

"生产" 或 "繁殖" 行为往往是侵权品种的原始来源。虽然 "生产" 侧重于强调形成产品、利用其收获物，"繁殖" 侧重于种子的扩繁，但从根本上讲植物的生产是个大概念，繁殖其实也是生产，繁殖和生产的边界有时候并不是十分清楚。所以，无论是有性繁殖品种还是无性繁殖品种，只要把它栽在地（有时候未必一定需要栽在地上，如在组织培养的情况下）上，而且它还处于存活状态，那它一定就是生产或繁殖。因此不论是不产生新个体的生产还是产生新个体的繁殖，品种权人均应有权禁止。进而言之，从植物新品种权保护的意义上讲，任何未经品种权人许可所实施的生产、繁殖行为，只要不存在权利例外规定情形，就构成侵权。

司法实践中，还有一个问题与 "生产或繁殖权" 密切相关，那就是：生

---

❶❹ （2018）最高法民再 247 号。

❷ 中国花卉报. "繁殖"、"繁殖材料"、"生产" 这三个植物名词有了新内涵 [EB/OL].（2018-07-23）[2020-02-03]. http://www.sohu.com/a/242769079_465390.

❸ JOHN HARVEY. The UPOV Convention—The Scope of the Protection and Its General Provisions [Z]. Seminar on the Nature of and Rational for the Protection of Plant Varieties under the Convention (Budapest, Hungary, September 19 to 21, 1990): 43-44.

产或繁殖权是否考虑他人生产或繁殖受保护品种的目的？过去一段时间，我国学界一直认为，"商业目的"已经随着新《种子法》第28条的出台而变成一个不需要考虑的因素。《种子法》作出这种修订的原因在于，根据UPOV公约1978年文本第5（1）条的规定，"以商业销售为目的之生产"属于"在对受保护品种的诸如有性或无性繁殖材料之类的进行下列处理时，应事先征得育种者同意"的内容。而在1991年文本第14（1）条中则规定，"涉及受保护品种繁殖材料的""生产或繁殖"行为"需要育种者授权"。由此得出结论，UPOV公约1991年文本已经将"商业目的"从未经许可实施品种权的内容中删除。实际上这是一种断章取义的理解，因为"商业目的"尽管在1991年文本第14条"育种者权利适用范围"中去掉了，但是，却将"私人的非商业性活动"规定为育种者权利的强制性例外之一。这意味着，只有当既是"非商业性的"同时也是"私人的"情形下实施授权品种的行为，才不需要得到品种权人的许可。由此得出的结论是，对于商业目的的适用条件提高了，但绝对不是删除了。

二、种子处理权

根据UPOV公约的规定，对于未经许可他人为繁殖而进行种子处理（conditioning for the purpose of propagation）的行为，植物新品种权所有人有权禁止。有人将品种权人的这种权利称为"种子处理权"。

种子处理是种子生产的重要环节。农作物种子在收获过程中可能出现损伤，在储存过程中也可能因储存不善而致病。所以，一般在种子收获之后都会对种子进行处理，这一环节的具体内容包括清选、消毒、包衣。此后则要对种子进行分级和包装，这一环节则被看作"种子加工"。

但司法实践中，"种子加工"常常和"种子处理"放在一起使用，不加区分。澳大利亚《1994年植物育种者权利法》第3条对"种子处理"的定义恰好反映了这一现象：就植物品种的繁殖材料而言，处理（conditioning）是指，材料的清选、包衣、分类、包装或分级或任何其他为准备材料以供繁殖或销售而进行类似的处理。由上述定义可知：法律在对种子处理进行定义时，并未对处理和加工进行严格的区分，所以法律意义上的"种子处理"的含义是宽泛的，不仅包括种子处理，也包括种子加工。还有一点需要注意，"为繁殖而进行的种子处理"还特别强调了进行种子处理的目的是为了繁殖。那么，这是不是说加工处理单位代他人进行种子加工处理的行为就不属于需要取得品种权人许可的范畴，从而认为即便是该种子加工处理商正在处理的种子属于涉嫌侵权的种子也不应当视为侵权行为呢？关于这一点司法实践中还真得认真斟酌。另外，与繁殖或生产相比，虽然种子处理并不是侵权品种的原始来源，但也是侵权品种从生产到流通环节中的重要一环，允许赋予品种权人禁止他人未经许可对种子进行加工处理有助于品种权人对侵权证据的获取。正如 UPOV 秘书长 Bogsch 先生所说的那样："以繁殖为目的的种子处理是操控繁殖材料的一个步骤，这特别有利于侵权的确立和起诉的提出。"❶

三、提供销售权

"提供销售"（offering for sale），亦称"许诺销售"或"为销售而提供"，它是以做广告、在商店橱窗中陈列或者在展销会上展出等方式作出的愿意出售某种产品的意思表示。"提供销售"涵盖的范围包括：商品目录和价格清单、市场或网络、报纸广告及（专业性的或其他的）展示会。❷ 提供销售权是 UPOV 公约赋予育种者的一种权利，它是指植物新品种育种者对未经许可提供销售授权品种繁殖材料的行为加以禁止的权利。

要约销售最常见的形式就是广告宣传。那么，什么是法律意义上的"广告宣传"呢？加拿大《植物育种者权利法》第 2（1）条对"广告宣传"一词的解释是："就植物品种而言，是指以任何方式向公众分发或提请公众注意任何书面、插图、视觉或其他描述性材料、口头陈述、通信、陈述或参考资料，目的是促进植物品种任何繁殖材料的销售，鼓励使用这些材料，或提请注意这些材料的性质、特性、优点或用途，或以其他方式获得的方式或条件。"《中华人民共和国广告法》第 2 条规定："在中华人民共和国境内，商品经营者或者服务提供者通过一定媒介和形式直接或者间接地介绍自己所推销的商品或者服务的商业广告活动，适用本法。"由此推知，"通过一定媒介和形式直接或者间接地介绍自己所推销的商品或者服务的商业广告活动"就是广告。所以，未经品种权人许可，对植物品种的繁殖材料、收获材料及由收获材料制成的产品从事上列活动属于侵权行为。

实际上，从维护品种权人利益的角度来说，法律作出的这种规定还是很

---

❶　Para. 885 of Records of the Diplomatic Conference for the Revision of the International Convention for the Protection of the New Varieties of Plants, Geneva, 1991.

❷　G WÜRTENBERGER, et al. European Union Plant Variety Protection [M]. New York: Oxford University Press, 2006: 117.

有必要的。现举一例来加以说明：某甲公司拥有品种权的 A 苹果树品种在得到市场的广泛认可之后，许多种苗公司在自己公司的网站上打出 A 苹果树苗的图片，自称本公司有 A 苹果树苗，以此吸引客户访问其网站。这种行为虽然表面上看未对甲公司造成任何经济损失，但实际上对 A 苹果树苗的销售价格还是会造成一定影响，而且其他公司在以此来吸引客户浏览网站的同时，可能也客观地导致了客户购买自己苹果树苗的情形。如果将其作为品种权的内容，则不仅只有未经品种权人许可的授权品种销售可以被认定为侵权，而且以做广告、在商店橱窗中陈列或者在展销会上展示等方式作出的提供销售授权品种的行为，也可以被认为是侵犯品种权的行为，这样就减轻了品种权人的举证责任，从而有利于品种权人利益的保护。不过，这并不是要约销售的核心内容。要约销售最本质的意思是愿意出售某种产品的意思表示，广告宣传只是这种意思表示的一种外在表现形式。事实上，任何构成愿意出售某种产品意思表示的行为，无论其是否包含广告宣传，都可视为要约销售。例如，在 2020 年 2 月 10 日新西兰奥克兰高等法院审理的"Zespri Group Limited v Gao & Ors"案❶中，法院认定从 2012 年起被告高先生向中国出口 G3 和 G9 品种，并打算在全中国范围内实施许可。至案发时种植 G3 和 G9 两个品种的果园面积达到 174.2hm²。法官认为，如果高先生没有在新西兰采取各种步骤收获或以其他方式获得 G3 和 G9 繁殖材料，然后安排向中国出口，这些品种就永远不会到达中国。这些为便利受保护品种出口而在新西兰境内所实施的行为属于侵犯品种权人权利的要约销售行为。❷

值得一提的是，虽然 UPOV 公约两大文本一直都把"提供销售"作为品种权的权利内容，但在我国，无论是《植物新品种保护条例》还是新《种子法》均未将其列入品种权的权利内容之中。建议未来修法时将"提供销售"规定为品种权的权利内容。

四、销售权

销售权是品种权人享有的一种排他性的权利。根据这种权利，品种权人可以禁止任何单位或者个人未经其许可，销售其授权品种的繁殖材料。例如，

---

❶ Case CIV-2017-436-00094［2020］NZHC 109.
❷ 李秀丽. 新西兰品种权保护的域外扩张及我国的因应之策——兼评"Zespri Group Limited v Gao & Ors"案［J］. 中国种业, 2020 (4): 1-5.

在登海公司与金雨公司品种权纠纷案中，● 被告金雨公司未经原告许可，销售"登海 11 号"玉米杂交种的行为，即属于侵犯品种权人的销售权。

在 UPOV 公约中，销售权的表述是"售出或其他市场销售（selling or other marketing）"。显然，UPOV 公约的这一规定包含两重含义：一是销售，二是其他市场销售。对于"销售"，许多国家都在其植物新品种保护法律中作出了规定。例如，加拿大《植物育种者权利法》第 2（1）条规定："销售包括同意销售，为了销售而发邀约、做广告、保存、暴露、传输、发送、传达或交付，作为对价而同意交换或以任何方式向他人转让。"新西兰《1987 年植物品种权法》第 2 条规定："销售（sale）包括任何为有价值对价而进行的处置和任何要约出售；而且 sell 和 sold 也具有相应的含义。"由上述规定可以看出：销售包括提供销售。同时，"其他市场销售"这一用语表明，"销售"不能作狭义的理解，"销售"不仅限于市场销售，下列行为也应当视为销售行为：权利转让、权利许可、易货贸易（品种权人以申请品种换取其他物品）、债权抵押（品种权人以申请品种进行抵押）、折价入股（品种权人将其品种以折价入股的方式与他人合作开办企业）等。之所以对"销售"作如此理解，是因为上述行为能够使品种权人实现其品种权的价值。● 这一理解的正确性在许多国家的法律规定中是可以得到印证的。例如，澳大利亚《1994 年植物育种者权利法》第 3 条规定："销售包括出租和以易货方式交换。"德国《植物品种保护法》第 10（1）条"植物品种保护的效果"规定："植物品种保护具有使品种权持有人有权实施以下行为的效果：（a）生产、为繁殖目的进行（种子）处理、投放市场、进口或出口受保护品种的繁殖材料；（b）为实施（a）项规定之任一行为而储存受保护品种的繁殖材料。"其中"投放市场"是品种权的权利内容之一，该法第 2（3）条还专门对其进行了定义："投放市场是指提供、持有存货以供交付、提供出售和任何形式的向他人交付。"

五、进出口权

根据 UPOV 公约的规定，授权品种的进口和出口权由植物新品种的育种者专享，此即所谓"进出口权"，包括进口权和出口权两个方面。进出口是一种特殊的销售行为。那么，UPOV 公约为何要在品种权的内容中规定了销售

● 中国裁判文书网. 河南省高级人民法院民事判决书（2007）豫法民三终字第 63 号［EB/OL］.（2007-12-21）［2019-07-26］. http://www.fsou.com/html/text/fnl/1175754/117575433.html.

● 李秀丽. 植物品种法律保护制度国际比较研究［M］. 北京：知识产权出版社，2014：30.

以后还要特别强调规定进出口行为呢？这是因为：这样规定可以使品种权人充分利用本国对进出口产品的管理规定，通过海关关口堵住侵权产品的进口或出口，防止侵权产品进口后四处泛滥，难以围追堵截；防止侵权产品流入他国而失去追偿的权利（特别是新品种在他国不享有品种权时）。❶ 不过，在UPOV 公约 1991 年文本修订之前，这个问题曾经是修订者们担心的内容。1990 年 6 月 25 日至 29 日，UPOV 联盟行政和法律委员会在日内瓦召开了第27 次会议，会议的内容是对 1991 年文本草案进行讨论。会议上，许多国家的代表对于品种权内容扩张幅度之大表示担忧，担心自己的国家会不予通过。其中，担心的内容中就包括进出口权的问题："扩大到进出口的权利可能对非成员方产生影响，而且这两项行为不属于通常受专利影响的行为。"❷

同时，将"出口"规定为品种权的内容之一也是一种非常值得注意的现象。这是因为：由于知识产权的独立性保护原则，大多数国家的知识产权制度只是将"进口"规定为需要经过权利人许可的行为，而不对"出口"予以规定。❸ 事实上，将"出口权"规定为植物新品种权的内容之一，对于品种权人利益的保护是非常有利的。例如，同样还是在前文提到的"Zespri Group Limited v Gao & Ors"案中，原告佳沛公司拥有两个黄金奇异果品种 G3 和 G9 的品种专有权。佳沛公司称，从 2012 年起，被告高先生、其妻薛女士及其关联公司 Smiling Face Ltd（以下简称笑脸公司）侵犯其品种专有权，将 G3 和 G9 非法出口到中国，意图在中国境内许可 G3 和 G9 品种种植的行为，构成侵

---

❶ 隋文香，李文伟，刘瑞涵．《国际植物新品种保护公约》有关育种者权利保护规定的变化及对我国的启示 [J]．科技与法律，2004（1）：72-74，114.

❷ Administrative and Legal Comittee. Twenty-seventh Session, Geneva, June 25 to 29, 1990：10.

❸ 例如，我国《专利法》第 11 条规定："发明和实用新型专利权被授予后，除本法另有规定的以外，任何单位或者个人未经专利权人许可，都不得实施其专利，即不得为生产经营目的制造、使用、许诺销售、销售、进口其专利产品，或者使用其专利方法以及使用、许诺销售、销售、进口依照该专利方法直接获得的产品。外观设计专利权被授予后，任何单位或者个人未经专利权人许可，都不得实施其专利，即不得为生产经营目的制造、许诺销售、销售、进口其外观设计专利产品。"德国《专利法》第 9 条"专利的排他效力：禁止直接实施"规定："专利具有排他效力，仅专利权人享有实施专利发明的权利。未经过专利权人的同意，任何人不得实施如下任一行为：（1）制造、供应、许诺销售或者使用或者以上述目的进口或者占有作为专利标的的发明；（2）使用专利方法，或者第三人明知或依情势明显可推知专利方法的使用未经过专利权人同意，而在本法规定的范围内为使用专利方法提供帮助；（3）制造、供给、许诺销售或者使用或者以上述目的进口或占有依照专利方法所直接获得的产品。"日本《专利法》第 101 条"视为侵害的行为"规定："下述行为，视为侵害专利权或专用实施权的行为：（1）关于专利系产品的发明时，仅依靠生产的产品为业，为了生产、转让、借让而进行展示或进口的行为；（2）关于专利系方法之发明，仅以此为业，为了生产、转让、借让进行展示或进口的行为。"

犯佳沛公司所拥有的 G3 和 G9 的品种专有权。经审理，法官认定被告侵犯了原告两项权利，即要约销售权和出口权，而后一项在新西兰《1987 年植物品种权法》（以下称 PRV 法）中并没有予以规定。那么对于 PRV 法没有规定的出口权，法官予以认定的依据是什么呢？法官也承认佳沛公司不享有出口 G3 和/或 G9 繁殖材料的排他性权利，但他通过借助"Cropmark Seeds Ltd v Winchester International（NZ）Ltd"案❶所确立的"侵权行为包括使权利人对其享有的排他性权利受到削弱的行为"之原则，认定在新西兰境内实施的与出口 G3 或 G9 有关的任何行为皆会削弱佳沛公司所享有的权利；任何削弱佳沛公司所享有的排他性权利的行为均构成侵权，即使相关行为只是行为链条（chain of conduct）的一部分，而且其中有些行为还发生在新西兰境外也在所不论。当然，在 PRV 法没有规定出口权的情况下，仅仅是通过援引相关案例判定被告侵犯原告出口权，这在判例法国家是比较容易的，但是假若该案件发生在一个未将出口权规定为品种权权利内容的非判例法国家，法官判定被告侵权是不太可能了。所以，如果直接将出口权规定为品种权权利内容的话，无疑会大大方便法官对于侵权的判定。

六、储存权

关于储存，UPOV 公约 1991 年文本的具体规定是"用于（i）至（vi）所述目的之储存"。任何授权品种在流通过程中都离不开储存。将储存权赋予植物新品种权人意味着：任何未经品种权人许可为生产或繁殖等（包括许诺销售或销售、种子处理及进出口）目的而将授权品种的繁殖材料存放到某一仓

---

❶ CIV-2003-476-8，28 September 2004：该案中，Robert Winchester 先生是 Winchester International 公司的一位董事，他通过介绍意欲购买"Optic"种子的人与未经授权的销售商取得联系从而使前者获得了 Cropmark 公司享有植物品种权的大麦品种"Optic"，从而促进了后者对于"Optic"品种的销售。Cropmark 公司依据《1987 年植物品种权法》对 Winchester 先生和 Winchester International 公司提起侵权诉讼。被告辩称，他们没有违反《1987 年植物品种权法》，因为他们自己没有直接出售种子。高等法院和上诉法院都驳回了这一主张，认为侵犯 Cropmark 公司品种权的行为不限于直接参与销售。高等法院认为，如果不将此等行为认定为侵权，那么任何人皆可"公然组织出售种子，明显侵犯原告品种权，但又能逃避权利持有人一切形式的诉讼"。上诉法院认为：《1987 年植物品种权法》第 17（1）条的目的非常明确，即说明品种权人权利的性质及其具有排他性的事实，但必然隐含的是……侵权行为意味着具有削弱品种权人享有其专有权利的效果任何行为。该条不试图说明何种行为可能具有这种效果，而是交法院由其作为一个事实问题作出判断。上诉法院还认为，虽然"Optic"种子供应商是通过剥夺 Cropmark 公司潜在的许可使用费侵犯 Cropmark 公司的品种权的，但 Winchester 先生及其公司也通过帮助安排相关销售而削弱了 Cropmark 公司对其品种权的享有（参见"Zespri Group Limited v Gao & Ors"案判决书第 23~25 段）。

库或储藏室将构成侵权。这项权利内容也是 1991 年文本新增加的。储存权的增加使植物品种权人的权利扩展到了授权品种的物流环节，有利于植物品种权人阻止其利益通过生产或繁殖、许诺销售或销售、进出口等方式造成实质性的或更大的损害。正如欧盟植物品种保护局 Gert 先生指出的那样："用于（i）至（vi）所述目的之储存"这一规定，为品种权人提供了阻止未经品种权人许可而使其他的上述行为得以实施的机会。❶

不过也有人曾经对"用于（i）至（vi）所述目的之储存"这一用语的准确性提出质疑，其原因在于：UPOV 公约第 14（a）（i）至（vi）条列述的行为中包括进口，而在有些人看来进口这一环节不存在所谓的储存问题，所以他们认为应当将"用于（i）至（vi）所述目的之储存"改为"用于（i）至（v）所述目的之储存"。例如，在 1991 年文本修订外交大会上，日本代表团代表 Hayakawa 将上述问题作为一项提案提交大会讨论。他认为：当初 UPOV 公约修订草案之所以把"进口"写进权利内容，是因为在他的代表团看来，这种情况不在公约应当规定的范围之内，与育种者权利有关的义务应当完全由进口商承担。❷ 这一提议得到了荷兰代表 Kieweit 和波兰代表 Dmochowski 的支持。美国代表 Hoinkes 则不同意上述说法，因为在他看来，若进口材料属于侵权材料储存在海关内以便进口到该国，而育种者又不能对该材料进行处理；那么，他是否必须等到材料在全国各地分销，才对多个用户采取行动呢？而他原本可以通过行使进口权在一个单一的程序停止侵权行为。❸ 加拿大代表 Bradnock 说，加拿大代表团同意 Hoinkes 表达的关切。关于进口何时发生？在法律上存在着不同的认识。有人认为进口在材料到达一个国家时发生；另一些人则认为进口在外国海关放行时即已发生。但无论如何，一旦材料被海关放行，即可能运往许多不同的方向，到那时育种者采取措施阻止该未经许可的行为将更加困难。因此，能够在第一时间采取行动会更加方便，特别是在为进口目的而存放材料时。UPOV 联盟秘书长 Bogsch 指出，用于一种目的或另一种目的的库存之间没有太大区别。无关税领土是缔约方领土的一部分，似乎很难想象法律不适用于它。因此，在"用于（i）至（vi）所述目的之储

❶ G WÜRTENBERGER, et al. European Union Plant Variety Protection [M]. New York：Oxford University Press, 2006：118.

❷ Para. 831 of Records of the Diplomatic Conference for the Revision of the International Convention for the Protection of New Varieties of Plants, Geneva, 1991.

❸ Para. 834 of Records of the Diplomatic Conference for the Revision of the International Convention for the Protection of New Varieties of Plants, Geneva, 1991.

存"中保持对第（vi）项的引用并无不利。相反，它还具有更加有效地制止侵权的可能性。❶ 欧洲专利局代表 Teschemacher 同意 Bogsch 的看法，他认为：工业产权应当延伸到整个国家。如果该权利扩展到货物的进口，则该权利必然应当扩展到设有关税区的存储。因此，在第（vii）项中引用第（vi）项并没有增加太多内容。

七、本节小结

（一）关于植物新品种权的权利内容

UPOV 公约对植物品种权权利内容的规定仅是各成员方需要达到的最低标准，按照 UPOV 公约 1991 年文本第 14（4）条规定，各缔约方还可作出规定，从事其他活动也应得到育种者授权。因此，有些国家的植物新品种保护制度中还规定了一些其他需要经过品种权人授权方可实施的行为。例如，荷兰《种子和种植材料法》起初只是规定品种权持有人有权许可他人实施 UPOV 公约规定的七项活动，但在 2006 年 2 月 1 日生效的新《种子和种植材料法》中又进一步规定，仅仅是展示植物材料（没明示提供销售）以及免费将材料赠与他人，这两种行为也属于需要取得品种权人许可的行为。又如，美国《植物品种保护法》第 83（a）（1）条 "Contents and Term of Plant Variety Protection" 中将品种权的内容规定为 "出售、提供出售、繁殖、进口、出口、使用授权品种生产（区别于研发）杂交品种或不同的品种"，还在第 11（a）条 "植物品种保护的侵害"（Infringement of Plant Variety Protection）中列述了 10 类侵犯植物品种权的行为，实际上通过这种方法进一步强化了品种权的内容。这 10 类行为包括：（1）出售或推销受保护的品种，为出售将该品种予以提供或公开，交付、装运、托运、交换该品种，征集购买该品种的要约，转让该品种的所有权或占有该品种；（2）将该品种进口到美国或从美国出口；（3）作为销售的一个步骤，有性繁殖或块茎繁殖该品种；（4）使用该品种生产（而非研发）杂交种或由此产生的其他品种；（5）使用已被标记为 "未经授权禁止繁殖" 或 "未经授权禁止种子繁殖" 的种子或其子代繁殖该品种；（6）将品种（可以繁殖的形式）分发给他人，而不告知对方该品种是受保护品种；（7）为繁殖目的对该品种进行处理；（8）为第 1 款至第 7 款所述之目的储存该品种；（9）即使在该品种被以有性繁殖以外的方法进行繁殖的情况

---

❶ Para. 838 of Records of the Diplomatic Conference for the Revision of the International Convention for the Protection of New Varieties of Plants, Geneva, 1991.

下实施上述任何一种行为，除非是为了获得有效的美国植物专利；（10）唆使或积极诱导实施上述任何行为。

随着我国的知识产权司法政策由"加强保护"发展为"严格保护"，我国品种权侵权高额判赔案件频出，这充分彰显了我国推动知识产权保护、鼓励育种创新的决心和力度。在这种对品种权侵权行为进行有力震慑和严厉打击的高压态势下，未来侵权人实施的侵权行为有可能会朝着手段更加隐蔽、方式更加多样和情形更加复杂的趋势发展。在前文讨论的"美人榆"案中，被告无扩繁行为种植使用"美人榆"的行为就从一个侧面展示了侵权行为所具有的复杂性特征。无论植物新品种保护制度对品种权人的权利内容规定得如何丰富，也不可能完全覆盖。因此，只有认清涉嫌侵权行为之本质，才能对相关争讼行为作出正确的判决，还品种权人以公道。品种权内容的本质是品种权人对他人未经许可使用其品种行为的控制。在对相关行为的性质进行认定时，可以先从相关行为是否为脱离了品种权人控制的行为入手，在此基础上依照相关法律规定作出准确的解释与认定。

（二）关于品种权中后端维权问题的思考

近年来法院连续审理了多起以处于侵权行为链条中后端的行为人作为被告的品种权纠纷案件。例如，在前文提及的两起"美人榆"案中，权利人均分别选择种植使用"美人榆"的公路管理处而非未经许可繁殖"美人榆"树苗的侵权人作为被告；在"三红蜜柚"案❶中，权利人选择销售"三红蜜柚"果品的超市而非未经许可繁殖"三红蜜柚"树苗的侵权人和未经许可种植"三红蜜柚"的种植者作为被告，这些案件都属于品种权中后端维权案件。现实中出现此类维权的原因很简单，即处于侵权行为链条中后端的侵权行为人更容易被权利人发现。当然，这在法律上也并无不可，毕竟 UPOV 公约 1991 年文本第 14 条都规定，无论行为人未经许可是针对授权品种的繁殖材料、收获材料实施了品种权人有权禁止的行为，抑或针对由收获材料制成的产品实施了品种权人有权禁止的行为都是侵权，因而作为被告受到起诉也是理所应当。不过，需要提请注意的是，即便是未来我国将品种权的材料适用范围扩大到了收获材料及由收获材料直接制成的产品，但根据 UPOV 公约的规定，品种权人在后两种情况下主张权利的前提条件是"没有合理的机会"在前一种情形下行使权利。这一规定虽然一方面反映出 UPOV 公约力主让权利人尽

---

❶ （2019）最高法知民终 14 号。

可能早地行使其权利以增强交易稳定性的立法意图，另一方面也加重了品种权人对于"没有合理的机会"之证明的举证负担。

在前文所说的中后端维权案件中，侵权行为人屡屡可以通过合法来源抗辩从而逃避承担赔偿责任或者使赔偿数额大大降低。例如，在西安博农种业科技有限公司与西安市临潼区渭华农业专业合作社侵害植物新品种权纠纷案❶等案件中，被告虽然没有完全不承担责任，但也成功地大幅度降低了承担赔偿责任的数额。对此，作为权利受到侵害的原告往往不能正确理解，抱怨较多，认为该种抗辩类型倒像是给侵权者避免承担赔偿责任提供了救命稻草。❷目前，虽然我国在植物新品种权保护方面的法律中并未规定合法来源抗辩制度，但司法实践中该制度却被大量借用。正在修订中的《植物新品种保护条例（修订草案）》也增加了对这个问题的规定："生产、销售不知道是侵权品种的繁殖材料、收获材料及其直接制成的产品，并且能够证明有合法来源的，县级以上主管部门可视情况责令停止侵权、免除或者减轻处罚。"

那么，知识产权法中为什么会制定这样一项让侵权人免于承担责任的制度呢？这是因为知识产权制度是各国为促进本国经济社会发展而采取的政策性手段，具有浓厚的公共政策色彩，因此，知识产权司法政策通常与国家公共政策如经济、产业、科技、文化、外交等政策紧密关联。❸该制度在保护了知识产权权利人的同时也限制了其他人权利的行使，因此，利益平衡就成了知识产权制度中的一个重要组成部分。知识产权法的利益平衡不仅包括知识产权人利益与社会公众利益平衡，而且也包括知识产权法和其他相关制度的平衡，但其核心在于维系知识产权人的利益与社会公共利益之间的平衡。❹合法来源抗辩制度根源于民法中保护善意第三人的信赖保护制度，将其纳入知识产权侵权抗辩事由的目的，主要是基于保护交易安全和正常的交易秩序，是立法者在权衡所有权人利益与善意第三人利益的基础上所作出的立法选择，❺目的在于避免陷入为维护一方之利益而使他方合法之权益于不顾的困境。

这种制度设计不能不说是对 UPOV 公约的重大发展：UPOV 公约将收获材料和由收获材料制成的产品规定为品种权保护范围的初衷，是为了增加品

---

❶　（2019）陕民终 160 号。

❷　陈中山. 合法来源抗辩的审查认定 [J]. 人民司法，2019（28）：36-40.

❸❹　王闯. 知识产权的权利边界与裁判方法 [J]. 人民司法（应用），2016（22）：45-51.

❺　吕娜. 知识产权侵权诉讼中的合法来源抗辩：以专利侵权诉讼为例 [J]. 人民司法，2007（10）：83-88.

种权人行使权利的机会，即当权利人对繁殖材料行使权利存在客观无法克服的困难时，再给品种权人一次对收获材料或由收获材料制成的产品行使权利的机会，是站在权利人的角度去规定的；而合法来源抗辩制度显然是从维护善意侵权人利益的角度而设计的。两种制度的设计初衷虽然不同，但从鼓励权利人从侵权源头上打击侵权这个角度讲，两者殊途同归，有异曲同工之妙。而且从打击源头侵权的角度看，后者似乎显得更加有效。从这种意义上讲，通过增设植物品种权合法来源抗辩制度，对善意使用销售人与处于侵权行为始发端的侵权人区别对待，不失为一种较好的制度选择。

第三节　植物新品种权适用材料范围的扩张

一、植物新品种权保护范围的确定要素

法律对植物新品种权进行保护的目的是，通过给予育种者在规定的时间期限内排除他人利用其品种的权利或通过品种权许可实施，使其收回用于培育新品种的投资或得到充分回报并有财力继续从事育种研发，进而促进农林业进一步发展。那么，如何才能达到这一目的呢？从制度设计的角度看，这个问题与植物新品种权保护范围的大小密切相关。一般而言，知识产权类型不同，其保护范围亦不同。如果品种权保护范围设定适当，育种者收回其投资或得到充分回报就相对容易一些，反之则相反；而知识产权保护范围的确定，很大程度上又取决于国家授予某一特定对象专属权的意图。所以，从这层意义上讲，植物新品种权保护范围的确定必须服从和服务于其保护目标。换言之，法律对于植物新品种权保护范围的设置必须适当。既然如此，那接下来要讨论的问题就应当是：品种权保护范围如何设定才是适当的？回答这个问题至少需要考虑到两个方面：一是，植物新品种权所授予的权利必须被尽可能准确地界定或描述，以便在使权利持有人能够正确评估其权利保护范围的同时，也能够使第三方确定其活动是否会侵犯他人已授予的权利；二是，法律还应当尽可能地避免第三方在"权利例外"制度庇护下利用受保护品种以及合法占有在先受保护品种权利人权利现象的发生。❶ 仔细琢磨即不难发

---

❶　基于这方面的考虑，UPOV 公约在规定了品种权的权利内容和保护范围的同时，又规定了"权利例外"制度。出于本书结构方面的考虑，"权利例外"制度将安排在本书第五章专门讨论。

现，第一个方面的考虑中包含着两层含义：一是权利必须尽可能准确地界定或描述；二是植物新品种权的权利保护范围必须明确。关于第一层意思已经在本章第一节做了研究；以下就第二层意思进行研究。

所谓植物新品种权的保护范围，指的是植物新品种权权能所能延及的对象，包括材料和品种两个方面。说得再清楚一些，就是品种权人能够在哪些植物材料上适用其品种权以及能够在哪些品种上适用其品种权。品种权适用的材料范围和品种范围越大，品种权人的权利即越容易受到保护，其收回投资或获得回报的可能性即越大。UPOV 公约 1978 年文本第 5（1）条规定"授予育种者权利的作用是在对受保护品种的诸如有性或无性繁殖材料之类的进行下列处理时，应事先征得育种者同意……"。由此规定可以看出，UPOV 公约 1978 年文本中的植物品种权的保护范围，从涉及的植物材料的角度看是繁殖材料，从涉及的植物品种的角度看是品种本身，而两者实际上是同一个东西。实践证明，将植物品种权适用的范围界定在繁殖材料抑或植物品种本身，显然是不能较好地使品种权人"收回用于培育新品种的投资或得到充分回报并有财力继续从事育种研发""进而促进农林业进一步发展"的。于是，到了 UPOV 公约 1991 年文本修订时，植物新品种权适用的材料范围由 1978 年文本规定的繁殖材料扩大到了收获材料以及由收获材料直接制成的产品；❶ 而品种范围则由 1978 年文本规定的植物品种本身细化为实质性派生品种、与受保护品种没有明显区别的品种以及需要反复利用受保护品种进行生产的品种。综上，品种权的保护范围被分成了两个方面，即"植物新品种权适用的材料范围"和"植物新品种权适

---

❶ 对于品种权保护范围的扩张，当时公约的修订者们还是非常谨慎的，尤其是在将植物新品种权适用的材料范围扩展到"由收获材料直接制成的产品"这一问题上。例如，对于将育种者权利扩展到收获材料，参加 UPOV 公约 1991 年文本外交会议的代表曾举出了一个例子。"对于谷物品种的品种权人来说，如果他在谷物种上没有收取权利使用费，他还可以在由该谷物种生产出来的谷物上收取权利使用费。多数情况下，在生产出来的谷物上收取使用费会使事情变得更简单、更经济，但是他有权选择在哪种材料上收取权利使用费"……"至少在我看来，UPOV 一直害怕给予这样的自动保护。""当然，我也倾向于在权利扩展的问题上规定一点限制条件，但这是一个有待进一步讨论的问题。"在谈到将育种者权利扩展到"由收获材料制成的产品"的问题时，他说："我感到关切的是，如果我们再以这种方式来强化权利就走得太远，我们可能会遇到对修正案和公约基本原则的反对。我认为，在我们从保护植物品种转向保护由收获材料制成的产品之前，我们应该小心些。"（转引自 JOHN HARVEY. The UPOV Convention—The Scope of Protection and its General Provisions. Seminar on the Nature of and Rationale for the Protection of Plant Varieties Under the UPOV Convention：43-44 [EB/OL].（1991-09-22）[2019-07-07]. https://www. upov. int/edocs/mdocs/upov/en/upov_sem_ge_16/upov_sem_ge_16_ppt_6. pdf.）

用的品种范围"。

二、植物新品种权适用材料范围扩大的原因

由上文分析可知，UPOV 公约 1978 年文本规定的品种权保护的材料范围是授权品种的繁殖材料。1991 年文本修订时，"设计用于加强育种者地位的主要规定之一"❶ 就是将植物新品种权的适用范围由"繁殖材料"扩大到"收获材料以及由收获材料直接制成的产品"。UPOV 公约作出这一修订的原因主要是源于国际贸易中出现的一些通过跨国贸易逃避品种权人行使权利的情形。比较典型的例子是，有些国家的花卉销售商，未经本国品种权人许可将在本国受到品种权保护的优良花卉品种带到该花卉品种不受品种权保护的国家进行种植，然后再以切花的形式返销，从而逃避支付品种权使用费。花卉销售商的这一目的在品种权适用的材料范围仅限于繁殖材料的情况下是完全能够达到的，因为通常情况下在 1978 年文本框架下，未经许可销售授权品种的收获材料并不侵犯品种权人的权利，而切花通常恰恰被看作是品种的收获材料而非繁殖材料。可见，若将收获材料规定为品种权适用的范围，花卉销售商的投机行为就可以从法律上得到阻止。又如，用蔺草编制的榻榻米在日本是一种特别受消费者青睐的产品，但栽培的蔺草是由野生灯芯草经人工长期选育而成的。品质优良的蔺草在日本不仅价格不菲，而且编制榻榻米的人工成本也远高于中国。于是，一些榻榻米经销商即将日本国内品质优良的蔺草品种私自带到中国进行种植，然后再雇佣工人编制成榻榻米。这样最终返销日本的产品就成了由蔺草品种之收获材料直接制成的产品。对于这种情况，如果仅仅将品种保护的范围扩大到收获材料还是无法起到让榻榻米的销售商向蔺草品种权人支付使用费的作用的。而若将品种权保护范围扩大到由收获材料制成的产品，类似榻榻米销售商这样的逃避向品种权人支付使用费的行为也会从法律上加以禁止。

三、植物新品种权适用的材料之间的关系

正如前文所言，在 UPOV 公约的发展过程中，植物新品种权适用的材料范围经历了由小到大的一个扩张过程，即由繁殖材料扩大到了收获材料及由收获材料直接制成的产品。但三者之间的关系却不是等量齐观的。按照 UPOV

---

❶ Para. 898 of Records of the Diplomatic Conference for the Revision of the International Convention for the Protection of the New Varieties of Plants, Geneva, 1991.

公约 1991 年文本第 14（2）条和第 14（3）条的规定："涉及由未经授权使用受保护品种的繁殖材料而获得的收获材料，包括整株和植株部分时，应得到育种者授权，但育种者对繁殖材料已有合理机会行使其权利的情况例外。""在涉及用……由未经授权使用的受保护品种的收获材料直接制作的产品时，应得到育种者授权，但育种者对该收获材料已有合理机会行使其权利的情况例外。"可见，对于品种权在繁殖材料上的适用是没有设定限制条件的，而对于在后两者上的适用则设定了限制条件。同时结合前文对于品种权保护范围扩大的原因分析不难看出：繁殖材料是植物品种权的主要保护范围，而收获材料及由收获材料直接制成的产品只不过是对于品种权人权利的补充。

关于将繁殖材料规定为品种权主要保护范围的原因，（2019）最高法知民终 14 号判决书是这样解释的：之所以将品种的繁殖材料规定为植物新品种权的主要保护范围，是因为该品种的遗传特性包含在品种的繁殖材料中，繁殖材料在形成新个体的过程中进行品种的繁衍，传递了品种的特征特性，遗传信息通过繁殖材料实现了代代相传，表达了明显有别于在申请书提交之时已知的其他品种的特性，并且经过繁殖后其特征特性未变。这一说法无疑是正确的，理由有两点。

第一，繁殖材料是植物材料中唯一能够传递品种特征特性的材料。植物新品种保护制度保护的是符合授权条件的品种。如果品种不存在，这种制度的基础也就不复存在。正所谓"皮之不存，毛将焉附"？UPOV 公约 1991 年文本在第 1（vi）条对品种进行了定义，据此可以认为，所谓"品种"系指已知植物最低分类单元中单一的植物群，这一植物群具有三个特点：（1）它以某一特定基因型或基因型组合表达的特性来确定；（2）它至少能够表达出一个与其他植物群不同的特性，从而区分于其他植物群；（3）这种特性经繁殖后不发生变化。可见，品种是通过植物的性状进行描述和定义的，❶ 不过，这种用来描述和定义品种的性状必须由植物的基因型或基因型组合所决定。所以从某种程度上也可以说，植物新品种权这一知识产权形式保护的是具有遗传功能的特定基因型或基因型组合。然而，品种的全部遗传特性是包含在品种的植物材料之中的，而 UPOV 公约 1991 年文本第 16（2）条规定的植物材料有三种形式，即繁殖材料、收获材料及由收获材料直接制成的产品。在这三种材料中，由收获材料直接制成的产品自不必说，由于其通常已经丧失了生命活力，自然也就不具备传递遗传信

---

❶ 周翔，等. 植物新品种权中繁殖材料的认定［J］. 人民司法，2020（1）：39-42.

息的功能；而对于收获材料而言，虽然有些收获材料兼具繁殖材料特性，但在它被与繁殖材料并列放置的语境下，只有那些不能以任何方式生产具有相同特性的植物材料，才能被视为法律意义上的收获材料。❶ 所以，唯有繁殖材料最具备保证遗传信息代代传递的承载功能。在植物一代一代繁衍生长的过程中，繁殖材料是使植物体能够被称为品种的唯一一种材料。

第二，将繁殖材料规定为植物新品种权的主要保护范围在实践中更具有可操作性。植物新品种的技术性授权条件是"DUS 三性"，其中特异性最能体现育种者的创造性劳动，理论上讲最应当受到品种权的保护。所以有人曾主张品种权的保护范围是品种的特异性。但正如前文所言，性状是由植物的基因型或基因型组合决定的，特异性是授权植物品种的独特性状，因而也得依靠基因型或基因型组合进行表达；而表达特异性的基因型或基因型组合又是与繁殖材料复合在一起的，两者具有不可分性。如果离开了繁殖材料，包括特异性在内的品种的特征特性即不能存在。所以，即便特异性应当受到品种权的保护，对其进行保护的目的也只能通过保护其繁殖材料来实现。也正是基于上述原因，根据《最高人民法院关于审理侵犯植物新品种权纠纷案件具体应用法律问题的若干规定》第 2 条第 1 款的规定，在认定侵犯植物新品种权的行为时规定的侵权比对标准，是被诉侵权品种的性状特征必须与授权品种的性状特征相同。被诉侵权的植物新品种的性状特征多于或者少于授权品种的性状特征，都不构成侵权。说白了，就是看两个品种是不是同一个繁殖材料。由此反证，品种权的保护范围只能是繁殖材料而不是特异性，将繁殖材料规定为植物新品种权的保护范围更具有可操作性。

第四节　植物新品种权适用的材料范围

一、繁殖材料

（一）对繁殖材料进行界定的意义与困难

繁殖材料以及下文要讲的收获材料是植物新品种保护制度中的两个重要概念，尤其是涉及品种权保护范围的时候更是如此。虽然两者均被界定为品种权的保护范围，但是法律对于品种权人对前者行使权利未作限制性规定，

❶ 周翔，等. 植物新品种权中繁殖材料的认定 [J]. 人民司法，2020（1）：39-42.

而对于品种权人对后者行使权利却作出了限制性规定。具言之，若某一材料被认定为繁殖材料，则品种权人可以直接对其行使品种权，行为人未经许可擅自使用品种权人的繁殖材料，品种权人有权直接要求禁止；相反，若某一材料被认定为收获材料，当行为人未经许可擅自使用品种权人的收获材料时，品种权人需先证明他没有合理的机会对繁殖材料行使权利，然后方可要求禁止行为人使用其收获材料的行为。可见，对繁殖材料和收获材料进行界定是十分必要的，然而 UPOV 公约却没有给它们下定义。

　　问题在于，繁殖材料和收获材料的边界有时候是很难绝对划分的：对于有些植物品种的收获物来说，它既可以是繁殖材料也可以是收获材料。举例来说，在德国联邦最高法院 1987 年审理的 Achat 案中，原告享有马铃薯 Achat 品种的植物品种权，被告是一家农业合作社。1977 年，被告从一家荷兰分销商处购买了大量未经原告许可繁殖的 Achat 马铃薯，被告在未对其做任何防止发芽处理的情况下即将其储存了起来。到了 1978 年春，马铃薯种植的季节，被告按照数量适于种植的规格将这些马铃薯进行了分装，但在其上标注了"食用马铃薯"字样，然后卖给农民。农民们将其中一部分当作食用马铃薯予以出售，而另一部分则作为种用马铃薯进行了种植。该案的判决结果是：法庭认为被告向农民销售了繁殖材料。其理由是任何在种植季节向农民分销适于繁殖材料的人，若其没有采取措施以保证他所销售的材料不会被作为繁殖材料使用，则日后发生的进一步繁殖行为即构成对育种者权利的侵犯，这与马铃薯是否已经标注为食用马铃薯无关。然而，分销人承担责任的条件应当以在其进行销售时能够预见到日后会发生繁殖行为为限，且该分销人也接受这种可能性。可见，同样是马铃薯，食用时为收获材料，种用时即为繁殖材料。❶ 此等现象的存在无疑给繁殖材料的定义增加了难度。

　　可见，在"繁殖材料"定义缺位的情况下，一个材料是繁殖材料抑或收获材料只能依赖于法官的理解与判定，而这势必导致法律处理上的不一

---

　　❶ AXEL METZGER. Analysis of court decisions on propagating material and harvested material—Germany of Seminar on Propagating and Harvested Material in the Context of the UPOV Convention［EB/OL］.（2016−10−24）［2019−07−07］. https://www.upov.int/edocs/mdocs/upov/en/upov_sem_ge_16/upov_sem_ge_16_ppt_6.pdf.

致和不确定。● 比如，在德国联邦最高法院 2006 年审理的一个案例中，● 涉
案的两个品种都属于帚石楠属植物，只不过前一个是受德国植物品种权保护
而后一个是受共同体植物品种权保护的。最终法官依据不同的判决理由判定
被告侵犯了该两涉案品种的品种权：对于享有德国植物品种权的 Melanie 品
种，法官认为其虽然不能被认定为属于德国《植物品种保护法》第 10（1）1
（a）条规定的繁殖材料，但是却符合该法第 10（1）2 条规定的"其他植物"
（实际指的是收获材料）；而对于受欧盟共同体植物品种权保护的 Amethyst 品
种，法官则认定其为《欧盟植物品种保护条例》第 13（3）条意义上的"品
种成分"（variety constituents，即繁殖材料）。该案中法官之所以依据不同判决
理由进行裁判，是因为如果将该两品种均认定为繁殖材料或均认定为收获材
料，两种情况下均会有一个品种不构成侵权：对于享有共同体植物品种权的
品种来说，权利人有权行使权利的区域是整个欧盟范围内，不论是在帚石楠
属植物生产地的法国，还是在销售行为发生地的德国，它们都属于欧盟成员
国。依据欧盟《基本条例》的规定，行为人未经许可销售繁殖材料的行为即
构成侵权。而对于享有德国植物品种权的那个品种来说，由于权利人有权行
使权利的区域限于德国境内，如果该品种被认定为繁殖材料，则原告对于其
在法国的生产无法行使权利。如果将该两品种均认定为收获材料，虽然品种

● Antonio Villarroel（ANOVE）. Experiences concerning propagating and harvested material, Seminar on
Propagating and Harvested Material in the context of the UPOV Convention Geneva（Geneva, Switzerland）［EB/
OL］. （2016-10-25）［2019-07-07］. https：//www. upov. int/edocs/mdocs/upov/en/upov_sem_ge_16/upov_
sem_ge_16_ppt_6. pdf.

● File No. X ZR 39/04：原告拥有 Melanie 和 Amethyst 两个受品种权保护的植物品种，均属于帚
石楠属，但前一个是受德国植物品种权保护的，后一个是受共同体植物品种权保护的。该案被告是一
家购销公司，它从某荷兰公司那里为 B 集团公司的园艺中心采购了一批据称是从某法国公司购买的帚
石楠属植物。原告认为，被告销售帚石楠属植物的行为侵犯了其品种权，遂向法院提起诉讼。德国联
邦最高法院认为，整株植物（whole plant）的销售并不落入德国《植物品种保护法》第 10（1）1
（a）条规定的范围，因为该条规定的植物品种权保护范围只有繁殖材料。而且该法第 2 条定义的"繁
殖材料"指的是"植株及其部分，包括意图用于植物生产或任何其他种植的种子"。然而，德国联邦
最高法院又认为整株植物却又属于德国《植物品种保护法》第 10（1）2 条规定的"其他植物"。而且
由于原告对涉案植物品种的品种权为德国植物品种权，其权利的行使仅限于在德国境内，对于 Melanie
在法国的生产，原告无法到法国行使权利。至于 Amethyst 的植株，由于其在生产过程中没有收获行
为，因而不能视为《欧盟植物品种保护条例》意义上的"收获材料"，这些植物应当被认定为《欧盟
植物品种保护条例》第 13（3）条意义上的"品种成分"（variety constituents）（参见 AXEL
METZGER. Analysis of court decisions on propagating material and harvested material—Germany, Seminar on
Propagating and Harvested Material in the context of the UPOV Convention Geneva［EB/OL］. （2016-10-
25）［2019-07-07］. https：//www. upov. int/edocs/mdocs/upov/en/upov_sem_ge_16/upov_sem_ge_16_ppt
_6. pdf.）。

权人可以对后一个品种行使权利，但同时品种权人又会因无法证明他没有合理的机会对繁殖材料行使权利，因而不能对被认定为收获材料的品种行使权利。该案中，法官出于保护品种权人利益的需要，对分属于享有不同区域品种权的同一种植物的两个品种的性质，作出了不同的认定：一个被认定为繁殖材料，另一个则被认定为收获材料。这样的裁判虽然使品种权人的利益受到了保护，但也存在着不能服众之嫌。

（二）国际社会针对繁殖材料定义所付出的努力

德国联邦最高法院对前文提到的两个帚石楠属涉案品种——Melanie 和 Amethyst——的判决理由显然是难以服众的。为避免类似情形的发生，增强法律的可预见性与判决结果的一致性，各国纷纷试图对繁殖材料进行定义。UP-OV 联盟曾经对 39 个成员的植物品种保护法律对于繁殖材料的定义进行了研究。❶ 根据该研究，这 39 个成员对于繁殖材料的定义大致分为四类。

第一类：繁殖材料是"可生产出具有相同特性的另一植株的植株或植株部分"（plants or parts of plants, from which another plant with the same characteristics can be produced）。例如，澳大利亚《1994 年植物育种者权利法》对繁殖材料的定义是："就某一特定植物品种的植株来说，繁殖材料是指无论其单独还是与该植株的其他部分或产品结合，均可以生产出具有相同基本特性的另一种植株的任何植株部分或产品。"又如，加拿大《植物育种者权利法》第 2 条对繁殖材料的定义是："繁殖材料是指以有性繁殖方式或其他繁殖方式用于繁殖的生殖或繁殖材料（any reproductive or vegetative material for propagation），且包括播种用种以及任何可用于繁殖的整株或植株部分。"上述国家在对繁殖材料的定义中使用了"可以生产出"五个字，强调材料本身具备繁殖能力，是材料的客观方面。该定义下的植物材料为形式多样的无性繁殖植物材料，但不能繁殖植物的材料（如水果、花瓣）除外。

第二类：在繁殖材料的定义中强调人的主观意图（intended）和客观事实（used）。作出此类定义的国家将繁殖材料定义为"拟用于或用于植物繁殖的植株或植株部分"（plants or parts of plants intended or used for the reproduction or multiplication of plants）。由上述定义可以看出，该定义下的植物材料包括高级砧木材料。

第三类：将繁殖材料定义为"拟用于种植或播种的植株或植株部分"

---

❶ CAJ-AG/11/6/6 ANNEX：Synopsis o references related to propagation/propagating material in the laws of members of the Union.

[plants or parts there of intended for the cultivation（growing，planting or so-wing）]。该定义单纯强调人的主观意图（intended）。根据这一定义，生长（growing）、栽培（cultivation）、种植（planting）和播种（sowing）皆被理解为种植（planting）。此等情境下，繁殖材料指的是枝条、幼苗、树和玫瑰植物。

第四类：将繁殖材料定义为"拟用于或用于植物繁殖的植株或植株部分"（plants or part of plants intended/designated for the propagation）。该定义下，何为植物材料？取决于繁殖的定义。

另外，欧盟《基本条例》第5（3）条引入了"品种成分"（variety constituents）这个概念，实际上"品种成分"和UPOV公约第6条和第14条所提到的"繁殖材料"是同义词。然而，《基本条例》并没有对"品种成分"下定义。于是有人就认为，《基本条例》中的"品种成分""繁殖材料"和"成分"（components）这三个术语都是同一个意思，并且这三个术语在《基本条例》中的使用存在前后不一致，由此表明这三个词之间具有互换性。这一事实表明，一个词所隐含的意思可以包含所有这三个术语。在这三个术语均未被清晰定义的情况下，也只好接受这种说法。基于此，可以断定上述三个术语的意思是能够生产出具备特异性、一致性和稳定性的整株植物的要素（elements），正是这些要素一起组成了品种。即"如果一个植物细胞即能够生产出具备特异性、一致性和稳定性的整株植物，那么该植物细胞的组群即应被视为是《基本条例》中的""品种成分"（variety constituents），从而受到《基本条例》下的品种权的保护。如果这种解释是准确的，那么专利制度和品种权保护之间就出现了冲突，对一个能够生产出整株植物的细胞授予品种权就像对受到品种权保护的品种成分授予专利一样。此处的问题在于，植物品种权下的"可受保护的"（protectable）概念——具备特异性、一致性和稳定性的品种成分——只是"专利法排除"（the patent law exclusion）要测试的那个概念，而不是实际受到植物品种权保护的具备特异性、一致性和稳定性的成分要素（constituent elements）。❶

2016年10月24日，UPOV联盟在日内瓦就UPOV公约中的"繁殖材料"和"收获材料"的问题召开了一次研讨会。那次研讨会后，UPOV联盟理事会于2017年4月6日召开了第34次特别会议，通过了《繁殖材料的注释性说

❶ MARGARET LIEWELYN，MIKE ADOCK. European Plant Intellectual Property［M］. Oxford：Hart Publishing，2006：222.

明》(*Explainary Notes on Propagating Material Under the UPOV Convention*)。该
说明列举了认定繁殖材料应予考虑的一些因素。具体包括：（1）用于品种繁
殖的植株或植株部分；（2）材料已经用于品种繁殖还是可以用于品种繁殖；
（3）材料是否能够生产出该品种的整个植株；（4）过去是否存在将该材料用
于繁殖目的的习惯或做法，或者因为新的发展现在有了将该材料用于繁殖目
的的习惯或做法；（5）有关方面（生产者、销售者、供应商、购买者、收受
人、用户）的意图；（6）根据材料的性质和条件以及（或）使用的形式，是
否可以确定该材料是"繁殖材料"；（7）生产条件和方式满足该品种的繁殖
目的而不是满足最终消费品种的繁殖目的时的品种材料（the variety material
where conditions and mode of its production meet the purpose of reproduction of new
plants of the variety but not of final consumption）。❶

（三）我国司法实践对于繁殖材料的定义与界定标准

我国《植物新品种保护条例实施细则（农业部分）》第 5 条规定："繁
殖材料是指可繁殖植物的种植材料或植物体的其他部分，包括籽粒、果实和
根、茎、苗、芽、叶等。"《植物新品种保护条例实施细则（林业部分）》第
4 条规定："繁殖材料，是指整株植物（包括苗木）、种子（包括根、茎、叶、
花、果实等）以及构成植物体的任何部分（包括组织、细胞）。"我国植物学
界的一些专家甚至主张借用海关总署发布的《进境植物繁殖材料检疫管理办
法》对繁殖材料的定义来"规范业内外统一认识"：❷ "植物繁殖材料是植物
种子、种苗及其他繁殖材料的统称，指栽培、野生的可供繁殖的植物全株或
者部分，如植株、苗木（含试管苗）、果实、种子、砧木、接穗、插条、叶
片、芽体、块根、块茎、鳞茎、球茎、花粉、细胞培养材料（含转基因植
物）等。"❸

上述定义都是从植物形态学上来说的。繁殖方式不同，繁殖材料的外在
形式也会有所不同。对于有性繁殖的植物新品种，种子是它的繁殖材料；对
于无性繁殖的植物新品种、整株植物，种苗是它的繁殖材料，这将包括所有
它可能用于无性繁殖的根、茎、叶、芽、细胞等，❹ 如果从细胞学的角度来

---

❶ UPOV/EXN/PPM/1.
❷ 中国花卉报. "繁殖"、"繁殖材料"、"生产"这三个植物名词有了新内涵［EB/OL］.
（2018-07-23）［2020-02-03］. http://www.sohu.com/a/242769079_465390.
❸ 《进境植物繁殖材料检疫管理办法》（2018 年 4 月 28 日修正版）第 4 条。
❹ 牟萍. 植物品种权研究［M］. 北京：法律出版社，2011：126.

说，由于植物细胞本身具有的全能性，即单个的植物细胞都能够发育成为整个植株的能力，那么，整个植株由于是由植物细胞构成的，因此整个植株都能够被看作繁殖材料。❶ 我国对于繁殖材料的定义中既包括有性繁殖植物的种子也包括无性繁殖植物的种子，甚至包括植株。我国对于繁殖材料的定义属于前述繁殖材料定义中的第一类。

尽管我国在不同的法律规范中从不同角度对繁殖材料作出了不同的定义，但仍然应对不了司法实践中案件的复杂性。可喜的是，2019 年我国最高人民法院在"蔡新光与广州市润平商业有限公司侵害植物新品种权纠纷案"[（2019）最高法知民终 14 号] 的判决书中率先确立了繁殖材料"生物学三要素"认定标准，即"属于活体，具有繁殖的能力，并且繁殖出的新个体与该授权品种的特征特性相同"。该标准可谓我国对植物新品种保护制度在繁殖材料认定理论方面的重要发展。在该案判决书中，主审法官敏锐地认识到了"能够繁殖的材料与品种权法律制度中的繁殖材料存在重要区别"，并在此基础上指出"植物或植物体的一部分均有可能成为繁殖材料"，但繁殖材料的界定并非仅限于有繁殖能力，需要判断繁殖出的新个体所具有的特征特性。因此，虽然植物体的籽粒、果实和根、茎、苗、芽、叶等都可能具有繁殖能力，但其是否属于植物新品种权保护范围的繁殖材料，有赖于所涉植物体繁殖出的植物的一部分或整个植物的新的个体是否具有与该授权品种相同的特征特性。由此可见，判断某一植物体的部分是否属于某一授权品种的繁殖材料，其应先满足生物学上的条件。❷

同时，考虑到有些植物体既可作繁殖材料又可作收获材料的特点，该案的判决书还针对品种权人享有的生产、销售和使用三项品种权内容分别提出了繁殖材料在侵权纠纷中的认定标准。比如，对于涉及销售活动中的植物体，在侵权纠纷中能否认定为繁殖材料，应当审查销售者销售被诉侵权植物体的真实意图，即其意图是将该材料作为繁殖材料销售还是作为收获材料销售；对于使用者抗辩其属于使用行为而非生产行为，应当审查使用者的实际使用行为，即是将该收获材料直接用于消费还是将其用于繁殖授权品种。此外，该判决书认为：对于未经品种权人许可种植该授权品种的繁殖材料的行为，除有关法律、行政法规另有规定外，应当认定是侵害该植物新品种权的生产行为。

---

❶ 侯仰坤. 植物新品种权保护问题研究 [M]. 北京：知识产权出版社，2007：149.
❷（2019）最高法知民终 14 号。

二、收获材料及由收获材料直接制成的产品

(一)"收获材料"及"由收获材料直接制成的产品"的界定

尽管 UPOV 公约 1991 年文本没有给收获材料下定义,然而,其第 14 (2) 条提到"涉及由未经授权使用受保护品种的繁殖材料而获得的收获材料,包括整株和植株部分时,应得到育种者授权",由此表明收获材料包括通过使用繁殖材料而获得的植物整株及其植株部分。这意味着至少有些形式的收获材料具有被用作繁殖材料的潜能。❶ 关于收获材料的定义,国际无性繁殖园艺植物育种家协会 (CIOPORA) 认为:从植物学或普通常识上对收获材料进行定义,则收获材料应当是一切完成采收的东西 (everything that has been harvested is harvested material);从立法或司法的角度定义,则凡是非为繁殖材料的植物材料均为收获材料 (only plant material which is not propagating material is harvested material)。已经采收的繁殖材料应完全视为繁殖材料。只有不能以任何方式生产具有相同特性的另一种植株的品种之材料,才应被视为法律意义上的收获材料。❷

在植物新品种权适用的三类材料中,"由收获材料直接制成的产品"这一概念是最容易理解的。因为收获材料制成产品以后,材料的繁殖功能不复存在。所谓"由收获材料直接制成的产品",通俗地讲,就是指那些对农林产品进行直接加工后获得的初级产品。

(二) 对收获材料及其制品行使品种权的限制

首先,只有繁殖材料是 UPOV 公约规定的品种权人可以直接地、无条件地行使其权利的材料。其次,UPOV 公约 1991 年文本对于品种权适用的材料范围之保护水平是有所区分的:对于繁殖材料和收获材料的保护是强制性的,而对于由收获材料直接制成的产品的保护只是一项任意性规定。最后,尽管 UPOV 公约 1991 年文本将植物品种权保护的范围由原来的繁殖材料扩大到了收获材料及由收获材料直接制成的产品,但对于后两者的保护还是有条件限制的:一是,对于收获材料和由收获材料直接制成的产品的使用应当属于"未经授权使用";二是,品种权人对于收获材料行使权利须以"没有合理的机会"对繁殖材料行

❶ UPOV/EXN/HRV/1:(b)。

❷ ANDREA MANSUINO. Perspectives on the notions of propagating material and harvested material, Seminar on Propagating and Harvested Material in the context of the UPOV Convention Geneva [EB/OL]. (2016-10-25) [2019-07-07]. https://www.upov.int/edocs/mdocs/upov/en/upov_sem_ge_16/upov_sem_ge_16_ppt_6.pdf.

使权利为条件，对于由收获材料直接制成的产品行使权利须以"没有合理的机会"对收获材料行使权利为条件，即所谓的"瀑布原则"。

有人对这种限制性条件的规定不理解，认为既然品种权的保护范围扩大到了收获材料，干脆就别设置限制性条件了。否则，此规定的有效性就会大打折扣。实际上，部分参加 UPOV 公约 1991 年文本修订外交大会的代表起初也有这种想法，不过他们的意见最终没有被采纳。因为多数代表认为，规定限制性条件不过是为了促使品种权人在品种从生产到流通的较早阶段行使其权利，增强交易的稳定性而已。相反，如果育种者可以自由选择行使其权利的阶段，即会使交易处于非常不确定的状态。所以，"植物育种者权利的重点应放在繁殖材料上，只有在特殊情况下才应在收获材料上行使该权利"。❶ 那么，接下来就应当讨论一下何为"未经授权使用"，什么样的情形才能被认定为"没有合理的机会"。

何为"未经授权使用"？"未经授权使用"是指要求在有关领域内获得育种者权利持有人授权但未获得此种授权的使用以及未根据育种者规定的条件或限制进行使用。所以，未经授权的行为只能发生在育种者权利已经被授予并生效的联盟成员的领土上。那么，对于在某一个国家不受保护的品种之繁殖材料的繁殖行为应当如何看待呢？对此，有人可能认为在该品种不受保护的国家，繁殖材料的繁殖不能视为未经授权；ISF（国际种子联盟）的观点是如果育种者未明确授权即不存在授权使用。这种情况可能是违反合同规定的情形，也可能是作为最终产品在市场出售的材料一旦销售出去即被拿到该品种不受保护的国家作为繁殖材料使用的情形。❷ 这两种观点都有一定道理：从育种者的角度看，后一种观点更符合育种者权利保护的需要，但是从材料购买者的角度看，由于品种权的保护具有地域性，因此一旦材料被作为最终产品流入到不受保护的国家，特别是在没有约定产品使用用途的情况下，将其用作繁殖材料并不违反法律规定；从司法的角度讲，若将这种情况视为未经授权许可也是没有意义的，因为在此情况下，法院判定被告未经许可使用没有法律上的依据。

什么样的情形才能被认定为"没有合理的机会"？UPOV 公约第 16 条确定，某一材料一旦在该材料所涉品种受到保护的国家销售后，该材料上的权

---

❶ Para. 924 of Records of the Diplomatic Conference for the Revision of the International Convention for the Protection of the New Varieties of Plants, Geneva, 1991.

❷ ISF. ISF View on Intellectual Property Adopted in Rio de Janeiro, Brazil, 28 June 2012 (1. 2. 3 The right on harvested material and products derived from the harvested material in relation to the exhaustion of the Plant Breeder's Rights, 16).

利即用尽，但是当该材料所涉品种在其受到保护国家发生繁殖或出口到该植物种属的品种权不受保护的国家时，除非该出口材料在该国作为最终产品消费，否则该材料所涉品种之权利重新恢复。即使繁殖发生在品种不受保护（尽管保护是可能的）的国家，也可以满足未经许可使用繁殖材料的条件。然而，由于在这种情况下品种权持有人没有行使其权利的合理机会，因此他们有权对从这种未经授权的繁殖材料直接制造的收获材料或产品采取行动，如果这些材料是在受保护的国家进口的。关于合理机会的定义有一项要求，即如果育种者有合理的机会对繁殖材料行使其育种者权利的话，他就必须先对繁殖材料行使其育种者权利，然后才能对收获材料行使其权利。

这就带来了一个问题，即这一条款是否为育种者规定了一项必须在所有实施植物品种保护制度的国家申请保护他的品种的义务。在这种情况下，人们可以争辩说，育种者有可能在该品种上获得植物品种权，并有机会采取行动反对在该国的繁殖。然而 UPOV 公约 1991 年文本第 14（2）条中的"其权利"这个词，是指在育种者可以对收获材料采取行动的领域内的品种权。因此，就繁殖材料而言，"行使其权利的合理机会"是指在有关领土内就繁殖材料行使其权利的合理机会。此外，需要特别指出的是，行使其权利的合理机会并不意味着在另一领土获得一项权利的合理机会。这一解释已经得到了德国最高法院 2006 年 2 月 14 日第 No. X ZR 93/04 号判决的确认。此外，"行使其权利"意味着，在将繁殖材料推向市场的时刻，PBR（植物育种者权利）持有人必须注意收集资金或与买方订立合同安排。根据 1991 年文本及其前几份文件的外交会议记录，这一要求之所以得到执行，是因为育种者只应行使其权利一次，只应获得一次使用费，而且这些都应尽早去做。例如，如果品种权持有人允许繁殖材料自由交易，并仅对收获材料行使其权利。然而，行使权利显然与强制执行权利有明显的不同。ISF 认为，品种权人在每一次合理的机会行使其权利这个条件，不应要求他为了能够对这种从非法的、未经授权的繁殖活动中获得的收获材料行使权利，而采取行动反对材料的非法繁殖。●

● ISF. ISF View on Intellectual Property Adopted in Rio de Janeiro, Brazil, 28 June 2012 (1.2.3 The right on harvested material and products derived from the harvested material in relation to the exhaustion of the Plant Breeder's Right, 16).

第五节　植物新品种权适用的品种范围

UPOV 公约 1991 年文本第 14（5）（a）条规定："上述一至四款的规定也适用于下列各项：（1）受保护品种的实质性派生品种，而受保护品种本身不是实质性派生品种；（2）与受保护品种没有第七条所规定的有明显区别的品种；（3）需要反复利用受保护品种进行生产的品种。"可见，UPOV 公约1991 年文本将育种者权利适用的品种范围由原来的授权品种扩展到了实质性派生品种、与受保护品种没有明显区别的品种和需要反复利用受保护品种进行生产的品种。由于第一种情况比较复杂，本书拟在第四章专门论述，本节主要论述后两种情况。

一、与受保护品种没有明显区别的品种

UPOV 公约没有对"与受保护品种没有明显区别的品种"作出专门的定义。依照笔者的理解，它指的可能是：虽与已知品种具有一定的区别，但因该区别不够明显、达不到对品种进行授权保护所应达到的特异性条件，因而无法获得植物品种权保护的品种。该品种因"与受保护品种没有明显区别"而落入植物品种保护范围之内，从而使培育该品种的人不能独立行使其权利。如此一来，培育出受保护品种的育种者对培育出与该受保护品种没有明显区别品种的育种者来说就是一种限制。这一特征使植物新品种权具有了类似于专利权的排他性。因为专利法的规定是，不用考察生产出专利产品的方法，只要生产出的产品与专利产品没有明显的区别，就要受到专利权人的控制。❶这种规定对育种者来说，尤其是对已经培育出受保护品种的育种者来说是非常有利的。同时，从维护整个社会利益的角度来说，这种规定可以避免育种者进行重复性或近似性研究，可以避免人力、物力和财力的浪费，也是一个比较好的价值选择。

目前，在判定区别是否明显时，不必考虑与受保护品种没有明显区别的品种与受保护品种在基因上的联系，只要它与受保护品种在外观性状上区别不够明显，达不到植物品种保护所应达到的特异性要求，就可不对这类品种进行保护。但是，随着现代生物技术的发展，特别是转基因技术在植物育种

---

❶　侯仰坤. 植物新品种权保护问题研究［M］. 北京：知识产权出版社，2007：145-146.

领域的运用，恐怕也可能出现虽然与受保护品种在外观性状上没有太大区别，但在内在品质（如品种的抗性）上存在着突破性变化的品种。若果真出现了这种品种的话，那么，恐怕 UPOV 公约需要对"区别"的内涵重新加以审视。

二、需要反复利用受保护品种进行生产的品种

所谓"需要反复利用受保护品种进行生产的品种"指的是杂交种。在生产实践中，用父本品种 A 与母本品种 B 杂交，即可得到杂交种 C。反过来讲，为了繁殖杂交种 C，我们需要反复利用父本品种 A 与母本品种 B 进行杂交。UPOV 公约 1991 年文本第 14（5）（a）（iii）条的意思是说亲本品种的品种权延及用其培育的杂交种。如果品种 A 是一个受保护品种，而品种 C 的生产需要反复利用品种 A，那么，凡是涉及与杂交种 C 的繁殖材料、收获材料以及由收获材料直接制成的产品有关的活动，都需要获得品种 A 权利人的许可。同时，如果杂交种 C 本身也是受保护品种，那么该杂交种的商业化也需要得到杂交种的育种者的许可。在"河南金博士种业股份有限公司与某公司侵害植物新品种权纠纷案"❶ 中，某公司在生产杂交种"郑单958"时，由于只取得了该杂交种品种权人的许可但未取得杂交种之亲本品种"郑58"的批准，最终被诉至法庭并被判支付"天价赔偿"。

需要指出的是，按照 CPVO 的解释，亲本品种的品种权不但可以延及用其培育的杂交种，而且还可以延及利用该杂交种育成的三交种。在植物育种学上，用两个自交系杂交生产的杂交种被称为单交种，可表示为 A×B（"×"表示杂交）。三交种是三个血缘不同的玉米自交系先后经过两次杂交而形成的杂交种，可用（A×B）×C 来表示，即以 A 和 B 杂交获得的单交种 F_1 做母本再与 C 自交系配成杂交种。若育种者甲利用亲本品种 A 和亲本品种 B 育成杂

❶ 该案中，"郑单958"玉米品种由"郑58"与"昌7-2"自交系品种杂交而成，其中"郑单958"和"郑58"分别获得了植物新品种权。至案发时为止，"郑58"的植物新品种权人是河南金博士种业股份有限公司（以下简称金博士公司），"郑单958"的植物新品种权人是河南省农业科学院。2010年河南省农业科学院与某公司签订《玉米杂交种"郑单958"许可合同》。许可该公司生产、销售"郑单958"玉米杂交种，河南省农业科学院的下属公司向该公司出具《委托书》，某公司依据该《委托书》申请核发农作物种子生产经营许可证，在取得农作物种子经营许可证后，开始大量生产、销售"郑单958"。金博士公司向郑州中院提起诉讼，要求其停止侵权、赔偿金博士公司4952万元。裁判结果：一审法院判决该公司赔偿金博士公司4952万元。二审中经河南高院主持调解，当事人自愿达成调解协议，约定该公司向金博士公司支付"郑58"品种权使用费人民币2700万元后结案（人民法治网——法治河南：河南高院. 河南金博士种业股份有限公司与某公司侵害植物新品种权纠纷案（知识产权案件）——河南高院发布依法保护非公有制经济产权十大典型案例（典型案例一）[EB/OL].（2018-08-24）[2019-07-26]. http://www.rmfz.org.cn/contents/184/148146.html.）。

交种 C，且杂交种 C 得到了品种权授权，育种者甲即成为杂交种 C 的品种权人。那么，权利人甲是否有权禁止他人通过重复使用杂交种 C 培育三交种 D 呢？按照 UPOV 公约第 15 条 "育种者权利的例外" 之规定，"为培育其他品种的活动" 不受品种权的权利的限制，这就意味着培育另一品种可以利用任何品种。事实上，品种 D 的亲本品种之一是杂交种这一事实本身并不能够限制育种者豁免的适用。此时，若育种者乙利用杂交种 C 育成三交种 D，三交种 D 即成为利用研究豁免规则培育和开发的新品种。其结论是，对于杂交种 C 的保护不能禁止育种者乙利用该杂交种培育新品种。进而言之，如果杂交种 C 不是受保护品种而是通过保护其亲本品种来保护的，这与它本身是一个受保护品种这种情况相比，其法律后果会有什么不同吗？根据 UPOV 公约第 15（iii）条的规定，无论三交种 D 是通过其亲本品种受到保护还是它本身就是一个受保护品种，研究豁免规则同样适用。但应当指出的是，未经品种权人甲授权，不得对三交种 D 进行扩繁和销售。❶

---

❶ CPVO. The cascade of protection in relation to parent lines and hybrids and the relevance of the breeders' exemption［EB/OL］.（2018-02-08）［2020-10-03］. https://cpvo. europa. eu/sites/default/files/documents/article_boa_me_0. pdf.

第四章
实质性派生品种制度

第一节　实质性派生品种制度的产生与发展

一、实质性派生品种制度产生的背景

UPOV 公约 1978 年文本第 5（3）条规定："利用品种作为变异来源而产生的其他品种或这些品种的销售，均无须征得育种者同意。"根据该规定，一个新育成的品种，即便是利用他人受植物新品种权保护的品种作为变异来源育成的，只要其符合植物新品种保护的授权条件，则不但该品种可以受到植物品种权保护，而且其销售也无须得到用于培育该新品种的品种之权利持有人的许可。此即被誉为具有"里程碑"❶意义的"育种者豁免制度"（亦称"研究豁免制度"）。该制度受到如此尊崇的原因在于，它不但能够为植物育种者提供接触现有顶级品种并用其对自己的品种改进的机会，而且还能够使育种者培育出品质更好、质量更高的新品种，从而惠及广大农业种植者乃至整个社会。对于传统育种手段（主要指经验表型育种、杂种优势选择）占据统治地位的时期来说，研究豁免制度的确是一项非常合理的制度。这是因为：从植物品种保护制度的内在逻辑来讲，它所保护的客体——植物新品种是一种生命载体，它的这一特殊性意味着任何育种活动都无法离开对现有品种的利用。换言之，任何所谓的育种创新都只能是对现有品种的改良，离开现有品种的育种创新是不可能的。而研究豁免制度的制定使众多的育种研发人员

---

❶ JOËL GUIARD. The Development of the Provisions on Essentially Derived Varieties，Seminar on Essentially Derived Varieties（EDVs）on breeding strategy［EB/OL］.（2013-10-23）［2019-07-07］. htps://www.upov.int/edocs/pubdocs/en/upov_pub_358.pdf.

能够打破品种权保护期限的约束，将那些仍处于品种权保护期限内的品种材料用于培育其他品种，而不会受到材料权利所有人的干预。不仅如此，而且按照 1991 年文本之前的 UPOV 公约关于研究豁免的规定，使用上述材料培育出的新品种所获得的权利完全独立于与所使用的材料有关的任何权利，亦即被作为育种材料进行使用的植物品种之权利所有人不能从他人对其材料的使用中分享到任何利益。

近百年来，世界作物育种技术发展史经历了经验表型育种、杂种优势选择、生物工程育种三个标志性阶段，目前正在跨入以基因编辑为主要技术手段的第四个阶段。研究豁免制度诞生于 20 世纪 80 年代后期，当时世界作物育种技术发展处于第二个阶段。进入 20 世纪 90 年代以后，随着生物工程技术在育种领域的运用，研究豁免制度开始变得越来越难以与对植物新品种创新活动进行有效保护的植物新品种保护制度相协调：在植物新品种保护制度中，通常把变异来源品种称为"原始品种"（initial variety，简称 INV）。植物育种的本质是聚集控制目标性状基因座位上的有利基因型或有利基因型的集合。要达成这一目标，有三大技术环节，即创造目标性状基因座上的遗传变异、选择有利变异、固定或稳定有利变异。一般而言，创造新变异十分复杂且花费较高，而在原始品种基础上制造一个较小的变异却是一件相对容易的事情。为了提高育种效率，育种者们往往有意识地选择那些有价值的原始品种作为变异来源，其目的就是从这些原始品种既有的遗传学特性和较高的市场占有率中受益。以颜色突变株（colour mutant）为例，在无性繁殖园艺植物中，尤其是在盆栽植物中，由颜色突变株产生的新品种占到了盆栽植物新品种的 25%，该比率在菊花中的占比甚至可以达到 50%。可见，无性繁殖园艺植物中的所谓新品种不过是突变加一点转基因。正如前文所言，研究豁免制度为植物育种者提供的接触顶级品种的机会极大地便利了育种者对于原始品种的获取。但问题在于，假如法律允许如此培育的新品种得到与原始品种同等的品种权保护，原始品种育种者的利益即会遭到极大的威胁。道理很简单：开发一个原始品种往往需要花费 10~15 年甚至更长时间，而在基因工程技术条件下，育种者只要在实验室里花上几个月时间，对原始品种修饰一番即可得到一个新品种。同时，由于育种者在进行此类修饰性育种时，往往会瞄准原始品种的某些缺陷，从而使这些经过修饰的品种更受市场欢迎，原始品种的市场占有率必然会受到侵蚀甚至被最终取代。退一步讲，即便研究豁免制度影响不了原始品种权人实施其品种权，但它却实实在在地毁灭了其向任何希望以受保护品种作为基础并利用该受保护品种开发竞争品种的第三方主张其品种权的可能。在此情况下，倘若法律仍然允许花费了育种者大量时间和金钱培育而来的原始品种就这样被他人无偿使用并因此切断了自己理应得到的经济回报，显然是不公平的；同时，育种者培育原始品种的积极性也必然会受到重创。须知几乎所有种类的知识产权背后都有一个基本的经济原则，即如果不存在可得到强制性保护的权利，市场参与者将没有动力投资于新的创新活动。可见，原始品种的育种人应当得到商业上的补偿，❶ 现实呼唤对原始品种权人进行更加有效的保护；相反，如果原始品种得不到有效保护，原始育种创新的动力即会逐步丧失。为了平衡原始品种权人和利用原始品种作为变异来源进行育种的育种者之间的利益，UPOV 公约 1991 年文本引入了实质性派生品种（essentially derived varieties，EDV）制度。

二、实质性派生品种制度的理论价值与实践困难

从下文分析可知，UPOV 公约 1991 年文本第 14（5）条规定的实质性派生品种制度的核心在于：虽然实质性派生品种是可以得到植物新品种权保护的新品种，但在原始品种权有效期间，若对该实质性派生品种进行商业化利用，则必须获得原始品种权人的许可。它通过规定使这类新品种的商业化需要取得被使用的受保护品种材料权利所有人的同意，将育种者权利的权利范围扩大到了第三方培育的新品种。❷ 其结果是，派生品种的品种权人和原始品种的品种权人就派生品种的商业化产生了利益分配关系，❸ 从而使原始品种权人因不合理的制度设计原本已经丧失的经济利益有机会重新得以补偿。

世界知识产权组织总干事 Francis Gurry 认为，实质性派生品种是一个重要概念，它是寻找育种者权利范围与研究豁免制度之间平衡的手段。❹ 国际种

❶ MICHA DANZIGER. The International Union for the Protection of New varieties of Plants (UPOV) Seminar on the impact of policy on essentially derived varieties (EDVs) on breeding strategy, Geneva [EB/OL]. (2019-10-31) [2020-07-07]. https://www.upov.int/edocs/mdocs/upov/en/upov_sem_ge_19/upov_sem_ge_19_ppt_2.pdf.

❷ G WÜRTENBERGER, WÜRTENBERGER KUNZE. A Leagal Perspective on Essentially Derived Varieties. Seminar on Essentially Derived Varieties (Geneva, Switzerland): 23 [EB/OL]. (2013-10-23) [2019-07-07]. https://www.upov.int/edocs/pubdocs/en/upov_pub_358.pdf.

❸ M THIELE-WITTIG, P CLAUS. Plant Variety Protection—A Fascinating Subject [J]. World Patent Information 25, (2003) 240-250, 245.

❹ FRANCIS GURRY. Welcom Address. Seminar on Essentially Derived Varieties (Geneva, Switzerland): 5 [EB/OL]. (2013-10-23) [2019-07-07]. https://www.upov.int/edocs/pubdocs/en/upov_pub_358.pdf.

子联盟（ISF）认为，该概念顾及了新技术发展的需要，既强化了植物育种者的权利又不限制育种者权利的例外，构成了 UPOV 公约的关键特征；尽管国际上还没有为评估实质性派生和解决所有作物纠纷达成专业规则和惯例，但这一概念已经为育种者的研究和产品开发方案提供了更大的明确性，并有助于减少侵权行为。❶ 当然，对于实质性派生品种制度，业界也有一些其他的看法。例如，国际园艺生产者协会（International Association of Horticultural Producers，AIPH）即不赞成这种"使新品种进入市场更难"或者是"使现有育种者凌驾于新品种之上的地位得到强化"的规则。❷

　　实践证明：实质性派生品种制度亟待进一步完善，但目前学界在该制度所涉及的一些具体问题上仍然存在较多分歧，远不能形成相对集中的完善建议。同时，实行实质性派生品种制度并未能够被普遍采用，其中最主要的原因或许还是其缺乏确定性，❸ 具体表现在以下几个方面：一是 UPOV 公约关于实质性派生品种制度所涉及的一些重要概念具有不确定性。举例来说，关于"基本特性"（essential characteristics）的界定仍然不够明确。这个问题将在本章第二节"实质性派生品种的概念与含义"部分进行分析，此处恕不赘言。二是实质性派生品种判定标准难以统一。有的国家倾向于根据 DNA 测定阈值进行判定，有的则倾向于根据形态特征进行判定。即便都是根据 DNA 测定阈

---

❶　ISF. ISF View on Intellectual Property Adopted in Rio de Janeiro, Brazil, 28 June 2012: 19-22 [EB/OL]. https://www.worldseed.org/wp-content/uploads/2015/10/View_on_Intellectual_Property_2012.pdf.

❷　国际园艺生产者协会（AIPH）Mia Buma 认为，引入实质性派生制度的原因有三点。第一，在前两个公约（1961 年文本和 1978 年文本）的制度中，新品种和原始品种之间只要有一个差异就足以获得育种者权利的授权。这一制度的后果之一是，一个新的、成功的受保护品种可以被其他育种者利用，哪怕他只是在该成功的品种上添加一个非常小的不同细节即可开发出一个新的成功品种，并且可以得到一个新的育种者权利。因此，一些人警告说，为了授予育种者权利，需要有更大的距离，必须制定接受或商定品种之间距离的标准。第二，繁殖材料变异现象的存在也是为授予新的育种者权利寻找更清晰和更公平的标准的一个原因。因为变异只是在一两个性状上与原始品种不同，然而如果该变异与原始品种不同，则变异的发现者即可为自己申请植物育种者权利，这个竞争者几乎什么都没做的事实让人感到不公平。第三，为决定是否授予新的育种者权利的问题寻找清晰度更高和公平性更好的解决方案。可见，对于这些问题的解决之道在于，"审查新品种特异性的标准应该更加客观，而不是建立所谓的 EDV 制度。因为从知识产权制度的本质来说，EDV 是一个十分难理解的规定，这个规定阻碍了育种者的活动，因为很难想象育种者权利的持有人会惠顾他人的 EDV，并且允许他人在市场上使用 EDV"。在她看来，通过 EDV 制度来解决上述问题，不仅不能使问题得到很好的解决，反而会使问题变得更加复杂（参见 MIA BUMA. Essentially Derived Varieties and the Perspective of Growers, Seminar on Essentially Derived Varieties, October 22, 2013（Geneva, Switzerland）: 39-43.）。

❸　DOUG WATERHOUSE. Experience on Essentially Drived Varieties in Australia, Seminar on Essentially Derived Varieties（Geneva, Switzerland）: 53-58 [EB/OL]. (2013-10-22) [2019-07-07]. https://www.upov.int/edocs/pubdocs/en/upov_pub_358.pdf.

值进行判定，在判定第二代品种是否是从原始品种派生而来所使用的阈值上也没有达成一致意见。所以，尽管该制度已经制定，但许多情况下派生品种的育种者仍然能够游离于原始品种育种者的控制之外。三是缺乏相应的实施细则。目前，根据大多数国家的规定，EDV 的认定以及到法院对其提起侵权诉讼都是原始品种育种者自己的事情，国家层次的植物新品种保护机关却置身事外。❶ 而且，由于 UPOV 公约 1991 年文本所规定的义务皆需通过司法才能得以履行，因此可以说法院才是 EDV 含义的最终决定者。然而，法院作出的绝无仅有的几个判决结果还相互矛盾。❷ 例如，以色列 Danziger 农场拥有一个明星品种——"Million Stars"。该农场曾于 2002 年和 2003 年就 Blancanieves 侵权一案分别向荷兰和以色列的法院起诉。虽然涉案品种都是"Blancanieves"，但两个国家的法院针对涉案品种是否为 EDV 作出的判决结果却截然相反。

2002 年 Blancanieves 案

该案是迄今为止发生时间最早、耗时最长和影响最大的一个 EDV 纠纷案。该案中，原告 Astée Flowers 公司是满天星品种"Blancanieves"和"Summer Snow"的育种者；被告 Danziger 农场是满天星品种"Million Stars"的育种者。Danziger 农场在市场上散布谣言，并写信警告种植者，说"Blancanieves"和"Summer Snow"是"Million Stars"的实质性派生品种。故原告向荷兰海牙地区法院提起诉讼，请求下令禁止被告向种植者发送警告信并传播错误信息。

被告委托做了 DNA 测试，声称"Million Stars"和"Blancanieves"的 Jaccard 指数一个是 0.944，另一个是 0.937，但对"Summer Snow"没做测试。被告还声称，以"Million Stars"为一方，"Blancanieves"和"Summer Snow"为另一方，它们的基本特性表现出高度的表型相似性；两组品种之间的所有差异都是派生行为造成的。双方都知道，"Blancanieves"的育种过程包括加

---

❶ DOUG WATERHOUSE. Experience on Essentially Drived Varieities in Australia, Seminar on Essentially Derived Varieties (Geneva, Switzerland)：53-58 [EB/OL]. (2013-10-22) [2019-07-07]. https：//www. upov. int/edocs/pubdocs/en/upov_pub_358. pdf.

❷ CHARLES LAWSON. The Role of "Soft Lae/Guidance in Different Jurisdictions. Seminar on Essentially Derived Varieties (Geneva, Switzerland)：75-85 [EB/OL]. (2013-10-22) [2019-07-07]. https：//www. upov. int/edocs/pubdocs/en/upov_pub_358. pdf.

倍行为，被告声称表型差异全部或主要是这种加倍行为造成的。诉讼过程中，原告自己也做了 AFLP 测试，揭示了"Million Stars"和"Blancanieves"之间的遗传相似性要小得多，Jaccard 指数为 0.822；两个品种间的 DUS 测试也表现出很大的表型差异：在 UPOV 联盟 DUS 指南规定的 21 个性状中有 17 个存在差异。2002 年，荷兰海牙地区法院发布临时命令，禁止被告进一步声称"Blancanieves"和"Summer Snow"是"Million Stars"的实质性派生品种，2005 年该禁令再次得到海牙地区法院确认。被告不服判决，提出上诉，但最终（2009 年）败诉。

2003 年 Blancanieves 案

该案原告以色列 Danziger 农场，拥有一种丝石竹属植物（gypsophylla）的育种者权利，其注册名称为"Dangypmini"，商业名称为"Million Stars"（以下称原始品种）。该品种于 1997 年 12 月获得植物育种者权利，商业销售在世界范围内获得了极大成功。该案被告 Astée Flowers 公司是一家荷兰公司，也拥有一种丝石竹属植物（注册名称为"Blancanieves"）的育种者权利。❶"Blancanieves"在世界范围内均有销售，但在以色列，被告只是将其品种使用权许可给了一名以色列种植者。原告在市场上发现了"Blancanieves"，认为其与"Million Stars"的形态高度相似。在对两品种的遗传相似性进行了分析后，认为"Blancanieves"实质性派生于其品种"Million Stars"，其在以色列的种植和繁殖行为构成了对原始品种育种者权利的侵犯，遂于 2003 年 2 月在特拉维夫地区法院提起诉讼。

被告辩称，"Blancanieves"是一个由育种者独立培育的原始品种，其父母亲本是其他品种而非"Million Stars"。"Blancanieves"是否是"Million Stars"的 EDV，应该依据形态学标准判定。同时，被告否认"Blancanieves"和"Million Stars"之间存在遗传相似性以及形态相似性。

对此，原告提交了三份证据：一是，由荷兰公司 Keygene 采用 AFLP 方法对两个品种 DNA 指纹图谱进行检验的遗传学分析。其中，第一个分析结果显示，原始品种与实质性派生品种之间具有很强的遗传相似性；第二个分析结果显示，被告所言"Blancanieves"的父母亲本不可能是其真正的父母亲本。

---

❶ 该品种起初获得欧盟植物品种保护局授权，后于 2004 年在以色列提出了育种者权利保护注册申请并获得授权。"Blancanieves"最初是以其育种者 Van der Kraan 先生名义注册的，后来 Van der Kraan 先生将其转让给了本案被告荷兰 Astée Flowers 公司。

Keygene 公司的董事长向法院提交了一份专家意见，对所作分析进行了解释，并附上了 DENOGRAMS。Weizmann 科学研究所的一位教授提交了对 DENO-GRAMS 的进一步分析。二是，由耶路撒冷希伯来大学的一名以色列教授针对涉案品种的形态比较所出具的专家意见，结论是两品种形态高度相似。三是，由"植物细胞计数服务公司"提供的细胞仪检验结果，结论是"Blan-canieves"为四倍体植物，而原始品种为二倍体植物。基于上述证据，原告主张举证责任应当转移给被告，由其证明"Blancanieves"不是实质性派生品种。

被告提交的证据是荷兰 Idq 公司同样用 AFLP 方法对品种进行的遗传学分析报告，该报告的结论是两个品种之间没有遗传相似性。被告还提交了原始品种育种者解释其育种过程的一份宣誓证言。在该宣誓证言中，育种者说他在育种过程中使用了秋水仙碱（Colchitsin），这种物质导致了植物中遗传物质的繁殖，这一事实可以解释二倍体的原始品种和四倍体的实质性派生品种在遗传物质上存在差异。但在询问中，该育种者承认被控"Blancanieves"的亲本中至少有一个亲本不可能也不是真正的父母亲本。另一名以色列教授向被告提供了专家意见，支持"Blancanieves"不是实质性派生品种的论点。

该案历经长时间审理，在此期间所有专家被交叉询问，当事各方也以书面形式对案件进行了总结。最终法院作出裁决："Blancanieves"是原始品种的实质性派生品种，并对"Blancanieves"的利用发出了永久性禁令，并确定了对原告有权获得的损害进行第二次审判的日期。❶

第二节 实质性派生品种制度的主要内容

一、实质性派生品种的概念与含义

（一）相关概念的澄清

在介绍实质性派生品种这一概念之前有必要对目前业界仍在混用的两个概念予以澄清。在我国，有的人习惯用"依赖性派生品种"来指称 UP-OV 公约下的"实质性派生品种"，并且认为它们指代的内容是相同的。例如，侯仰坤在《论依赖性派生品种的含义和基本特征》一文中写道"2015

---

❶ Court Decision on Essentially Derived Varieties in Israel. Mr. Arnan Gabrieli, Seligsohn Gabrieli & Co., Israel.

年我国种子法修正案正式提交全国人民代表大会常务委员会进行表决的过程中，在修正案中包含着实质性派生品种（依赖性派生品种）的内容"，而且他主张把UPOV公约中的"essentially derived variety"翻译成"依赖性派生品种"。[1] 此外，刘旭霞、[2] 崔立红、[3] 牟萍[4]在各自发表的文章中也将"essentially derived variety"翻译成"依赖性派生品种"。国内对于UPOV公约的权威译本也存在这种现象，例如，在国家林业局植物新品种保护办公室公布的UPOV公约1991年文本中，将实质性派生品种的定义翻译如下："出现下列情况时，一品种被看作（一）项（1）中所述从另一品种（'原始品种'）依赖性派生的品种：（1）从原始品种依赖性派生或从本身就是该原始品种的依赖性派生品种产生的依赖性派生的品种，同时又保留表达由原始品种基因型或基因型组合产生的基本特性；（2）与原始品种有明显区别；并且（3）除派生引起的性状有所差异外，在表达由原始品种基因型或基因型组合产生的基本特性方面与原始品种相同。"第14（5）（c）条规定："依赖性派生品种可通过选择天然或诱变株或体细胞无性变异株，从原始品种中选择变异、回交或经遗传工程转化等获得。"

　　实际上，对"依赖性派生品种"和"实质性派生品种"这两个概念还是应当加以区别的。这是因为：从某些国家的法律看，它们是内涵完全不同的两个概念。例如，在澳大利亚《1994年植物育种者权利法》中就既有"实质性派生品种"的概念又有"依赖性植物品种"的概念。前者的英文是"essentially derived varieties"，后者的英文则是"dependent plant variety"。澳大利亚《1994年植物育种者权利法》还分别对这两个术语下了定义。其中，该法第3条对"依赖性植物品种"下的定义是："依赖性植物品种，就在澳大利亚享有育种者权利的另一个植物品种而言，指的是该另一植物品种中的育种者权利延伸其上的植物品种。"该法第13条又规定："育种者权利延伸到某些依赖性植物品种：在不违反第23条的情况下，如果一种植物品种（原始品种）被授予了植物育种者权利，则该权利延伸到：（a）虽与原始品种没有明显区别，但却与在授予原始品种育种者权利时的任何已知

❶ 侯仰坤. 论依赖性派生品种的含义和基本特征 [J]. 知识产权, 2018（7）: 33-47.
❷ 刘旭霞, 宋芳. 我国需要依赖性派生品种制度吗？——以我国种业发展为基点 [J]. 知识产权, 2012（6）: 52-57, 74.
❸ 崔立红, 翟云鹏. 植物新品种保护中的"依赖性派生品种"制度初探 [J]. 电子知识产权, 2007（9）: 34-37.
❶ 牟萍. 关于实质性衍生品种的三个基本问题 [J]. 电子知识产权, 2010（4）: 74-77, 91.

品种有明显区别的品种；（b）除非通过重复使用原始品种或（a）款所指品种即不能繁殖的任何其他植物品种，无论在原始品种被授予育种者权利时该其他植物品种是否存在。"可见，澳大利亚《1994年植物育种者权利法》定义下的"依赖性派生品种"包括"与受保护品种没有明显区别的品种"和"需要反复利用受保护品种进行生产的品种"。而该法第4条对"实质性派生品种"下的定义是："出现下列情形时，一个植物品种被认为是另一个植物品种的实质性派生品种：它（a）主要派生于该其他植物品种；（b）保留表达由该其他品种基因型或基因型组合产生的基本特性（essential characteristics）；（c）未表现出任何使之与该其他品种相区分的（不同于修饰性的）重要特征（important features）。"

《英国植物品种法（1997）》（*United Kingdom Plant Varieties Act* 1997）第7（2）条也对依赖性派生品种进行了规定，将其分为两种情况：一是，不重复使用其他品种即不可能重复生产的品种（its nature is such that repeated production of the variety is not possible without repeated use of the other variety）；二是，从其他品种实质性派生而来，以及该其他品种本身不是从第三个品种实质性派生而来的（it is essentially derived from the other variety and the other variety is not itself essentially derived from a third variety）。而且该法在第7（3）条对从原始品种实质派生而来的品种进一步做了解释："下列情况被视为实质性派生于原始品种：（a）主要派生于（i）原始品种；（ii）从原始品种依赖性派生或从本身就是该原始品种的依赖性派生品种产生的依赖性派生品种，同时又保留表达由原始品种基因型或基因型组合产生的基本特性；（b）在一个以上能够准确描述的性状上与原始品种具有明显的差异；（c）除派生引起的性状有所差异外，在表达由原始品种基因型或基因型组合产生的基本特性方面与原始品种相同。"同时，该法第7（4）条还列举了"派生"方法，其中包括：选择自然变异或诱导变异株、体细胞无性变异株，或从原始品种中选择变异，回交或经遗传工程转化。简言之，《英国植物品种法（1997）》中的实质性派生品种只是依赖性派生品种所包含的两种情形之一，另一情形是需要反复利用其他品种进行生产的品种，即杂交种。可见，《英国植物品种法（1997）》中的依赖性派生品种的外延大于实质性派生品种。

通过上述分析并结合下文对UPOV公约定义的分析所得出的结论是，依赖性派生品种是一个与实质性派生品种外延不同的概念，不可随意混用。但就实质性派生品种的内涵而言，两国关于实质性派生品种的定义除了在用词上的些许差别之外，其含义与 UPOV 公约 1991 年文本所定义的实质性派生品种并无不同。

（二）实质性派生品种的定义

UPOV 公约 1991 年文本第 14（5）（b）条规定："出现下列情况时，一品种被看作（a）项（i）中所述从另一品种（原始品种）实质性派生的品种：（i）从原始品种实质性派生或从本身就是该原始品种的实质性派生品种产生的实质性派生的品种，同时又保留表达由原始品种基因型或基因型组合产生的基本特性；（ii）与原始品种有明显区别；并且（iii）除派生引起的性状有所差异外，在表达由原始品种基因型或基因型组合产生的基本特性方面与原始品种相同。"该条（c）项规定："实质性派生品种可通过选择天然或诱变株或体细胞无性变异株，从原始品种中选择变异、回交或经遗传工程转化等获得。"❶ 实际上这一定义是由实质性派生品种的三个条件组成的，对这三个条件应做如下理解。

1. 第一个条件的含义

第一个条件规定在 UPOV 公约的第 14（5）（b）（i）条，即"从原始品种实质性派生或从本身就是该原始品种的实质性派生品种产生的实质性派生的品种，同时又保留表达由原始品种基因型或基因型组合产生的基本特性"。此条件的前半句话和后半句话又分别代表了两层含义。

第一个条件的前半句话是"从原始品种实质性派生"（predominantly derived from the initial variety）。这句话中"原始品种"的英文用的是单数，这

---

❶ UPOV 公约的这一定义显然是从技术性层面进行定义的，也是晦涩难懂的。相对来说，澳大利亚《1994 年植物育种者权利法》在它的"Explanatory Memorandum"中对实质性派生品种的解释就容易理解得多，它是将实质性派生品种描述为与派生它的品种在遗传上相似的品种，仅在装饰性的特征上不同，而不是在主要特征或有价值的特征上有所不同（参见 Clause 4（15）of Plant Breeder's Rights Bill 1994 of Australia, Explanatory Memorandum）。另外，德国的 Gert Würtenberger 和 Würtenberger Kunze 先生认为实质性派生品种的核心概念是："一个主要根据另一育种者的工作成果从事培育新品种活动的育种者，除非原始品种的育种者从中分享到了利益，否则他不可以仅仅为了自己的利益而去利用其取得的成果。不过，满足 DUS 要求的实质性派生品种的育种者可以获得育种者权利。"这一说法强调了两点：一是，实质性派生品种是植物品种保护制度意义上的新品种，可以得到育种者权利保护；二是，实质性派生品种的商业化必须得到原始品种育种者的同意。这似乎是对双方利益的平衡：一方面，实质性派生品种的育种者需要像 UPOV 公约 1991 年文本第 14（1）条所界定的那样，就任何生产或繁殖、种子处理或销售等活动征求原始品种品种权人的同意；另一方面，当实质性派生品种的育种者获得植物品种权时，他可以对未经其同意而使用实质性派生品种的第三方行使其品种权（参见 GERT WÜRTENBERGER, WÜRTENBERGER KUNZE. A Leagal Perspective on Essentially Derived Varieties. UPOV/SEM/GE/13：Seminar on Essentially Derived Varieties（Geneva, Switzerland）：24［EB/OL］.（2013-10-23）［2019-07-07］. https://www.upov.int/edocs/pubdocs/en/upov_pub_358.pdf.）。

意味着实质性派生品种只能来源于一个原始品种或派生品种，并且不是原始品种与另一个品种通过杂交获得的。换句话说，就是实质性派生品种只能是一个品种内进行培育的结果。● 但是，目前在关于"实质性派生"的问题上还存在着巨大的分歧。其主要分歧是围绕着实质性派生品种的概念应当采用广义概念还是狭义概念。主张采用广义实质性派生品种概念的代表主要有 CIOPORA 和 ISF。CIOPORA 的立场可以从其 2008 年出版的关于实质性派生品种立场文件中了解到。第一，实质性派生品种概念是育种者权利的真正延伸，是对"研究豁免"的暂时限制。第二，实质性派生品种概念对两组品种具有特别重要的意义：a）仅以原始品种的基因组为基础，且基因组结构被高度地保留下来的品种，如自然发生和诱导出现的突变体品种、转基因品种和无融合体品种；b）通过杂交和选择育成的品种，包括原始品种、由原始品种派生而来的品种以及注定要规避使用原始品种的排他性权利的原始品种（剽窃品种或模仿品种）。第三，"实质性派生"必须以这样的方式解释：（1）"实质性派生"仅适用于实质性派生品种开发过程中使用了原始品种的情况；（2）一个品种只能实质性派生于一个品种（原始品种）；（3）"实质性派生"中包含所谓的单亲（monoparentals）品种，即完全派生于原始品种的品种以及必须被视为模仿品种（me too varieties）的品种；就模仿品种而言，是否存在实质性派生的问题，须视争议品种的基因组而定，应由具体植物属的育种者来确定一个超过它以后即必须视为"实质性派生"的阈值。如果还没有研究出这样的阈值，法院的裁决就必须以专家意见为准。第四，CIOPORA 主张将 Jaccard 系数 0.90 作为所有观赏植物举证责任转移的一般遗传阈值。因为在绝大多数情况下，这个界限都是可以接受的。第五，模仿品种被定义为"注定要绕过排他性权利的品种"，这些品种保留了原始品种的所有基本特性，仅显示了微不足道的特征变化，因而应被视为"实质性派生"。第六，在 CIOPORA 看来，原始品种和所谓的"完全派生的"实质性派生品种（totally derived EDVs）之间在表型差异上的数量是没有限制的。第七，如果模仿品种保留了原始品种的所有基本特性，只是在一些微不足道的特征上有所变化，则必须视为实质性派生品种。此处的"基本特性"，指的是那些该品种在利用过程中被视为十分重要的特性，其数量与 DUS 测试指南中规定的植物性状相比往往要少一些。值得指出的是，由 CIOPORA 所倡导的广义的观点（broad view）也将杂交种归入到了实质性派生品种当中，这与本段开始的说

● 褚云霞，等. 实质性派生品种鉴定方法研究进展［J］. 上海农业学报，2017，33（5）：132-138.

法是抵触的。与 CIOPORA 主张的认定"实质性派生"的办法不同，ISF 提倡采用"逐一确定法"（a crop by crop approach）对"实质性派生"进行判断。即当假定实质性派生品种（"putative EDV"or"PEDV"）和原始品种（INV）的基因型或表型高度相似时，举证责任应当转移。但对于举证责任开始转移的阈值，应当根据作物种类逐一确定。此外，ISF 采用了一种具体作物的方法（a crop specific approach）：基于行业支持研究确定的实质性派生品种的相似性尺度和阈值。正如其《实质性派生争端仲裁条例》（*Regulation for the Arbitration of Disputes concerning Essential Derivation*）所述，ISF 支持这样一种观点，即被控的假定实质性派生品种只有在遗传和表型上与原始品种非常相似的情况下才能被认为是实质性派生品种，因此 PEDV 与 INV 的区别仅仅是一个或少数几个简单的遗传特性。第一个条件的后半句话是"又保留表达由原始品种基因型或基因型组合产生的基本特性"。这一条件要求，实质性派生品种基本特性的表达与原始品种相同。即只有当一个品种保留了另一品种的几乎全部基因型时，才是实质性派生于另一品种。❶ 换言之，当一个品种几乎保留了另一个品种的全部基因型时，它就只能是来自另一个品种的实质性派生品种。

第一个条件前后两个半句的关系是：基因与原始品种一致（后半句）是实质性派生（前半句）的证据。同时，"又保留……"这一用语表明，它要求实质性派生品种所表达出来的基本特性来自原始品种。值得注意的是，此处"基本特性"（essential characteristics）中，"基本"的意思是"重要的"而不是"全部的"。而且实际上，派生品种是不可能保留被派生品种之全部特性的表达的，否则，它就达不到授予品种权的条件。基于此，有人认为："……在无性繁殖植物中，由一个亲本品种（而非杂交品种）所产生的新品种、突变品种以及由派生行为产生的突变品种均应当视为实质性派生品种，采用何种育种方法在所不论。"❷ 另一值得指出的问题是，在 UPOV 公约 1991 年文本第 14（5）（b）条关于实质性派生品种的定义中对于"基本特性"这一术语的使用不止这一处。在该定义的第三句话［第 14（5）（b）（iii）条］中也使用了这一术语。可见，"基本特性"是判定实质

❶ Section 1（b）4 of UPOV/EXN/EDV/2, April 6, 2017.

❷ MICHA DANZIGER. The Internatioan Union for the Protection of New varieties of Plants（UPOV）. Seminar on the Impact of Policy on Essentially Derived Varieties（EDVs）on Breeding Strategy, Geneva [EB/OL]. （2019-10-31）［2020-07-07］. https://www.upov.int/edocs/mdocs/upov/en/upov_sem_ge_19/upov_sem_ge_19_ppt_2.pdf.

性派生品种的重要依据。那么，"基本特性"具体指植物品种的哪些性状呢？

关于这个问题有几种不同的观点。首先，"UPOV/EXN/EDV/2"的建议是，基本特性：（i）是指由一个或多个基因的表达或其他可遗传决定因素（heritable determinants）决定的可遗传性状（heritable traits），这些基因或决定因素对该品种的主要特征、表现或价值有贡献；（ii）是在生产者、销售者、供应商、买方、收受者或用户看来重要的特征；（iii）是对整个品种至关重要的特性，包括形态、生理、农艺、行业和生化方面的特性；（iv）可以是用于测试特异性、一致性和稳定性的表型特性，也可以不是用于测试特异性、一致性和稳定性的表型特性；（v）不限于那些仅与高性能或高价值相关的特性（例如，当品种对病害有易感性时，抗病性可以被认为是一个基本特性）；（vi）不同作物/植物属的基本特性可以有所不同。❶其次，ISF强烈认为，基本特性的定义不应局限于有限的DUS子集或附加特性。在定义"基本特性"的语境下，形容词"基本"与"相关"和"重要"这两个术语是同义词，可以交替使用（见"UPOV TG/1/3"第2章和第7章）。基本特性包括所有与描述特异性、一致性和稳定性有关的特性，以及为确定所述品种农艺价值而测试的性状。❷最后，澳大利亚《1994年植物育种者权利法》第3条对于"基本特性"的定义略显简单："就植物品种而言，基本特性是指由一个或多个基因或其他遗传决定因素的表达决定的遗传性状，这些遗传性状构成了该品种的主要特征、性能或价值（principal features, performance or value of the variety）。"此外，国际无性繁殖园艺植物育种家协会（CIOPORA）也对"基本特性"进行了定义，它认为："基本特性"指的是那些该品种在利用过程中被视为十分重要的特征。

比较而言，"UPOV/EXN/EDV/2"对于基本特性的考虑是多维度的：首先，"基本特性"只能是"可遗传性状"；其次，它既可以是对人（生产者、销售者、供应商）重要的特性，又可以"是对整个品种至关重要的特性"，但同时又指出基本特性"不限于那些仅与高性能或高价值相关的特性"；最后，它既"可以是用于测试特异性、一致性和稳定性的表型特性，也可以不是用于测试特异性、一致性和稳定性的表型特性"。该定义虽然面

---

❶ Section 1 (b) 5, 6 of UPOV/EXN/EDV/2.

❷ ISF. ISF View on Intellectual Property Adopted in Rio de Janeiro, Brazil, 28 June 2012：19-22［EB/OL］. https://www.worldseed.org/wp-content/uploads/2015/10/View_on_Intellectual_Property_2012.pdf.

面俱到，但实行起来无所适从。CIOPORA 和澳大利亚《1994 年植物育种者权利法》均强调了基本特性的重要性，规定简单明了、可操作性强。同时，由下文分析可知，澳大利亚是一个允许根据植物的外观形态特征进行实质性派生判定的国家，这也就从一个侧面解释了其对"基本特性"之重要性予以特别关注的原因。

2. 第二个条件的含义

第二个条件规定在 UPOV 公约 1991 年文本第 14 (5) (b) (ii) 条。它说：实质性派生品种应当"与原始品种有明显区别"。实际上，实质性派生品种不仅应当与原始品种有明显区别，而且还应当具备 UPOV 公约第 7 条所规定的明显区别，才可得到育种者权利的保护。反之，如果一个品种"与受保护品种没有 UPOV 公约第 7 条所规定的明显区别"，它就不是法律意义上的新品种。因此，实质性派生品种涉及的是与原始品种存在 UPOV 公约第 7 条所规定的差异但又与原始品种相似的品种，可以独立于原始品种受到保护。不过，一个与原始品种差别很小的品种，可能是潜在的实质性派生品种，但未必一定是实质性派生品种。❶ 例如，若一个品种与另一品种相似，但在其育种过程中育种者根本没有使用该另一品种，则该品种不能被视为实质性派生品种。

3. 第三个条件的含义

第三个条件规定在 UPOV 公约 1991 年文本第 14 (5) (b) (iii) 条，"除派生引起的性状有所差异外，在表达由原始品种基因型或基因型组合产生的基本特性方面与原始品种相同"。对于这个条件应当做以下理解：首先，关于这个条件，本书在本章第三节"实质性派生品种的构成要件"中将其概括为"相似性"。虽然条约中使用了"相同"一词，但决不能直接将其理解为"相同性"。因为从该款条文本身就不难看出，所谓的相同是"除派生引起的性状有所差异外"的相同。可见，用"相似性"来概括该款之含义比用"相同性"更准确。其次，这个条件是对实质性派生品种"基本特性"进行的规定。乍一看似乎是对第 14 (5) (b) (i) 条的重复，甚至

---

❶ JOËL GUIARD. The Development of the Provisions on Essentially Derived Varieties. Seminar on Essentially Derived Varieties（Geneva, Switzerland）：9-12 ［EB/OL］.（2013-10-23）［2019-07-07］. https：//www. upov. int/edocs/pubdocs/en/upov_pub_358. pdf.

有人认为这两条规定是相互矛盾的，❶ 但仔细分析，情况并非如此。第 14
（5）（b）（i）条的核心意思是"派生性"，提及"基本特性"的目的是以
"保留了原始品种的基本特性"来证明派生行为的存在。而本款使用"基本
特性"的目的则恰恰是要表明实质性派生品种在基本特性方面的情况。说
白了，就是实质性派生品种长什么样？UPOV 公约 1991 年文本第 14
（5）（b）（iii）条给出了这个问题的答案，即实质性派生品种与原始品种
在表型上具有相似性（conformity）。最后，事实上本款规定仍然是关于遗传
方面的，正如外交会议期间所讨论的那样，对相似性的评估取决于植物属、
品种结构和可供育种者使用的遗传变异。相似性是从实质性派生品种和原
始品种之间的基本特性的表型水平上定义的，但是表型的相似性可以依赖
于不同的遗传背景，这一点证明了定义中第 14（5）（b）（i）条和第 14
（5）（b）（iii）条都有存在的必要。❷

　　第三个条件至少包含以下几层意思。首先，相似性的判断依据是由原
始品种基因型所产生的基本特性。❸ 其次，"除派生引起的性状有所差异外"
一语，并未对当一个品种被认为是实质性派生而来时可能存在的差异之数
量加以限制。然而，第 14（5）（b）（i）条和第 14（5）（b）（iii）条还是
规定了限制，即这种差异决不能使该品种不能"保留原始品种的基因型或
基因型组合所产生的基本特性的表达"。❹ 再次，第 14（5）（c）条提供的
例子表明，因派生所产生的差异只能是一个或少数几个。然而，如果一个
品种与另一品种的特性差异只有"一个或少数几个"，并不必然意味着一个
品种是实质性派生出来的，它还需要达到第 14（5）（b）条所述定义的要
求。❺ 同时，如果一个品种与另一品种的特性差异超过了"一个或少数几
个"，也未必还应视为实质性派生品种。例如，时任 UPOV 联盟法律顾问、
培训和援助部主任的 Yolanda Huerta 先生在 UPOV 联盟召集的题为 Seminar
on the impact of policy on essentially derived varieties（EDVs）on breeding strate-

---

❶　DOUG WATERHOUSE. Experience on Essentially Drived Varieities in Australia, Seminar on Es-
sentially Derived Varieties（Geneva, Switzerland）：53-58［EB/OL］.（2013-10-23）［2019-07-
07］. https://www.upov.int/edocs/pubdocs/en/upov_pub_358.pdf.

❷　JOËL GUIARD. The Development of the Provision on Essentially Derived Varieties. Seminar on Es-
sentially Derived Varieties（Geneva, Switzerland）：9-12［EB/OL］.（2013-10-23）［2019-07-07］.
https://www.upov.int/edocs/pubdocs/en/upov_pub_358.pdf.

❸　Section 1（b）8 of UPOV/EXN/EDV/2, April 6, 2017.

❹　Section 1（b）9 of UPOV/EXN/EDV/2, April 6, 2017.

❺　Section 1（b）10 of UPOV/EXN/EDV/2, April 6, 2017.

gy 的研讨会上就给出了一个非常有说服力的例证：在 Dianthus 这一石竹属品种中，受到自然变异事件影响的特性超过了"一个或少数几个"，而且变异而来的植物从外观上看差异极大（见图 4-1），那么这种情况下所产生的品种是否应当视为实质性派生品种呢？❶ 因此，对相似性的评价应当根据品种的整体特性进行评估，而不是对各个特性逐一进行评估。最后，派生品种必须保持原始品种几乎所有的基因型，并与该品种数量非常有限的特点不同。❷

图 4-1　Dianthus 自然变异导致基本特性变化超过了"一个或少数几个"

二、实质性派生品种的分类与权利范围

（一）实质性派生品种的分类

UPOV 公约第 14（5）（b）（i）条中"从原始品种实质性派生或从本身就是该原始品种的实质性派生品种产生的实质性派生的品种"这一措辞表明，实质性派生品种既可以直接从原始品种 A 派生而来，也可以间接从品种 B、C、D 或 E 等派生而来（见图 4-2）。前一种情况下产生的品种是直接派生品种；后一种情况下产生的品种是间接派生品种。

由图 4-2 可以看出，直接派生品种与间接派生品种之间存在着这样一种关系，即无论植物育种者权利是否已被授予这些品种，品种 A 永远是品种 B、C、…、Z 的原始品种；反过来讲，品种 B、C、…、Z 永远是品种 A 的实质性派生品种。

---

❶　YOLANDA HUERTA. To an EDV Concept for the Present and Future. Seminar on the impact of policy on essentially derived varieties（EDVs）on breeding strategy［EB/OL］.（2019-10-31）［2020-07-07］. https://www.upov.int/edocs/mdocs/upov/en/upov_sem_ge_19/upov_sem_ge_19_ppt_2. pdf, Geneva, October 30, 2019.

❷　Section 1（b）11 of UPOV/EXN/EDV/2, April 6, 2017.

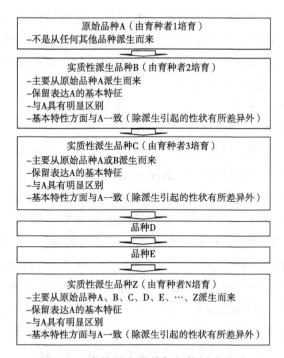

图 4-2 直接派生品种与间接派生品种

(二) 实质性派生品种的权利内容与范围

按照 UPOV 公约的规定,如果实质性派生品种 B、C、…、Z 符合 UP-OV 公约 1991 年文本第 5 条规定的条件,就应当像任何品种一样有资格获得植物育种者权利,并且该育种者权利的内容与范围应当和本书在第三章中阐述的品种权的内容与范围是一致的,依据是 UPOV 公约第 14 (5) (a) (i) 条。换言之,UPOV 公约第 14 (5) (a) (i) 条之规定将第 14 (1) 至 (4) 条所规定的受保护原始品种的权利范围扩大到了实质性派生品种。因此,如果派生品种 B、C、…、Z 是受保护品种,则实质性派生品种 B、C、…、Z 的商业化需要得到这些品种所有权人的授权。此处,"商业化"一词涵盖第 14 (1) 至 (4) 条所列行为。同时,由于品种 B、C、…、Z 均为原始品种 A 的实质性派生品种,因此在上述情况下若原始品种 A 同时也是受保护品种,则品种 B、C、…、Z 的商业化还必须取得原始品种 A 所有人的授权。总之,假如原始品种和实质性派生品种均为受保护品种,对实质性派生品种繁殖材料的生产或繁殖、为繁殖而进行的种子处理、提供销售、销售或其他市场销售、出口、进口以及用于上述目的而进行的储存，不仅要得到实质性品种所有权人的授权，也要得到原始品种权人的授权。进一步讲，在图 4-2 中品种 B、C、…、Z 均为原始品种 A 的实质性派生品种。品种 C 的商业化需要取得品种 A 的授权，那么是否也需要取得品种 B 的授权呢？答案是否定的。这是因为，虽然 UPOV 公约第 14（5）（a）（i）条之规定将第 14（1）至（4）条所规定的受保护原始品种的权利范围扩大到了实质性派生品种，但第 14（5）（a）（i）条同时也规定："受保护品种本身不是实质性派生品种。"此处，虽然品种 C 可以是一个受保护品种，但由于它本身就是由原始品种 A 之实质性派生品种 B 派生而来的品种（间接派生品种），所以其商业化不需要得到品种 B 所有权人的授权。另外，未经原始品种权人的许可，实质性派生品种的品种权人不仅无权使用该实质性派生品种的收获材料（包括整株或植株部分），也无权使用任何直接由该实质性派生品种收获材料制成的产品，除非原始品种的育种者已经有合理机会对相关的收获材料或由该收获材料直接制成的产品行使权利。在这里"使用"一词与前面提到的"商业化"一样，是指 UPOV 公约第 14（1）至（4）条所列行为。总之，只有获得原始品种育种者的授权，由其派生而来的实质性派生品种之育种者才能对其进行商业化。

以上我们假设的是原始品种和实质性派生品种均为受保护品种时的情况。如果原始品种为非受保护品种而实质性派生品种为受保护品种，那么它们之间的权利范围又是如何划分的呢？如果原始品种 A 自始就是一个不受保护的品种，则品种 B 和 C 的商业化无须征得品种 A 培育人的授权。即品种 B 的商业化只需要得到品种 B 所有权人的许可而无须得到品种 A 所有权人的授权。品种 C 的商业化也只需要得到品种 C 所有权人的授权而无须得到品种 B 权利人的授权。反过来，如果原始品种为受保护品种而实质性派生品种为非受保护品种，则品种 B、C 甚至 Z 的商业化，只需取得品种 A 所有权人的授权。

第三节　实质性派生品种的认定

一、实质性派生品种的构成要件

根据 UPOV 公约 1991 年文本第 14（5）（b）条的规定，一个品种被认为是实质派生而来的条件有三点：一是主要从原始品种派生而来；二是与原始品种有明显区别; 三是除派生引起的性状有所差异外, 在表达由原始品种基因型或基因型组合产生的基本特性方面与原始品种相同。如果三个条件中的任一条件没有满足, 就不存在实质性派生。这可以看作 UPOV 公约 1991 年文本对实质性派生品种规定的三大构成要件。据此, 可以将实质性派生品种的构成要件归纳为派生性 (derivation)、特异性 (distinctness) 和相似性 (conformity)。对此, 国际保护植物品种育种者协会 (ASSINSEL) 在 1992 年的声明 (Statement) 中也作了类似的规定。❶

(一) 派生性

所谓 "派生性" 是指派生品种 "很大程度是从原始品种派生的, 或从本身就是很大程度上由原始品种的派生品种产生的派生品种, 同时仍然表达由原始品种基因型或基因型组合产生的本质特性"。这也可以称为 "依赖性", 因为 "派生" 的结果是 "依赖"。派生性指的是从原始品种到实质性派生品种的派生, 而不是实质性派生品种之间的派生。这也就能够解释为什么 "一个本身就是该原始品种 (A) 的实质性派生品种 (B) 产生的实质性派生品种 (C)" 之商业化, 无须得到实质性派生品种 (B) 之育种者授权的原因。具体来讲, 如果我们取链 A-B-C-D, 其中 A 是原始品种, 品种 B 主要来自 A, 品种 C 主要来自 B, 那么 C 也应主要来自 A。如果 C 还能满足实质性派生的其他条件, 它将被视为来自 A 的实质性派生品种。而且主要来源于 C 的品种 D 也是一个主要来源于品种 C 的品种, 由于 C 本身主要来源于原始品种, 因此 D 也主要来自品种 A。按照这种思路进行推理, 理论上即有可能有一个无限的主要派生的 "瀑布" (cascade), 它为被指称为实质性派生品种的育种者提供了以此表明原始品种本身即是实质性派生品种的机会。❷ 同时, 如前文所言, 实质性派生品种可能主要来源于原始品种, 也可能来自其本身主要来自原始品种的品种。在这种情况下, 实质性派生品种 (predominantly derived variety) 是否仍可被视为实质性地派生于原始品种, 应取决于派生品种与原始

---

❶ ASSINSEL interprets Article 14 (5) (b) ("a variety should be deemed to be essentially derived from i. v.") in that the e. d. v. effectively has to meet the following three requirements in relation to the initial variety while retaining the expression of its essential characteristics: a) clear distinction in the sense of Article 7; b) predominant derivation; c) genetic conformity. If one requirement is not fulfilled, there will be no essential derivation [EB/OL]. http://www. archive. org/stream/plantvarietyprot1993unit/plantvarietyprot1993unit_dj-vu. txt, 2009-8-13.

❷ RAIMUNDO LAVIGNOLLE. Essentially Derived Varieties Under the 1991 Act of the UPOV Convention: A Brief History, Seminar on Essentially Derived Varieties, Geneva, Switzerland: 13-16 [EB/OL]. (2013-10-23) [2019-07-07]. https://www. upov. int/edocs/pubdocs/en/upov_pub_358. pdf.

品种之间的相似性程度。依赖性的存在只有利于非实质性派生的受保护品种，也就是说：（1）原始品种必须是一个受保护品种；（2）原始品种本身不是实质性派生品种；（3）依赖只存在于一个受保护的原始品种中。如果其中一项要求没有得到满足，依赖关系就不存在。

（二）特异性

特异性（Distinctess）也称"区别性"，它是植物品种获得品种权保护的首要条件，也是实质性派生品种必备的条件之一。那么，两种不同语境下的"特异性"的含义是不是存在什么差别呢？从 UPOV 公约对于实质性派生品种本身的定义来看，其中的"特异性"指的是派生品种与原始品种之间存在"明显区别"，❶ 而作为新品种授权条件之一的"特异性"，指的则是新品种和已知品种之间的明显区别。❷ 表面上看，两者的内容似乎是不同的，但由于从法律角度讲，原始品种本身也是已知品种，后者包含前者。如此说来，两种语境下的特异性的含义并无什么不同，在实质性派生品种的定义中，之所以使用的不是已知品种而是原始品种，不过是为了突出强调其与原始品种的差异而已。但无论原始品种还是派生品种，其特异性的判断都是对它的外在表现性状的测量。❸ 由于这些性状通过颜色、宽度、高度、形状、重量等肉眼看得见的表现型存在，因此技术尺度的把握就是对品种表现型具体数字等级的确定。那么接下来的问题是，多大程度的区别构成"明显"，多大程度的区别不构成"明显"，这里涉及"明显区别"中"明显"应当如何判定的问题。由于这一问题已经在关于植物新品种授权条件部分进行了论述，在此不再赘述。

（三）相似性

按照 UPOV 公约 1991 年文本第 14（5）（b）（iii）条的规定，一个实质性派生品种，"除派生引起的性状有所差异外，在表达由原始品种基因型或基因型组合产生的基本特性方面与原始品种相同"。从字面意思看，这个条件是实质性派生品种与原始品种的"相似性"，有人也将其翻译为"一致性"。需要注意的是，作为派生品种构成要件的"一致性"（conformity）与作为植物

---

❶ Article 14.5 (b) (ii) of UPOV Convention (1991).

❷ Article 7 of the UPOV Convention (1991).

❸ 例如，质量性状有 1 个或 1 个以上性状表达代码不同；假质量性状和数量性状有 2 个或 2 个以上性状相差 1 个代码或 1 个性状相差 2 个或 2 个以上代码；数量性状进行测验时有 2 个或 2 个以上性状在 2 个测试周期的差异符号相同并达到 1% 显著水平，则申请品种具备特异性。

新品种授权条件之一的"一致性"（uniformity）的内涵是不同的。这一点不但从其英文本身就能反映出来，而且从 UPOV 公约对于两者的定义也存在较大的不同：后者是指"申请品种权的植物新品种经过繁殖，除可以预见的变异外，其相关的特征或特性一致"，● 即新品种内植株间相关特性的一致性，● 或新品种植株间的整齐性；而前者是指"除派生引起的差异外，派生品种在原始品种的基因型和基因型组合引起的基本特性的表达上，与原始品种必须保持一致"，主要是指派生品种与原始品种之间在"基因上的一致性"，● 准确地说是基因上的"相似性"。它是对派生品种与原始品种基因型是否保持大体一致的判定。进一步讲，从下文要阐述的实质性派生品种的认定的角度看，此条件实际上是要考察实质性派生品种与原始品种在基因上有多大程度的相似性，所以，此处采用"相似性"这一用语不仅更加妥帖，而且能避免与授权条件中的一致性产生混淆。

（四）三个构成要件的比较与总结

首先，关于特异性。诚如前文所言，由于作为实质性派生品种条件之一的特异性和新品种授权条件的特异性的内涵是相同的，这个问题早在对实质性派生品种是否授予新品种权的阶段即已解决，所以特异性判断在实质性派生品种的认定中，可以忽略不计，因为实质性派生品种是一个能够获得品种权授权的新品种。进一步讲，只要它已经获得授权，特异性即毋庸置疑。其次，关于派生性和相似性。UPOV 公约在对实质性派生品种进行定义时列举了一些产生实质性派生品种的育种方法，由于这些方法是列举性的，因此无法囊括产生派生性品种的所有情形。但是，第 14（5）（b）（i）条规定的派生性与第 14（5）（b）（iii）条规定的相似性两者之间是有联系的，即"保留表达由原始品种基因型或基因型组合产生的基本特性"和"在表达由原始品种基因型或基因型组合产生的基本特性方面与原始品种相同"的表述是有联系的，所以考察实质性派生品种是否保留了原始品种在"基因型或基因型组合产生的基本特性"的表达以及这种表达存在多大程度上的差别，就成了判断实质性派生品种必须要做的一件事。派生性条件的判断依赖于相似性的判

---

❶ 《植物新品种保护条例》第 16 条。

❷ Article 8 of UPOV Convention（1991）.

❸ ASSINSEL Statement Regarding the Implementation of the New Principle of Essentially Derived Varieties in the UPOV Convention, June 5, 1992；B. Special Interpretations of Article 14（5）1, Reference to Plant Varieties Protection Act Amendments of 1993, Monday, September 20, 1993 Appendix 68.

断，只有那些相似性水平达到一定水平的品种才能被认定为实质性派生品种。

接下来的问题是，与原始品种的相似性多大的品种才是实质性派生品种。由于实质性派生品种制度的建立使得派生品种的育种者总是尽力避免使自己培育的品种沦为派生品种，因此如果将标准定得高一些，则派生品种认定较为困难，易于规避。但可能造成的后果是，派生品种的育种者在育种时倾向于在新品种中添加没有实用价值的基因内容以降低相似性，此即所谓的"装饰性育种"。这显然会影响派生品种的制度功效，抑制育种行业的健康发展和品种改良。因此，基因相似性认定标准的设置应该相对较低，而不是较高。❶但认定标准也不应过低，否则育种者培育的新品种动辄即成为实质性派生品种。这首先有悖于 UPOV 公约第 14（5）（b）条关于派生品种构成要件的规定；其次，基因相似性的确定总是要晚于育种的时间，育种者在育种时并不能确定育种结果是否会产生派生品种的效果，过低的认定标准同样会促使育种者放弃最佳的育种计划，产生不良导向。总之，基因相似性标准不同，认定结论即会不同，尤其是引起的政策导向也会迥然不同。

另外，还有一个问题需要厘清，那就是特异性与相似性之间是一种怎样的关系。在评估一个品种的实质派生之前，应该确定该品种与原始品种有明显的差异，特异性评估是对建立在基因组所表达的性状之间的明显差异之上的评估，可以通过 DUS 测试来确定。如果该品种同时也具有新颖性、一致性和稳定性，即可得到国家植物新品种保护主管机关的授权，决定是否符合特异性标准的是官方，决定是否给予授权的还是官方；实质性派生的评估是基于基因组所表达性状的一致性，而证明实质性派生是原始品种品种权持有人的事情。因为国家植物新品种保护主管机关在对一个植物新品种进行授权时，只看它是否满足了"DUS 三性"条件，至于它是不是实质性派生品种不予理会。从下文可知，即便是在澳大利亚这样一个由国家植物新品种保护主管机关负责"宣布实质派生"的国家，如果原始品种品种权人不申请，对于授权品种是不是实质性派生品种的问题，国家主管机关同样不予理会。这种做法的道理在于，实质性派生品种是一个事关权利保护范围和权利行使的问题。❷正是基于这些原因，ISF 认为：界定这两个概念时要尽可能使用不同的工具；

❶ 刘莉. 对植物新品种保护中实质性衍生品种的探讨 [J]. 种子世界，2005（10）：9.

❷ MAGALI PLA. Impact of EDV Concept on Plant Breeding：Outlook for agricultural crops. UPOV Seminar ［EB/OL］.（2019-10-31）［2020-07-07］. https://www. upov. int/edocs/mdocs/upov/en/upov_sem_ge_19/upov_sem_ge_19_ppt_2. pdf.

DUS 测试和实质性派生品种评估均采用表型特征，但对于实质性派生品种的评估也可以采用基因型比较；实质性派生评价可根据品种来源、育种方法、杂种优势、合适的表型特征和/或基因型特征进行。❶

二、实质性派生品种的认定方法

既然实质性派生品种的构成要件是派生性、特异性和相似性，那么其认定一定得围绕这三个条件进行。首先，由于实质性派生品种也是一个能够达到法定授权条件的新品种，因此在进行实质性派生品种的认定时特异性条件无须重复认定。其次，派生性的确定可以从诉争品种之间的关系来确定。如果一个品种在其培育过程中利用了另一品种，则派生行为成立，而且据此可以断定派生性的存在，但派生水平是否足以达到据以认定为实质性派生品种的标准，则需要结合两个品种之间的相似性加以判断。可见，实质性派生品种认定的核心是判定两个诉争品种之间是否具有相似性（conformity）。

由前文分析可知，所谓相似性指的是"原始品种基因型或基因型组合产生的基本特性方面与原始品种"的相似。这就涉及两个问题：第一，植物品种的哪些特性可视为基本特性？第二，相似性的判断标准是什么？但是，恰恰就是这些最基本、最关键的问题，国际上至今没有一个统一的规定。由于前一个问题已经在本章第二节进行过分析，以下仅就第二个问题进行分析。

有人认为，为了确定实质性派生的证据，可以使用各种标准或标准组合，如将品种的形态特征（morphological characteristics）、分子特性（molecular characteristics）、育种记录（breeding records）、配合力（combining ability）等结合在一起，一并加以考虑。但是，由于 UPOV 联盟框架下的 DUS 测定主要基于形态学分析，这就引出了一个问题：在对两个品种之间的相似性（conformity）进行确定时，是应该继续根据形态特征来进行还是应该发挥一下基因测定的特殊作用呢？目前，遗传学家和统计学家们一致认为，虽然使用形态标记测量基因距离系数在技术上是可行的，但这些距离并不总是能够反映遗传距离或谱系关系。另外，由于环境因素的影响，使用形态特征作为确定

---

❶　ISF. ISF View on Intellectual Property Adopted in Rio de Janeiro，Brazil，28 June 2012：19-22［EB/OL］. https://www.worldseed.org/wp-content/uploads/2015/10/View_on_Intellectual_Property_2012.pdf.

相似性的依据可能更加困难，而且往往费用更高。❶ 比较而言，根据基因距离阈值判定实质性派生品种与原始品种相似性的方法更受业界推崇。

（一）根据 DNA 距离阈值进行判定

植物种类的多样性及其遗传机理的复杂性决定了在采用基因距离阈值判定实质性派生品种与原始品种相似性时，各类植物之间相似性的判定阈值不可能是一个固定的数据。有人分别针对不同的植物品种进行了研究。国际种子联盟（ISF）在这方面取得了更显著的研究成果。截至目前，ISF 已经为多年生黑麦草、玉米、油菜、棉花和生菜制定了判定实质性派生品种的基因距离阈值，以下以玉米为例加以说明。起初，ISF 在认定玉米品种之实质性派生品种时采取的是 SSR（Simple Sequence Repeats）法。2010—2013 年，ISF 的一些专家进行了一项研究，目的是了解当将 SSR 法转换为 SNP（Single Nucleotide Polymorphism）法时，所得数据的可靠性和可比性。研究结论是，当 Roger's 距离同源性≥91%时，利用这套分子标记判定实质性派生品种的出错率较低。为帮助对争议案件进行仲裁，ISF 大田作物部规定了 95%、91% 两个阈值。当假定的实质性派生品种的 Roger's 距离同源性达到 95% 时，即表示实质性派生水平已经很高，可将假定的实质性派生品种直接判定为实质性派生品种。而当假定的实质性派生品种之 Roger's 距离同源性达到 91% 这个阈值时，举证责任即转移至假定实质性派生品种之育种者。为了保证信息的完整性，对其他标记也应该加以评估，其中包括配合力、表型特征和育种记录。同时，ISF 大田作物部认为，鉴于开发技术变化速度非常之快，本文件所描述的阈值和检测技术每五年应当审查一次，必要时可予调整。ISF 大田作物部不支持建立由分子标记所描述的玉米品系 DUS 的中央数据库。❷

（二）根据形态特征进行判定

所谓根据形态特征进行判定，准确地讲就是根据"基本特性"的重要性，对一品种与另一品种在"基本特性"方面的相似性作出判定，从而确定是否为实质性派生品种的方法。

在这方面，澳大利亚有一套独特的做法。该国《1994 年植物育种者权利

---

❶ MARCEL BRUINS, STEPHEN SMITH. Views of the International Seed Federation (ISF) on Essentially Derived Varieties. Seminar on Essentially Derived Varieties (Geneva, Switzerland)：29 ［EB/OL］. (2013-10-31) ［2019-07-07］. https://www.upov.int/edocs/pubdocs/en/upov_pub_358.pdf.

❷ ISF Guidelines for Handling Disputes on Essentially Derivation on Maize Lines (adopted by ISF Field Crop Section in Beijing in May 2014), www.worldseed.org.

法》通过对 UPOV 公约 1991 年文本中的实质性派生品种制度进行细化，形成了其独有的判定实质性派生品种的"明线规则"（bright line）。❶ 该规则的具体内容包括三个方面：一是对"基本特性"进行定义；二是证明重要特征的存在；三是由农业部植物育种者权利登记处负责宣布实质性派生。关于第三个方面将放在本节第三个问题"实质性派生品种的认定主体"中予以介绍，以下对前两个方面进行介绍。

由前文分析可知，"基本特性"是判定实质性派生品种的重要依据。鉴于此，澳大利亚《1994 年植物育种者权利法》第 3 条明确了"基本特性"的定义："就植物品种而言，基本特性是指由一个或多个基因或其他遗传决定因素的表达决定的遗传性状，这些遗传性状构成了该品种的主要特征、性能或价值（principal features，performance or value of the variety）。"

正如前文曾经提到的那样，在澳大利亚，宣布实质性派生这项工作是由农业部植物育种者权利登记处负责的，所以澳大利亚《1994 年植物育种者权利法》第 40（8）条还规定："如果某人是某植物品种（原始品种）的育种者权利人，另一人是另一植物品种（以下称为'品种 2'）的育种者权利人或申请人，当原始品种的育种者权利人认为'品种 2'是其原始品种的实质性派生品种且该原始品种本身并未被宣布为任何授权品种的实质性派生品种时，则该原始品种权利人可以书面形式请求植物育种者权利登记处宣布'品种 2'为派生品种。"应当说，该条规定中用"品种 2"指代实质性派生品种是十分妥当的。这是因为：从某植物品种（原始品种）的育种者权利人提出实质性派生宣布申请至植物育种者权利登记处真正宣布实质性派生这段时间内尚不能确定究竟是否存在实质性派生，因而此时也不好断定孰是原始品种，孰是派生品种。也许经过审查之后，发现并不存在所谓的实质性派生品种。顺便说一句，此处的"品种 2"实际上就是前文所说的"假定的实质性派生品种"（PEDV）。

在程序方面，澳大利亚《1994 年植物育种者权利法》第 40（8）条规定："若原始品种未被宣布为实质性派生品种，则植物育种者权利登记处必须确定是否存在'品种 2'是该原始品种的实质性派生品种的初步证据。若植物育种者权利登记处认为存在初步证据，即通知'品种 2'的育种者权利人，要

---

❶ DOUG WATERHOUSE. Experience on Essentially Derived Varieties in Australia, Seminar on Essentially Derived Varieties（Geneva, Switzerland）：53-58 ［EB/OL］.（2013-10-23）［2019-07-07］. https://www.upov.int/edocs/pubdocs/en/upov_pub_358.pdf.

求他在接到通知后的 30 天或经过批准的更长时间内，证明'品种 2'并非原始品种的实质性派生品种，否则植物育种者权利登记处将在该段时间截止时，宣布'品种 2'为实质性派生品种。"这一规定说明官方启动实质性派生品种宣布程序的首要前提是据以提起实质派生宣布申请的品种必须是原始品种。

该法还规定"品种 2"不被宣布为实质性派生品种的前提就是必须证明其具有与原始品种不同的重要特征（important feature）而非装饰性特征。当"品种 2"包含一个将其与原始品种区分开来的重要特征的表达且该特征的表达增加了该品种的性能或价值时，就明示地"截断了派生的链条"（chain of derivation）。当然，对于"装饰性"一词的解释，须放在具体植物种类和具体特征下解释。例如，对于小麦来说，"花药的颜色"对价值或性能并不重要，但对百合花来说，花药的颜色确实能够影响价值和性能。判定两个品种间差异特征重要性的条件有两点：一是该差异特征是否能够丰富新品种的性能；二是该差异特征是否能够提高新品种的价值。重要特征是相对于装饰性特征而言的，凡是不能影响品种价值和性能的特征即可视为装饰性特征，因而也就不具有重要性。

需要补充说明的是，澳大利亚《1994 年植物育种者权利法》对于实质性派生品种的定义是："若一品种：（a）主要派生于另一品种；（b）保留了该另一品种基因型或基因型组合产生的基本特性（essential characteristics）；（c）未展现出任何使之与该另一品种相区别的重要（而非装饰性的）特征（important features），则该品种应被视为该另一品种的实质性派生品种。"比较可知，该定义与 UPOV 公约的定义有一处明显的不同：UPOV 公约中的实质性派生品种定义两处（第 14（b）条中（i）和（iii）款）均使用了"基本特性"（essential characteristics）一词。这在许多人看来是一种重复，甚至是一种矛盾。而澳大利亚《1994 年植物育种者权利法》第 4 条在对实质性派生品种进行定义时则分别使用了"基本特性"（essential characteristics）和"重要特征"（important features）两个词。"重要特征"一词的使用不但避免了 UPOV 公约 1991 年文本第 14（b）条中（i）和（iii）款之间的紧张关系，而且明确了判定实质性派生品种的表型条件，即只有"晶种 2"必须能够展示与原始品种不同的"重要特征"，而非装饰性特征，方可不被宣布为实质性派生品种。在下文即将讨论的这两个案例中，相关当事人就成功地"证明了重要特征的存在"。例如，在"沃尔特爵士"vs"B12"（2005）一案中，"沃尔特爵士"（Sir Walter，该案中的"品种1"，指原始品种）是澳大利亚一种非常受欢迎的"软叶"野牛草（钝叶草属，Stenotaphrum），1998年3月获得植物育种者权利。该品种的持证种植者或供应商多达六十多个。"沃尔特爵士"的品种权人声称"B12"（该案中的"品种2"）是实质性派生品种。其理由是，"品种'B12'育种者所声称的区别性特征，如节间颜色更绿、节间长度更短等，不应当视为《1994年植物育种者权利法》第4（c）条规定的重要特征，而只是装饰性特征"。在他看来，"野牛草叶片长度由长变短等于是降低了野牛草的质量，而不是对现有品种的改良。而且特别值得一提的是，选择育种只是在一个季节内发生的，形态差异试验也只是在一个春夏期内进行的。考虑到环境的适应性问题，证实特异性差异真实性和连续性的形态差异试验至少应该在两个完整的种植季节且不同气候带内进行"。

按照相关规则，此等情况下只有在"品种2"育种者能够推翻"品种1"育种者主张的情况下，农业部方可驳回"品种1"育种者提出的实质性派生品种宣布申请。对于"品种1"育种者的主张，"品种2"的育种者提出了如下答辩意见：节间长度短的特点是草坪草"B12"这类品种的（不同于装饰性特征）一个"重要特征"，因为这使茅草增多了，茅草多能提高其耐磨性（例如，更耐车辆碾轧）。同时，他还引用学术资料证明节间长度在草坪育种中的重要性。例如："与大多数改良草坪型草坪草一样，该草具有优良的冬梢成活率、较高的枝条密度和较短的节间长度，可使其更容易在集约经营条件下种植。"[1]"节间较短的品种具有较高的耐磨性。"[2]"（植物的）节是草坪在车辆碾轧、环境胁迫和害虫作用下恢复能力的关键结构。""草坪草的密度主要由匍匐茎和根茎节间长度决定。随着节间长度的减小，单位面积产生更多的冠层，从而产生更多的生长点。"[3]

[1] 转引自：MARTIN, DENNIS. OSU Bermudagrass Breeding and Development Program Update May 23, 2002, Oklahoma State University, Stillwater, 2002 [EB/OL]. http://home. okstate. edu/Okstate/das-nr/hort/hortlahome. nsf/toc/martin2 accessed 12. 07. 2005.

[2] 转引自：BUSEY, P. 2003. "St. Augustinegrass". Casler, M. D., and Duncan, R. R. (eds.) Biology, breeding, and genetics of turfgrasses. John Wiley & Sons, Inc, Hoboken, NJ, pp. 309-330 (reprinted on the internet) [EB/OL]. http://turfscience. com/staugustine/accessed 12. 07. 2005.

[3] 转引自 DOUGLAS E KARCHER, et al. "Recovery of Bermudagrass Varieties from Divot Injury", Applied Turfgrass Science, Plant Management Network, 2005 [EB/OL]. http://www. plantmanagementnetwork. org/pub/ats/research/2005/divot/accessed 12. 07. 2005.

　　注册官研究了"品种2"育种者引用的学术资料，认定节间较短对于"B12"这类草坪品种来说是一个"重要特征"（不同于装饰性特征），因为它增加了草皮。注册官还考虑了两组独立进行的种植测试数据：第一组来自"B12"植物育种者权利的注册审查试验；第二组虽然来自"B12"权利人委托进行的另一项试验，该试验也是在根据《1994年植物育种者权利法》认可的人员之监督下进行的。数据显示："B12"的平均节间长度为50.4mm，标准差为4.6；而"沃尔特爵士"的平均节间长度为57.1mm，标准差为4.8；概率为99%以上，差异具有统计学意义。注册官得出的结论是：有充分证据表明"B12"节间长度较短，这是区别于"沃尔特爵士"的一个重要特征（不同于装饰性特征）。最终，植物育种者权利登记处驳回了该实质性派生品种宣布申请。

　　同样还是那个"沃尔特爵士"品种，在下面的这个案例（2007）中，"沃尔特爵士"（"品种1"）的权利人声称"国王骄傲"（"品种2"）是实质性派生品种，理由是：根据《1994年植物育种者权利法》第4条，"国王骄傲"实质性派生于"沃尔特爵士"，"国王骄傲"并没有表现出任何区别于"沃尔特爵士"的重要特征（不同于装饰性特征）。为支持这一说法，"沃尔特爵士"的权利人还提供了基因组分析和形态学分析结果，证明使用的所有引物均无法将"国王骄傲"和"沃尔特爵士"区分开。抗辩中，"国王骄傲"的培育者承认"国王骄傲"和"沃尔特爵士"可能有共同的遗传背景，但拒绝承认"国王骄傲"由"沃尔特爵士"选育而来。他们自己做了DNA分析，得出的结论是："'国王骄傲'可能和'沃尔特爵士'采用了同一个母本。"他们还提供证据证明，与"沃尔特爵士"相比，"国王骄傲"的植物活力相对更强，节间长度和匍匐茎长度都相对较长。注册官再次注意到学术资料关于匍匐茎长度在草坪草密度育种和茅草繁殖中的重要性，其中包括"草坪草的密度主要由匍匐茎和根茎节间长度决定"。❶ 注册官的结论是，总的来说，有充分的证据表明"国王骄傲"的匍匐茎长度较长一些，这是区别于"沃尔特爵士"的一个重要特征（不同于装饰性特征）。因此，注册官驳回了实质派

---

　　❶ 转引自：DOUGLAS E KARCHER, et al. "Recovery of Bermudagrass Varieties from Divot Injury", Applied Turfgrass Science, Plant Management Network, 2005［EB/OL］. http://www. plantmanagementnetwork. org/pub/ats/research/2005/divot/accessed 12. 07. 2005.

生宣布申请，没有就"实质性派生"作出裁定。❶

（三）根据育种方法进行判定

除上述两种认定方法之外，有时候育种方法也可以作为认定相似性的方法。UPOV 公约 1991 年文本第 14（5）（c）条规定："实质性派生品种可通过选择天然或诱变株或体细胞无性变异株，从原始品种中选择变异、回交或经遗传工程转化等获得。"

关于这条规定，有以下几点需要说明。首先，这些育种方法不过是列举而已，并不排除以其他方式获得实质性派生品种的可能性。❷ 关于 UPOV 公约 1991 年文本第 14 条列举的可能产生实质性派生品种的育种方法，Guiard 认为在判断一个品种是否是实质性派生品种时不应太关注育种方法，育种方法本身不足以宣布一个品种就是实质性派生品种，只是与其他方法相比，某些方法更容易产生实质性派生品种。❸ 其次，多数情况下这些育种方法产生的品种是实质性派生品种。2007 年 5 月，国际种子联盟工业原料作物部在新西兰克赖斯特彻奇通过的《处理棉花实质性派生品种争议准则》规定：当一个品种的表现型或基因型特性显示它的身份是通过以原始品种作为回交亲本进行 2 次或 2 次以上的回交而来时，可以推定为实质性派生品种。❹ 再次，这些方法产生的品种有时候也不一定是实质性派生品种。例如，遗传变化可能导致突变体不再保留原始品

---

❶ 单纯采用上述两种方法之任何一种都有失偏颇，因此实践中，在对实质性派生品种进行认定时，常常将两种方法得出的结论一并加以考虑。例如，在"Van Zanten v. Hofland（2008）"案中，Van Zanten（荷兰皇家范赞腾）和 Hofland（荷兰霍弗兰德公司）分别是涉案品种 Ricastor（利卡斯特）和 Mercurius（墨秋利）的原告和被告。诉讼过程中，由于原始品种 Ricastor 的权利持有人 Van Zanten 提交了非常令人信服的 DNA 检测结果，从而使整个案例的判定相当清晰明确。首先，每个样本均从几个不同地点采集数份，然后将两组样本放在一起进行比对。两个品种的 DNA 检测（AFLP and i-solation with Qiagen DNeasy Mini Kit）结果显示，两个品种之间不存在遗传性差异。对此，被告虽然提出了一些问题和批评意见，但未能提出具有不同结果的检测报告。此外，从形态上看，两个品种非常相似，形态差异非常之小，仅仅足以让 Mercurius 成为一个新品种而已。具体来说，在该品种 DUS 测试指南规定的 39 个测试性状中有 38 个相同，唯一的差异是 Mercurius 的茎略粗。虽然两个品种的花型大小有所不同，但花型大小这个性状还不在 DUS 测试指南所列性状之内。故法院判令 Hofland 停止侵犯 Van Zanten 植物新品种权的行为，停止销售该品种。转引自：TJEERD F W OVERDIJK, VONDST ADVOCATEN N V. Court Decision on Essentially Derived Varieties in Netherlands, Seminar on Essentially Derived Varieties（Geneva, Switzerland）：59-66 [EB/OL]. （2013-10-23）[2019-07-07]. https://www.upov. int/edocs/pubdocs/en/upov_pub_358. pdf.

❷ Section 1（b）13 of UPOV/EXN/EDV/2, April 6, 2017.

❸ 李菊丹，尹锋林. 实质性派生品种判定国际实践及其借鉴 [J]. 安徽农业科学，2013（2）：930-934，940.

❹ 刘莉. 对植物新品种保护中实质性衍生品种的探讨 [J]. 种子世界，2005（10）：9.

种基因型所产生的基本特征的表达。所以，在确定实质性派生品种时，需要考虑不同作物和物种的情况和育种方法。当然，也有人主张 UPOV 公约中列举的方法应当作为判定实质性派生品种的方法。例如，以色列的 Danziger 公司的 Micha Danziger 先生认为，既然染色体加倍（chromosome doubling）被认为是一种派生行为，那么采用染色体加倍方法育成的品种，即应该视为实质性派生品种，不论由原始品种育成的品种与原始品种的差异有多大。例如，在 Blancanieves 案中，Blancanieves 与满天星（Million stars）都是石竹属植物（gypsophila），虽然两者之间在形态特征上存在 17 处差异，而所有的这些差异均是通过染色体加倍（chromosome doubling，被认为是一种派生行为）产生的，对此当事人均不予否认，因此，就应当认定为实质性派生品种。也许正是由于这些分歧的存在，针对该品种的判决出现了两种截然不同的判决结果。一家法院认定 Blancanieves 为实质性派生品种。这是因为，差异的数量和性质没有关系，从单一的受保护原始亲本品种中创造变异或进行转基因等派生行为所产生的变异，只要差异是由派生产生的，就应当认定为实质性派生品种。另一家法院则认为，由于 Million stars 与原始品种存在数量较多的差异，其并非实质性派生品种。❶最后，从技术层面来说，一个品种是原始品种还是实质性派生品种是一个纯粹的技术事实，与相关品种的性质及育种技术紧密相关❷。在原始品种的后代中选择相关品种、根据传统的杂交方案培育所获的品种不会落入"依赖性品种"的范围。❸实质性派生品种必须是在一个品种范围内的植物群进行培育的结果，而不是利用多个品种进行培育的结果。

上述案例导致有学者认为，UPOV 公约对于实质性派生品种的定义过于狭窄。这是因为，按照 UPOV 联盟《关于 EDV 的解释性说明》，实质性派生品种与原始品种之间的差异应当只有一个或者少数几个（one or very few），若某一品种不能保持原始品种所有的基本特性，即便其所有外观形态上的差异均源自派生行为，它都不应当是实质性派生品种。由此可见，定义狭窄的实质性派生品种将大多数突变和转基因情形排除在实质性派生品种之外，这对原始品种的育

❶ MICHA DANZIGER. The Internatioanal Union for the Protection of New varieties of Plants (UPOV) Seminar on the impact of policy on essentially derived varieties (EDVs) on breeding strategy [EB/OL]. (2019-10-31) [2020-07-07]. https://www.upov.int/edocs/mdocs/upov/en/upov_sem_ge_19/upov_sem_ge_19_ppt_2.pdf, Geneva.

❷ 李菊丹，尹锋林. 实质性派生品种判定国际实践及其借鉴 [J]. 安徽农业科学，2013（2）：930-934，940.

❸ G WÜRTENBERGER, et al. European Community Plant Variety Protection [M]. New York：Oxford University Press，2007：124.

种者是极其不利的，因此，需要对实质性派生品种的概念进行内含扩张。实质性派生品种概念的狭义解释存在法律漏洞，此等情形会鼓励育种者无须经原始品种的育种者许可即去创造突变和实质性派生品种。

三、实质性派生品种的认定主体

(一) 实质性派生品种认定的申请主体

根据 UPOV 公约 1991 年文本的规定，派生品种的育种者行使相关权利应当得到原始品种权利人的许可。如果派生品种育种者自觉承认自己培育的品种是派生品种，并主动向原始品种权利人支付使用费，就不会存在请求对实质性派生品种进行认定的问题，因而也就不存在实质性派生品种申请主体的问题。但可能出现的情况是，为避免和原始品种权利人分享利益，有些派生品种的育种者总是千方百计地否认自己培育的品种是派生品种，而且即使被原始品种权利人发现后仍拒绝承认。此时，原始品种权利人如要实现其对派生品种的权利，只能通过自助方式请求对争议品种进行实质性派生品种认定。因此，实质性派生品种认定自然就成为原始品种权利人实现其权利的前提条件。实际上，实质性派生品种制度只是为原始品种权利人行使权利创造了制度条件，至于权利人行使与否，完全取决于原始品种权利人自己。因此，一般而言，实质性派生品种认定的申请人是原始品种权利人或其指定的代理人。

(二) 实质性派生品种认定的实施主体

所谓实质性派生品种认定的实施主体，是指根据法律规定有权对实质性派生品种进行认定的机构。从国外实践来看，植物新品种权授权机关在对植物新品种进行授权时并不具体划分原始品种和派生品种，即实质性派生品种认定不是植物新品种权授权程序的一部分，因而多数国家的植物新品种权授权机关都不对实质性派生品种予以认定。这主要是基于两方面的考虑。一是实质性派生品种是品种权人权利内容在品种方面的适用范围，属于品种权保护范围的范畴。作为授予品种权的行政机构，植物新品种权授权机关同时也解决当事方之间关于权利范围的争端被认为是不适当的；二是尽管某些侵权行为须受到刑法处罚，但是由于植物新品种保护制度总体来说属于民法意义上的制度规范，因此当品种权受到侵害时，应当先由品种权人自己对其权利进行保护。这意味着，如果当事人不能就某一品种是否为实质性派生品种达成一致，则原始品种的权利人可以要求法院对此事作出裁决。❶ 同时，由于通常情况下对一个受保护品种进行实质性派生品种认定的实际意义并不大，而只有当发生品种权侵权纠纷时判定一个品种是否为另一品种的实质性派生品种才有意义。因此，法院应该成为实质性派生品种认定的恰当机构。❷ 上述观点已经在国外得到了实践，如在 2002 年 Astee Flowers B. V. v. Danziger Flower Farm❸ 案中，法院受理并对涉案品种是否为派生品种进行了裁决。此外，根据 ISF 的有关规定，成员就实质性派生品种的认定发生争议时，可以到该组织所属的仲裁机构进行仲裁。值得一提的是，在欧盟植物新品种保护制度中，CPVO 虽然不主动认定实质性派生品种，但可以对实质性派生品种进行登记。具体来说，一方面，原始品种权利持有人和实质性派生品种育种者可以声明所述实质性派生品种实际上就是实质性派生品种。被声明的实质性派生品种可以登记在供公众公开阅览的 CPVO 登记册中。另一方面，如果法院认定某一品种为实质性派生品种，CPVO 也可以在登记册中将其登记为实质性派生品种。

除上述认定主体外，目前世界上还存在着另一种认定主体，那就是由植物品种授权管理机关负责实质性派生品种的认定。在澳大利亚，实质性派生品种判定由农业部负责，通常的做法是由"品种 1"之育种者向农业部提出申请，要求其宣布"品种 2"为实质性派生品种。也正是由于这一规定，使得澳大利亚成为迄今为止世界上唯一的一个由植物新品种保护主管机关对实质性派生品种进行认定的国家。应当说，这种方法有一定的可借鉴之处，这是因为植物品种授权管理机关最了解授权保护植物品种的情况，因此从理论上讲由它进行实质性派生认定，花费时间最少。同时，这些部门的工作人员也是行业专家，因此可能会省去由法院或仲裁机构要求专家证人予以支持的费用。可能的缺点是，若当事人对于该机构作出的认定结论不服，仍需诉至法院，反而可能增加相关

---

❶ MARTIN EKVAD. Aspects on Essentially Derived Varieties in the EU ［EB/OL］. （2019-09-17）［2020-10-03］. https://european-seed.com/2019/09/aspects-on-essentially-derived-varieties-in-the-eu/.

❷ 李菊丹，尹锋林. 实质性派生品种判定国际实践及其借鉴 ［J］. 安徽农业科学，2013，41（2）：930-934，940.

❸ 该案内容涉及实质性派生品种的认定问题，即由 Astee Flowers 公司开发并获得授权保护的两个品种是否是从 Danziger 公司拥有的受保护品种 Dangypmini 派生而来的问题。原告 Danziger 公司声称，对 Dangypmini 和 Blancanieves 的 DNA 指纹进行比对的结果显示，两者的基因是如此相似以至于认为后者是 EDV。而 Astee Flowers 公司，Blancanieves 的拥有人，对 DNA 的鉴定方法提出了质疑；法院对 UPOV 第 15（b）（i）条的解释是，派生品种中必须有原始品种的基因，这样的意图在欧盟植物品种保护条例第 6 条（a）中也有所反映。法院认为，实质性派生品种无须拥有原始品种的所有特性，但是来自派生行为的特性上的改变不应忽视。此外，根据 UPOV 和欧盟规则的规定，如果认定是实质性派生品种，那么它必须不能与原始品种偏离太大。

当事人的讼累与诉讼时间。

在我国，由于实质性派生品种制度尚未确立，因而实质性派生品种的认定尚难付诸实施。从国外对实质性派生品种进行认定的实践情况来看，法院或仲裁机构作为认定主体是主流做法，植物新品种保护授权机关进行认定则属于例外。其原因虽然在前文中已经有所阐述，但也不能排除一种可能，那就是植物新品种保护机关对实质性派生品种进行认定的愿望的缺乏。毕竟相对于新品种授权来说，实质性派生品种认定是一件费力不讨好的事情。鉴于植物品种权的专业性太强，无论对于法院还是现行的民间仲裁机构来说，对实质性派生品种进行认定都存在着技术上的困难。因此，建议国家立法机关在实质性派生品种认定主体的问题上进行多元化处理，即法院为当然的认定主体，同时将实质性派生品种的认定规定为仲裁机构的可仲裁事项。经原始品种权利人申请，植物新品种保护机关也可对经过认定的实质性派生品种予以登记，以增强品种信息的透明性。

四、实质性派生品种的认定实践

正如前文所述，实质性派生品种的认定主体分为三类，即法院、仲裁机构和植物新品种授权机关。关于仲裁机构对于实质性派生品种的认定，将在本章第四节详细论述，以下只对荷兰上诉法院判决的"Blancanieves"案和澳大利亚植物育种者权利登记处（The office of the Registrar of Plant Breeder's Rights）的认定实践加以介绍。虽然这些做法并不具有普遍性，但至少能够起到一定的示范作用。

(一) 荷兰上诉法院"Blancanieves"案确立的实质性派生品种认定原则

荷兰上诉法院认为，实质性派生品种的认定是有逻辑顺序的：首先，要看被控实质性派生品种与原始品种之间是否存在差异；其次，要评估所称实质性派生品种是否实质性派生于原始品种，亦即要对两者在遗传上的相似性（genetic conformity）进行考察；最后，如果上述两个问题的答案均为肯定，接下来还要看派生品种在由原始品种的基因型或基因型组合组成的特征的表达上是否与原始品种实质相似（不考虑派生行为所产生的差异），亦即对两者表型上的相似性（phenotypic conformity）进行考察。

在遗传相似性的认定上，UPOV 文件《IOM/6/2》为实质性派生品种的解释提供了重要指引。显然，UPOV 公约第 14 (5) (b) (ⅲ) 条涉及的是遗传相似性所应达到的水平。根据 UPOV 文件《IOM/6/2》的规定，"派生"是指原始品种的遗传物质被用于培育在后育成的品种。上诉法院似乎支持这种说法。遗传相似性（genetic conformity）的认定主要是一个事实问题，可采用能够采集到的全部证据进行认定；上诉法院还非常重视 UPOV 联盟《IOM/6/2》文件中的一个段落："第 14（5）（c）条中给出的实质性派生的例子清楚地表明，源自派生行为的差异应该是一个或少数几个。"在这方面，上诉法院参考了 ISF《实质性派生争端仲裁条例》（ISF RED）中的类似段落："（仲裁）申请材料中应包含在将其品种与假定的实质性派生品种（PEDV）进行比较后，显示 PEDV 与原始品种的遗传和表型特征都非常相似，进而使两者之间的差异仅仅是一个或少数几个简单地遗传下来的性状之表型数据和分子数据。"此外，上诉法院对"同时保留原始品种的基因型或基因型组合所产生的基本特征的表达"这一措辞作出了自己的解释：这些基本特征应当是原始品种所独有的，对于某一组品种才拥有的典型特征应排除在考虑范围之外。利用 DNA 标记进行遗传相似性测定的最重要的条件是多等位标记的使用及整个基因组的可靠取样。AFLP 是一种双等位（bi-allelic）标记技术，这意味着它包括一个翻译步骤（translational step），它在二进制编码（binary coding，1 和 0）中转换染色体上的 DNA 变异。因此，有可能将遗传差异减少到一个数字，这可能导致遗传变异（genetic variation）信息的丢失。上诉法院在判决书的第 16 段写道：由于其性质，AFLP 标记不能视为多等位标记。此外，Keygene 公司所使用的标记在多大程度上代表了丝石竹属基因组，目前尚不清楚。AFLP 标记存在于许多植物品种基因组的强簇中，因此，就丝石竹属基因组的理想的代表性样本来说，230~260 个标记提供不了充分的确定性。此外，AFLP 等显性标记（dominant markers）高估了基因型之间的真实同一性，因为它们没有揭示潜在的杂合。虽然通过 Keygene 公司技术可以检测到某些种群结构的杂合子（heterozygosis），但从其报道中看不出这种杂合子是用 AFLP 分析的。与法医 DNA 研究中使用的多等位基因标记相比，AFLP 标记的鉴别能力尚属中等。通过大量的 AFLP 标记评分来补偿这一影响的程度是有限的。此外，Danziger 所使用的 Keygene 公司的报告中不包含"标准误差"的计算。参考品种的倍性水平被排除在方程式之外，这种遗漏的影响是未知的。

关于表型上的相似性，上诉法院认为，被指称的实质性派生品种在表型上也必须和原始品种高度相似，以至于某一品种与另一品种仅在一个或少数几个可遗传特性上有所不同。差异性的确定侧重于基本特性（essential characteristics）之区别性，而派生性的确定则侧重于表达基因组的基本特性之相似性。对于一个品种来说，这些独有的特性决定了它的文化价值和实用价值，并由此派生出它的"可品种性"（varietability）。由于 CPVO 在对涉案的"Blan-canieves"进行 DUS 测试时发现：其与"Million Stars"之间在 17 个性状上存在差异，其中 9 个性状与植物的结构和花形有关；这些特性与像 Gypsophila 这类切花的文化和实际价值相关。因此，结论一定是"Blancanieves"与"Million Stars"之间的区别已经远超仅在"一个或少数几个可遗传的特性"这一标准，因此不能将"Blancanieves"认定为"Million Stars"的实质性派生品种。

（二）澳大利亚植物育种者权利登记处的认定实践

正如前文所言，截至目前，澳大利亚是世界上唯一的一个由植物新品种授权机关对实质性派生品种进行认定的国家。该国《1994 年植物育种者权利法》第 40 条"实质性派生宣布申请"对实质性派生宣布申请的申请条件、申请的提出等作出了较为详细的规定。

第一，提起实质性派生宣布申请的条件包括：某人是某植物品种（原始品种，以下称"品种 1"）的育种者权利人；另一人是另一植物品种（以下称"品种 2"）的育种者权利人或申请人；原始品种育种者权利人确信"品种 2"是"品种 1"的实质性派生品种；"品种 1"本身未被宣布为任何授权品种的实质性派生品种。可见，实质性派生宣布申请的当事人至少有两个，且"品种 1"和"品种 2"的权利所有人（或申请人）不能为同一人。申请涉及的品种为 2 个，其中"品种 1"为授权品种但未被宣布为实质性派生品种，"品种 2"为申请品种或授权品种。只有这些条件都具备时，"品种 1"的权利人方可向植物育种者权利登记处提出书面申请，要求宣布"品种 2"为实质性派生品种。相反，若不具备上述条件，植物新品种保护机关则驳回实质性派生宣布申请。❶

第二，实质性派生宣布申请的提出时间和文件提出要求。若"品种 2"的育种者权利申请已经被植物新品种保护机关受理但尚未决定是否授权，此时原始品种的育种者权利人不可直接要求植物新品种保护主管机关进行实质性派生品种宣布，只能依据《1994 年植物育种者权利法》第 35 条的规定对"品种 2"

---

❶ 例如，2012 年在澳大利亚发生了这样一个案例：该案中"MC38"和"MC51"是两个苹果树品种。"MC38"（品种 1）的育种者权利人声称"MC51"（品种 2）是实质性派生品种，因为他们在自己的果园里发现："MC51"就生长在"MC38"的均匀地块中，虽然"MC51"果皮上的红色色块非常完整，而"MC38"的果皮呈条纹状，但它却是"MC38"的整树变种（full tree sport）。因此，申请宣布"MC51"为实质性派生品种。申请受理后，注册官首先针对《1994 年植物育种者权利法》第 40（1）(b）条的行政性规定进行了审查。注册官注意到，"MC38"育种者权利人承认他们自己也是品种"MC51"的"育种者"。经审查后，实质性派生宣布申请被驳回。原因是：请求宣布实质性派生的申请资料中不存在《1994 年植物育种者权利法》第 40（1）(b）条所要求的"另一人"；同时，"MC51"既未申请澳大利亚植物育种者权利，也未获得澳大利亚植物育种者权利。

提出异议。实质性派生宣布申请必须填写核定表格、以书面形式提出；而且须以核定表格中列明的方式与申请费一并提交。申请必须包含证明"品种2"为原始品种的实质性派生品种的初步证据信息。

第三，实质性派生宣布时间。如果"品种2"既被申请育种者权利也被申请宣布实质性派生，那么在决定授予育种者权利之前，不得先行将其宣布为实质性派生品种，但两个申请可一并进行审查。对于那些只申请实质性派生宣布而不申请育种者权利的品种，可将其申请人作为该品种的育种者权利人对待。❶

第四，实质性派生宣布申请的审查与决定。一是，若原始品种本身已被宣布为实质派生于另一品种，则植物育种者权利登记处拒绝宣布"品种2"实质派生于原始品种；以书面形式通知实质派生宣布申请人，并说明作出决定的理由。二是，若原始品种未被宣布为实质性派生品种，则农业部植物育种者权利登记处必须依据申请书的内容，确定该申请是否为初步证据确凿的案件。如植物育种者权利登记处认为该申请是一个初步证据确凿的案件，则必须将此案件通知申请人及"品种2"的育种者权利人。除非"品种2"的育种者权利人能够在接到通知后的30日或植物育种者权利登记处批准的更长一点的时间内，证明"品种2"并非原始品种的实质性派生品种，否则植物育种者权利登记处将在该段时间截止时，宣布"品种2"为实质性派生品种。若证明期限（30日）延长申请被驳回，当事人可向行政上诉法庭（Administrative Appeals Tribunal，AAT）申请复核。若植物育种者权利登记处认为该申请并非初步证据确凿的案件，则必须以书面形式通知申请人，并说明作出该项决定的理由。三是，经对"品种2"之育种者权利人所提供的信息以及根据《1994年植物育种者权利法》第41条的规定进行种植测试所取得的数据及其他有关资料进行分析，植物育种者权利登记处认为"品种2"的育种者权利人未能证明该申请不是初步证据确凿的案件，则以书面形式宣布"品种2"为原始品种的实质性派生品种，并以书面形式分别通知原始品种的育种者权利人和"品种2"的育种者权利人，并告知后者理由。若植物育种者权利登记处在对种植测试所取得的数据及其他有关资料进行分析之后认为，"品种2"的育种者权利人能够证明该申请不是一个初步证据确凿的案件，则书面通知原始品种的育种者权利人和"品种2"的育种者权利人，并说明理由。四是，在处理"实质性派生宣布申请"的过程中，若植物品种（原始品种）育种者权利人申请宣布另一个品种是原始品种的实质性派生品种，且在该申请过程中，原始品种的育种者权利人证实存在实质派生

---

❶ Section 40（2）and（3）of Plant Breeder's Rights Act 1994（No. 110, 1994 as amended）of Australia.

且申请为初步证据确凿的案件，但是根据原始品种和"品种2"育种者权利人提供的信息，植物育种者权利登记处认为，有必要进行种植测试（test growing）或进一步增加种植测试（further test growing），以确定初步证据确凿的案件是否会被推翻，那么，植物育种者权利登记处有权决定进行此类种植测试。五是，种植测试决定作出后，植物育种者权利登记处须将这一决定通知原始品种和"品种2"的育种者权利人，并要求双方各自向植物育种者权利登记处提供足够的植物或该品种足够的植物繁殖材料以及任何必要的信息，供农业部安排种植测试。种植测试完成后，在种植测试中使用的或在种植测试中产生的任何能够运走的繁殖材料，须全部交还给为种植测试提供品种繁殖材料的人。无论该种植测试结论最终是否能够推翻该案件，与种植测试相关的一切费用均须由如果不进行种植测试就无法推翻实质派生初步证据案件的一方支付。

必须指出的是，澳大利亚《1994年植物育种者权利法》的上述规定，与UPOV公约理事会发布的UPOV/EXN/EDV/2在内容上存在很大的不同。首先，"若原始品种本身已被宣布为实质性派生于另一品种，则植物育种者权利登记处拒绝宣布'品种2'实质派生于原始品种"，此规定会给人这样一种印象，即原始品种和实质性派生品种不能为同一人。关于这一点，UPOV/EXN/EDV/2在其图示中虽然标示的是原始品种和实质性派生品种不是同一个人，但并没有强调两个品种不能为同一个人。对此，我国学者侯仰坤则认为，除了利用他人的已有品种培育实质性派生品种以外，已有品种的权利人自己也会基于各种原因利用自己的已有品种培育实质性派生品种。[1] 本书认为，侯仰坤先生所言之现象是存在的。但是澳大利亚的做法也有一定的道理，因为既然当初制定实质性派生品种制度的初衷之一是平衡原始品种和实质性派生品种权利持有人之间的利益，那么若两者为同一个人，则宣布实质派生的意义就不大了。其次，"品种2"不被宣布为"品种1"的实质性派生品种的关键是两个品种之间存在不同的重要特征，作出判断的依据是"差异性"而不是"相似性"。

第四节　实质性派生品种纠纷的仲裁解决机制

虽然UPOV公约是专门针对植物新品种保护问题缔结的国际公约，但内容只是对植物新品种保护的实体性法律问题进行了规定，因此品种权纠纷的解决需要

---

[1] 侯仰坤. 论依赖性派生品种的含义和基本特征［J］. 知识产权，2018（7）：33-43.

涉案当事人各方依据相关国家的内国法寻求救济。与其他方面的民商事纠纷解决方式一样,实质性派生品种的纠纷解决方式同样也是协商、调解、仲裁和司法诉讼。然而,由于实质性派生品种制度本身的适用尚不普遍,因此无论是司法判决还是仲裁解决案例都不是很多。加之,仲裁的秘密性特点决定了以仲裁方式得以解决的案例不可能从公开渠道找到,因此在研究这个问题时可资借鉴的资料相对较少,以下主要围绕 ISF 关于实质性派生品种纠纷的相关规定❶进行阐述。

一、仲裁申请、保证金及仲裁庭指定

关于仲裁申请、保证金以及仲裁庭的指定,适用《仲裁程序规则》(APR)第 2 条~第 5 条以及《植物育种领域知识产权管理专业人员调解和仲裁规则》(MCA)第 3 条~第 5 条。

1. 仲裁申请

如果育种者(指相关原始品种或实质性派生品种的育种者权利人或其授权代理人)认为另一品种派生于其受保护的原始品种,可在其选定的国家向 ISF 仲裁商会(ISF Arbitration Chamber)申请仲裁。仲裁申请应当载明仲裁请求事项,其中包括与假定的实质性派生品种(PEDV)侵权行为有关的损害赔偿。如果申请文件不符合时限规定和文件提交要求,仲裁庭可驳回申请。然而,在仲裁庭作出决定之前,经书面请求,当事各方有机会在 45 日内完成其

---

❶ 为落实实质性派生品种制度,ISF 于 2003 年通过了一份关于知识产权的立场文件(Position Paper)——《ISF 关于知识产权的观点》(ISF View on Intellectual Property)。该文件为实质性派生认定提供了纲领,并建议在发生实质性派生品种纠纷时采用仲裁程序。为了使仲裁活动有规可循,ISF 在原种子贸易纠纷仲裁规则框架下,增加制定了《实质性派生争端仲裁条例》(Regulation for the Arbitration of Disputes concerning Essential Derivation, RED)。该文件连同 ISF 针对贸易纠纷制定的《仲裁程序规则》(Arbitration Procedure Rules, APR)、ISF《植物育种领域知识产权管理专业人员调解和仲裁规则》(Mediation, Conciliation and Arbitration for Disputes between Professionals concerning the Management of Intellectual Property Rights in the field of Plant Breeding, MCA)一起形成了 ISF 关于仲裁的一整套规则。此外,ISF 还专门针对 RED 出台了一份《关于 RED 的解释性说明》(Explanatory Notes—Regulation for the Arbitration of Disputes concerning Essential Derivation, RED),该说明是作为《仲裁程序规则》和《植物育种领域知识产权管理专业人员调解和仲裁规则》的特别规则起草的,目的在于对争议品种是否为实质性派生品种的举证过程进行规制,也是 ISF 关于仲裁文件的组成部分。上述三个文件的关系是:《实质性派生争端仲裁条例》(RED)是专门针对当事人就实质性派生品种问题发生的争议而制定的规则,适用于通过仲裁条款或协议同意进行 ISF 仲裁(ISF arbitration)的各方。在有关各方之间达成了协议或当事各方签署了《ISF 行为守则》(ISF code of conduct)的情况下,协议或行为守则中不同于 RED 的规定优先适用。RED 为仲裁程序的和谐推进奠定基础,它是在《仲裁程序规则》(APR)和《植物育种领域知识产权管理专业人员调解和仲裁规则》(MCA)框架内,并考虑了 ISF 关于知识产权立场文件中的重要结论后制定的。就实质性派生品种纠纷的解决而言,《实质性派生争端仲裁条例》(RED)优先于 APR 和 MCA 适用;对于某些问题,只有在 RED 未规定的情况下,才适用 APR 和 MCA,当然也可由仲裁法庭自行决定。可见,RED 是 ISF 仲裁规则的重要组成部分之一。

文件整理。❶

除遵守《仲裁程序规则》第 2 条与《植物育种领域知识产权管理专业人员调解和仲裁规则》第 3 条对于一般贸易纠纷仲裁申请的规定外，仲裁申请书中还应包含在与假定的实质性派生品种（PEDV）进行比较后表明 PEDV 和 INV 在遗传和表型上非常相似，从而使 PEDV 与 INV 仅在一个或几个无关紧要的遗传性状上存在差异的、品种的表型数据和分子数据（phenotypic and molecular data）；如果争议品种为杂交种的亲本系，申请书中还应包含能够合法获取的相关亲本之数据；如有必要，还可包含由 PEDV 亲本生产出来的杂交种的数据。

表型分析或说明书最好符合相关作物《UPOV 技术准则》（UPOV Technical Guideline）的要求，并可包括附加性状（additional characteristics）；分子分析（molecular analysis）必须像《实质性派生争端仲裁条例》（RED）专门针对具体作物制定的方案中所提到的那样，采用已经达成一致意见的方法进行。如果相关作物没有已经达成一致意见的分子标记方法，则拟使用的方法以及 EDV 阈值由当事各方商定。

根据《仲裁程序规则》第 9 条的规定，假定的实质性派生品种的育种者或经营者可在收到仲裁申请副本后 30 日内，提交原始品种本身就是实质性派生品种的反请求。反请求应于上述 30 日后的一年内提交，并附有用表型数据和分子数据明确说明的理由。仲裁庭可视假定的实质性派生品种的育种者或经营者能够清楚地了解其品种被原始品种的育种者视为实质性派生品种的时间，缩短该期限。对于不遵守时限的，仲裁员可酌定驳回其反请求。

如果某一品种的育种者或经营者（指利用相关品种的自然人或公司）被以任何方式指控，其利用他方认为实质性派生于受保护品种的行为侵犯了他方的权利，则该假定的实质性派生品种的育种者或经营人亦可申请仲裁，以获得其品种是否派生于该受保护品种的裁定。仲裁申请可在其选定的国家向 ISF 仲裁商会（ISF Arbitration Chamber）提出。❷

2. 仲裁庭的指定

仲裁庭的指定实质上是由《仲裁程序规则》规定的。国际仲裁员名单挂在 ISF 网站上。尽管有人认为，可能会要求仲裁员对标的物的基本知识有一些了解，但《实质性派生争端仲裁条例》并未设想对仲裁员规定特殊要求。

---

❶ Article 4 of Regulation for the Arbitration of Disputes concerning Essential Derivation.

❷ Article 3 of Regulation for the Arbitration of Disputes concerning Essential Derivation.

ISF 提供具备处理实质性派生品种纠纷知识的国际仲裁员名单，但选择仲裁员被视为当事各方自行决定的事项。❶

二、证据提交、质证意见和开庭审理

如果仲裁庭确信假定的实质性派生品种与原始品种的遗传相似性高于实质性派生品种的认定阈值，则其可决定由假定的实质性派生品种的育种者或经营者证明该假定的实质性派生品种并非依赖性地派生于原始品种；如果相关作物的实质性派生品种没有设定的阈值，而且当事各方也未能就实质性派生品种的认定阈值达成协议，仲裁庭应自行决定假定的实质性派生品种的育种者或经营者是否必须证明假定的实质性派生品种并非派生于原始品种；当原始品种本身遭到反请求（该原始品种本身也可能是实质性派生品种）且仲裁庭确信该原始品种与另一品种的遗传相似性超过实质性派生品种认定阈值的情况下，原始品种的育种者必须证明其原始品种并非依赖性派生于该另一品种。❷

在仲裁庭作出裁决之前，双方均有机会以书面形式提交质证意见，并在收到对方质证意见后的 6 周内发表一次书面意见。仲裁庭可酌情决定，允许各方发表更多轮的书面意见。仲裁庭应立即将文件副本直接送达当事各方。仲裁庭应至少组织开庭一次；仲裁庭可随时要求当事各方披露关于原始品种和假定的实质性派生品种之育种过程的所有相关信息；若当事人没有书面同意，仲裁庭不得向任何一方提供由当事人明确指定的机密信息或其部分；此处的"机密信息"系指一方当事人拥有、公众无法获取、具有商业、金融或技术价值并被拥有方视为机密的任何信息；对一方当事人有影响的任何机密信息，均应根据保密协定或其他适当手段向仲裁庭提供；双方还可提供表型、生化或分子信息，仲裁庭应予考虑。❸

仲裁庭可决定由独立第三方采用分子、生化或表型的方法或这些方法的组合对有关品种进行测试；如果有关杂交品种之亲本品种的数据显示，杂交种很有可能是由假定的实质性派生品种的亲本品种生产的，仲裁庭可以决定由独立第三方对该假定的实质性派生品种之亲本品种与原始品种之亲本品种

❶ ISF. Explanatory Notes [EB/OL]. http://www. worldseed. org/our - work/trade - rules/#essential - derivation.

❷ Article 6 of Regulation for the Arbitration of Disputes concerning Essential Derivation.

❸ Article 7 of Regulation for the Arbitration of Disputes concerning Essential Derivation.

进行比对测试；为做好比对测试，双方应授权仲裁庭，应其请求，仲裁庭可以向主管当局或其他有关独立机构申请并接收有关品种之交存种子的正式样本；如果上述当局或机构不接受仲裁庭的这一请求，当事各方应安排由该当局或机构代表它们将种子送交仲裁庭。如果无法从独立来源获得品种之种子，仲裁庭应决定下一步如何进行。❶

应一方当事人的请求，仲裁庭可允许该当事人带证人或鉴定人到庭。仲裁庭可指定一名仲裁员听取证人或鉴定人的证词。鉴于保密的原因，仲裁庭可主动听取单方当事人的陈述，或应一方当事人请求，同意在对方缺席的情况下听取单方当事人的陈述。仲裁庭至少应在此听证前 7 日通知他方当事人。听证报告摘录应于听证结束后的 15 日内送交他方当事人。经与当事各方协商后，仲裁庭可任命一名或多名专家明确阐述并提供技术咨询意见。仲裁庭在就此类事项作出决定后，将直接向双方送交专家提名及其分配任务副本，并附上仲裁庭确定的任务期限。当事各方有权在收到上述提名之日起 8 个工作日内，以挂号邮件向仲裁庭提出理由充分的书面意见，且可对专家提名提出质疑一次。如果仲裁庭认定质疑理由合理，应另行任命一名专家。仲裁庭可要求一方或双方当事人向专家提供一切相关资料，并提供必要的协助。仲裁庭应将载有机密资料的专家报告草稿送交有关当事方复核，该方应于收到该文件后的 15 日内发表其意见。在专家报告定稿后，若机密资料的所有人没有书面同意将机密资料列入其中，则仲裁庭应向双方发送一份不带机密资料的副本。当事一方可在收到上述副本后的 15 日内请求专家在仲裁庭开庭时进行听证。仲裁庭应为当事各方提供专家听证以及带自己专家到庭的机会。该次开庭应于举行之前 15 日内向各方宣布。仲裁庭可全程或部分出席参观在一方、双方或第三方所在地进行的相关庭审。仲裁庭应至少在 5 日前将这次参观通知双方。❷

仲裁庭的每一次开庭都应以书面报告的形式记录下来。除非当事双方和仲裁庭另行商定，否则，完整的报告副本应于开庭后 6 周内向双方送交，尚未分发的文件也随件送交。❸

三、撤回、和解或裁决（Withdrawal，Settlement or Award）

《实质性派生争端仲裁条例》第 11 条规定：（1）如果仲裁申请人根据

---

❶ Article 8 of Regulation for the Arbitration of Disputes concerning Essential Derivation.

❷ Article 9 of Regulation for the Arbitration of Disputes concerning Essential Derivation.

❸ Article 10 of Regulation for the Arbitration of Disputes concerning Essential Derivation.

《仲裁程序规则》第 10 条撤销仲裁，有争议的假定实质性派生品种或原始品种相对于第三方的地位应与申请仲裁前一样保持不变；如果一项没有裁决的和解书中包含将争议品种视为实质派生的决定，有争议的假定实质性派生品种或原始品种相对于第三方的地位也应与申请仲裁前一样保持不变。仲裁裁决应遵守《仲裁程序规则》第 11 条的规则，无论争议品种是否为实质性派生品种，仲裁决定应包含一个明确和良好的动机声明。仲裁庭应于双方举行最后一次庭审后的 3 个月内下达仲裁裁决。（2）仲裁庭应根据《实质性派生争端仲裁条例》第 5 条第 1 款对仲裁申请中的索赔作出裁决。除非仲裁庭在有动机的决定（motivated decision）下另有决定，否则赔偿金不应包含申请仲裁之日前时间已经超过了 5 年的经济损害赔偿。

需要补充说明的是，由于《仲裁程序规则》第 11 条规定的自第一次聆讯之日起 3 个月作出裁决的时间跨度太短（这是因为可能的技术测试和专门知识需要更多的时间），所以《实质性派生争端仲裁条例》第 11 条规定，自仲裁庭最后一次开庭之日起最多 3 个月后作出裁决。如果由于撤回案件而没有作出仲裁决定，显然，假定的实质性派生品种或原始品种都不会成为或在法律上成为实质性派生品种，即使各方当事人达成了协议也不是。双方当然可以根据自己的意愿订立合同和条件。仲裁庭可按照案件申请人提出的损害索赔数额（如果合适）作出决定，但赔偿的时间不得超过自申请仲裁之日起 5 年。自实质性派生品种被商业开发那一刻起的 5 年内，原始品种的育种者有足够的时间对实质性派生品种采取行动。不过，仲裁庭可视情况决定给予 5 年以上的期限，但这种决定必须动机明确。❶

四、上诉

当事各方可在确认收到邮戳控制的裁决后一个月内，以挂号邮件的形式向 ISF 秘书长提出上诉，并满足《仲裁程序规则》第 12 条第 3 款规定的财务方面的要求。上诉应明确说明理由。对于已提出的上诉，ISF 秘书长通知对方并根据《仲裁程序规则》第 13 条组织审理。仲裁庭应按照《仲裁程序规则》第 13 条的规定，在 ISF 秘书长责成一个国家组织对上诉进行审理之日起的 6 个月内作出裁决。除非仲裁庭另有决定或初审裁决被推翻，否则，上诉费用

---

❶ ISF. Explanatory Notes［EB/OL］. http://www. worldseed. org/our-work/trade-rules/#essential-derivation.

应由上诉方支付。❶

需要进一步说明的是，如果实质性派生品种已在有关领土内开发，且一审裁决宣布该实质性派生品种的育种者或经营者没有履行义务，则原始品种的育种者可要求提供《仲裁程序规则》第 12 条第 2 款所确定的经济担保。如果一审裁决向原始品种育种者支付损害赔偿，则必须提供经济担保。《实质性派生争端仲裁条例》只是部分地比照适用于上诉程序。为了避免长时间重复试验，上诉程序中证据限于根据一审收集的技术资料所增加的聆讯和报告。该现有技术资料被认为已经足够了，这是因为双方都有充分的机会提供数据以及对初审程序之前和期间进行审判的审理结果进行评论。由于不需要进一步收集资料，因此上诉期为一个月。❷

五、仲裁裁决的生效

根据《日内瓦公约》和《纽约公约》，如果仲裁裁决符合基本形式要件，则应在法律上得到承认并被宣布为具有可强制执行性。根据国内法，被宣告违约的当事方可根据这些形式上的理由，在一定时限内请求撤销仲裁裁决。拒绝执行或撤销裁决的理由主要有仲裁程序违法（例如，通知时间不充分、法庭的组成）、仲裁协议无效或裁决超出仲裁范围。❸

若双方中任何一方均未在该期限内提出上诉，一审裁决自双方确认收到裁决之日起一个月后生效，上诉裁决自当事各方确认收到上诉裁决之日起生效。根据《仲裁程序规则》第 11 条第 7 款，终局裁决对有关各方具有法律约束力。如果终局裁决确定所涉原始品种本身是一个实质性派生品种，则根据 UPOV 公约 1991 年文本第 14 条第 5（a）（i）款之规定，该原始品种的育种者对由原始品种派生而来的品种不享有任何权利。双方应将终局裁决的内容通知与本案有利害关系的所有其他各方，包括可能的被许可方。ISF 秘书长可公布裁决摘要，但不能披露各方的姓名和其他被视为机密的信息。如果仲裁庭确认假定的实质性派生品种实质性派生于原始品种，为保护有关第三方利益起见，应对该事实（包括该品种的名称）予以公布。根据《仲裁程序规则》第 18 条和《日内瓦公约》《纽约公约》的有关规定，如果败诉一方拒绝执行裁决，则胜诉方可向另一方所在国的民事法院申请强制执行。败诉方当

---

❶　Article 13 of Regulation for the Arbitration of Disputes concerning Essential Derivation

❷❸　ISF. Explanatory Notes［EB/OL］. http://www.worldseed.org/our-work/trade-rules/#essential-derivation.

事人可根据作出裁决的国家之法律，请求因程序违法而撤销裁决。除非上述国家的民事法院另行作出裁定，否则，撤销裁决的请求不可推迟裁决的执行。❶ 同时，根据《仲裁程序规则》第18条，被宣布违约的当事人拒绝履行义务的行为将被广泛传达给 ISF 的所有成员。执行则意味着被宣布为实质性派生品种的经营者或育种者的配合，尊重原始品种在所有适用地区内的植物育种者权利。双方必须注意通知其他直接利害相关方。由于案件的决定可能对其他未知方很重要，ISF 将通过提及品种正确名称的方式来公布假定的实质性派生品种实质性派生于原始品种的决定。❷

六、仲裁费用、协议与责任

有关财务方面的规定由《仲裁程序规则》的有关条款规定；《仲裁程序规则》未涉及的问题是仲裁庭雇用或指定的专业技术人员提供知识所产生的费用，当事各方可事先就这些费用的分配达成协议，否则由仲裁庭决定。❸ 依照《仲裁程序规则》第20条，仲裁院（the Arbitration Chamber）、仲裁庭、ISF 秘书长、ISF 成员协会和被任命的专家不得以任何方式对参与仲裁的各方当事人的损失承担责任，也不得对因适用本规则而作出的决定或意见所引起的任何其他后果承担责任。当事各方不得对上述个人或机构提出任何索赔。任何一方或个人如不及时向直接地和专业地参与案件仲裁之外的个人或组织提供信息，可对有关争端他方承担损害赔偿责任，范围包括但不限于营业额、利润或良好声誉的损失。❹

---

❶ Article 14 of Regulation for the Arbitration of Disputes concerning Essential Derivation.

❷❸ ISF. Explanatory Notes ［EB/OL］. http://www.worldseed.org/our-work/trade-rules/#essential-derivation.

❹ Article 16 of Regulation for the Arbitration of Disputes concerning Essential Derivation.

第五章

植物新品种权的限制

第一节 植物新品种权限制原理

一、对植物新品种权实行限制的动因

无论哪一种类型的知识产权制度，如果过分地或者只是单纯地强调知识产权的保护，则权力膨胀必然发生，权利滥用必然出现。如果权利人滥用权利或以不公平方式获取高额利润，就违背了知识产权保护立法的本意。美国哈佛大学著名教授约翰·罗尔斯（1971）在其名著《正义论》中说道："一个社会体系的正义，本质上依赖于如何分配基本的权利和义务，依赖于在社会的不同阶层中存在着的经济机会和社会条件。""某些法律和制度，不管它们如何有效率和有条理，只要它们不正义，就必须加以改造或废除。"❶ 与其他类型的知识产权一样，植物新品种权在本质上是基于抽象物而产生的一种特许权，这种特许权允许主体在抽象物上设定独占性的财产权，它会危及他人自由、造成劳动的异化、威胁到分配正义，因而是一项有碍自由的特许权，❷ 应当"加以改造"。植物新品种保护法上的权利限制制度正是一种对品种权"加以改造"的制度，和植物新品种保护法上的其他制度一起共同组成了植物新品种保护制度的整体。

另外，知识产品的价值虽然是个人创造的，但更是从社会上继承过来的。个人创造的基础源自社会，创新成果往往含有原有成果的养分，作为植物新品种权保护对象的植物新品种更是如此。由于植物育种是一种具有连续性和

---

❶ 罗尔斯. 正义论［M］. 何怀宏，等译. 北京：中国社会科学出版社，1998.

❷ PETER DRAHOS. A Philosophy of Intellectual Property［M］. Darmouth（UK）：Darmouth Publishing Company Limited，1996：5，32-33，161-162.

迭代性质的科研活动，培育新品种经常需要利用现有品种进行杂交和选择。因此，对于培育新品种工作来说，利用现有品种乃是不可或缺的，❶ 育种成果中既蕴含了对现有品种的继承利用又包含了对现有品种的创新开发。可见，所谓的新品种不过是对现有品种的改良，真正意义上的新品种是根本不存在的。植物新品种的个人属性与社会属性相互交织，使得植物新品种上的利益归属关系因此变得复杂起来。对植物新品种的价值作精确的区分是困难的，也是难以做到的。因此，实际合理的做法就是在赋予品种权人对整个新品种享有垄断性使用权的同时，又通过设定若干限制来保护其他主体的利益，即通过既保护又限制的方式来协调植物新品种上的这种复杂的利益关系。不过，对于植物新品种权的限制，并不是随心所欲的立法冲动，而是建构在一定的合理基础之上的，这个基础就是围绕知识产权的各种利益的平衡。❷ 利益平衡原则是知识产权限制的"立法动因""立法基础"抑或"内在原理"。❸

二、植物新品种权限制的概念

所谓植物新品种权的限制，亦称植物新品种权的权利限制，是指基于公共政策的考虑，对植物新品种权的权利内容及其权利行使所给予的合理的适当约束。

植物新品种权限制的概念有广义和狭义之分。广义上的品种权限制的内容包括品种权例外和品种权在行使过程中受到的进一步约束和制约。所谓"品种权例外"的意思是，有的行为本应属于侵犯品种权人权利的行为，但由于法律把这部分行为作为侵犯品种权的"例外"，从而不再构成品种权侵权。品种权的权利例外又分为"强制性例外"和"非强制性例外"。所谓"强制性例外"指的是 UPOV 公约规定的在某些情况下不需要或可以不经过品种权人许可即可使用受保护品种但又不会侵犯育种者权利的行为，是 UPOV 成员必须在其法律中规定的育种者权利的例外。"强制性例外"包括 UPOV 公约1991 年文本第 15（1）条规定的："私人的非商业性活动""试验性活动""为培育其他品种的活动（此即育种者免责）"；非强制性例外指的是农民特权。所谓"品种权在行使过程中受到的进一步约束和制约"，亦即"品种权的限制"，具体包括"强制许可""权利用尽""先用权"等对品种权实施的进

❶ 李秀丽. 植物品种法律保护制度国际比较研究 [M]. 北京：知识产权出版社，2014：260.
❷ 陶鑫良，袁真富. 知识产权法总论 [M]. 北京：知识产权出版社，2005：225.
❸ 李玉香. 知识产权权利限制制度的法律完善 [J]. 人民司法，2004（6）：52-56.

一步约束和制约，它是品种权限制的狭义概念。

从规范层面讲，在植物新品种权限制制度中，有的制度的设置是为了社会公共利益，如强制许可；有的则是为了维护"他人的合法权利和自由"或平衡权利人与第三人之间的利益冲突，如下文中拟进行研究的"研究豁免""农民特权""先用权""权利用尽"等，虽说这些也间接地维护了某种公共利益，但其直接目的是对冲突着的个人权利与利益所作出的协调或者再分配。

从国家立法层面看，在权利的例外方面，UPOV 成员基本上都将 UPOV 的规定全部纳入本国规定，尽管具体规定不尽相同，但其所包括的内容都有；但在权利限制方面，各国规定不尽相同。有些国家的植物新品种立法只规定了"权利用尽"，如澳大利亚《1994 年植物育种者权利法》第 23 条规定了"育种者权利的用尽"。有些国家则除规定"权利用尽"外，还根据本国实际作出了一些其他规定，如美国《植物品种保护法》有所谓的"为公共利益的开放"❶"老祖父条款"❷"中介豁免"❸，日本《种苗法》对于品种权的限制则包括"合理使用"❹"基于权利冲突造成的对品种权的限制"❺"强制许可"❻"先育成人非独占使用许可权"❼，印度还有公共利益的例外，等等。

尽管各国对品种权限制的规定五花八门，但是"研究豁免"和"农民特权"才是植物新品种保护制度中最核心和最具特色的制度设计。

第二节　研究豁免

一、研究豁免制度的法律地位与意义

植物新品种保护法上的"研究豁免"，又称"育种者豁免"，是指为了培育植物新品种而使用受保护品种不受品种权人权利的限制。由于该制度对植物新品种保护具有特殊的适应性，因而受到普遍认可，被认为是和专利制度

---

❶　7 U. S. C. 2404.
❷　7 U. S. C. 2542.
❸　7 U. S. C. 2545.
❹　日本《种苗法》第 21 条第 1 款第 1 项。
❺　日本《种苗法》第 21 条第 1 款第（ii）至（v）项。
❻　日本《种苗法》第 28 条。
❼　日本《种苗法》第 27 条。

的重要区别之一，是 UPOV 公约框架下植物新品种保护立法的一项重要特征。❶ 同时，"研究豁免"也是植物新品种保护制度框架下的一项重要制度，被认为是植物新品种保护制度的根本原则之一，在 UPOV 公约发展史上具有里程碑意义。❷

植物育种创新与一般的机械发明创新不同，植物育种创新更依赖于植物遗传资源的自由流通。❸ 对于"育种者豁免"这一例外的重要性，UPOV 联盟在对 2003 年 6 月 26 日联合国《生物多样性公约》（CBD）执行秘书的报告进行答复时已经进行了明确表达。该答复的结论部分这样写道："UPOV 联盟考虑到植物育种是遗传资源持续利用和发展的重要方面，遗传资源的获取对于植物育种持续发展和潜在进步是一个关键的前提条件。UPOV 公约的'育种者豁免'概念（为培育其他品种的活动不受任何限制）反映了 UPOV 联盟的观点，即世界上所有的育种者团体都需要获取各种形式的育种材料来最大限度地保持植物育种进步，从而使遗传资源得到最大限度的利用，造福社会。"可见，植物品种权保护体系中设置"育种者豁免"制度的根本目的就在于，在能够给予植物育种创新以激励的同时，又能保证植物遗传资源的自由交换。UPOV 公约第 15 条将"育种者权利的例外"作为"强制性例外"的情形之一。美国《植物品种保护法》第 114 条规定："为育种和真实目的的研究使用和繁殖受保护品种不构成侵权。"❹ 我国《植物新品种保护条例》第 10 条也将"利用授权品种进行育种及其他科研活动"规定为可以不经品种权人许可，不向其支付使用费的情形之一。

二、研究豁免制度实施障碍及其原因

一项好的制度不能停留在立法上，更重要的是要看它能不能顺利实施。从研究豁免制度的实施来看，该制度得以实施的前提是能够利用受保护品种，而受保护品种能不能被利用的前提是育种研发人员能够获得受植物品种权保护的繁殖材料。

---

❶❸ 李菊丹. 国际植物新品种保护制度研究 [M]. 杭州：浙江大学出版社，2011：176.

❷ JOËL GUIARD. The Development of the Provisions on Essentially Derived Varieties, Seminar on Essentially Derived Varieties (Geneva, Switzerland)：9-12 [EB/OL]. (2013-10-23) [2019-07-07]. https://www.upov.int/edocs/pubdocs/en/upov_pub_358.pdf.

❹ Sec. 114. Research Exemption. The use and reproduction of a protected variety for plant breeding or other bona fide research shall not constitute an infringement of the protection provided under this Act (7 U.S.C. 2544).

　　植物新品种权最主要的保护范围是植物品种的繁殖材料。❶ 常规品种是指有性繁殖作物中，自交或常异交作物通过选择、杂交、诱变等育种途径培育而成的纯系（纯）品种。现在生产上种植的大多数水稻、小麦、大麦、大豆等自花授粉作物的品种都是纯系品种。常规品种的繁殖材料和收获材料通常是同一个东西，只不过因用途的不同，在加工、处理、储存等方面有所差异而已，所以通常情况下其可获得性是没有问题的。杂交种是指在严格筛选强优势组合和控制授粉条件下生产的各类杂交组合的 F_1 杂种群体。❷ 杂交种的培育与生产都是通过利用亲本杂交进行的。举例来说，杂交种"郑单958"就是利用其母本品种"郑58"和父本品种"昌7-2"育成的。生产实践中，若要生产"郑单958"就需要反复利用其亲本品种"郑58"和"昌7-2"。杂交种 F_1 的培育以能够取得亲本品种为前提，但事实上获得 F_1 代杂交种之亲本品种却不是那么容易的事。因此，当研究豁免制度遭遇到 F_1 代杂交种之亲本品种时，似乎就行不通了。起码目前在中国， F_1 代杂交种之亲本品种根本不具有可获得性。有人可能会认为， F_1 代杂交种之亲本品种不具有可获得性导致研究豁免制度行不通很正常，这就有点像"农民特权"制度遭遇到 F_1 代杂交种的情况。但仔细分析，表面上看虽然这两种制度所导致的结果是一样的，但制度不能实施的原因却大相径庭。后者的原因是客观技术方面的，也就是即便制度上允许农民留种，农民都不会留，因为留了也是白留。因为 F_1 代杂交种种植后留下的子代是 F_2 代，杂交种从 F_2 代开始即丧失杂交优势，从而导致留种没有意义。

　　研究豁免制度在亲本品种上的无法实行却不是技术原因造成的，而是人为原因造成的。首先，从官方渠道获取亲本品种类繁殖材料几无可能。按照我国的现行规定， F_1 代杂交种申请人在申请品种权时，需要向植物新品种审批机关提交 F_1 代杂交种种子；同时，由于 F_1 代杂交种种子会在市场上销售，因此它的获取并不难。然而，由于植物新品种保护机关并不要求申请人提供 F_1 代杂交种亲本的种子，因此从官方渠道获取申请品种之亲本品种繁殖材料几无可能。尤其是在亲本品种不申请品种权的情况下，其所有人都会把它当作商业秘密看管起来，严防死守，若非发生转让，其他育种研发人员根本无法通过合法渠道获得它。其次，当亲本品种被单独作为一个品种申请品种权

❶ 在 UPOV 公约 1978 年文本中，品种权保护的范围是植物的繁殖材料，而到了 1991 年文本，品种权的保护范围则由原来的繁殖材料扩大到了收获材料及由收获材料直接制成的产品。

❷ 李宪彬. 作物品种的类型及育种特点 [J]. 种子, 2000 (5)：51-52.

时，虽然它的繁殖材料会像 F_1 代杂交种一样被提交给植物新品种审批机关，但却不会在市场上销售，因而被当作商品从市场渠道购买也是不可能的。退一步说，即便亲本品种被要求根据现行规定提交了，由于要求申请品种材料的提交目的是测试申请品种的"三性"，并不是进行信息公开，加之品种保存中心还对其负有保密义务，❶ 因此，F_1 代杂交种之亲本品种无论是在申请阶段抑或授权保护期间从官方渠道获取的可能性几乎为零。对于研发人员来说，亲本品种只能是"镜中花""水中月"，可望而不可即。最后，从私人渠道获得亲本品种之繁殖材料的可能性也非常小。一般而言，F_1 代杂交种之亲本品种的使用主体有两类：一是育种研发人员，他们使用杂交种亲本品种的主要目的是进行育种组合研究；二是种子生产者，他们使用杂交种亲本品种的目的就是生产或繁殖 F_1 代杂交种。由于这两类主体之行为均会对 F_1 代杂交种品种权人的利益产生巨大影响，因此 F_1 代杂交种之亲本种子通常对这两类人严格保密，绝不会轻易对其转让。退言之，即便是品种权人愿意转让，其价格之昂贵也不是育种研发人员在研究豁免意义上愿意支付的，这是因为育种研发结果的不确定性常常会阻碍育种研发人员支付巨额资金购买亲本品种的意愿，即育种研发人员在研发结果不能确定的情况下就投入巨额资金购买繁殖材料是不现实的。需要补充说明的是，由于亲本品种对 F_1 代杂交种具有天然的保护功能，因此即便是亲本品种的品种权保护期已过或者原本就是一个没有申请品种权保护的品种，只要该亲本品种仍然由品种权人实际控制"秘不示人"，那么该亲本品种也是无法获取的，这也就能解释目前业内"盗种"猖獗的客观原因。

三、研究豁免制度实施障碍之破除

澳大利亚对于受保护品种繁殖材料向社会公众提供的规定值得品味。该国《1994年植物育种者权利法》第19条"公众对受保护品种的合理获取"规定：（1）在不违反本条第（11）款的情况下，育种者权利人必须采取一切合理措施，保证公众能够合理获取受保护品种。（2）如果以合理的价格向公众提供质量合理的繁殖材料，或作为礼物以满足需求的足够数量向公众赠送，即可视为达到了"公众对受保护品种的合理获取"的要求。（3）为了确保公

---

❶ 美国也有类似规定，例如："对于所有权人向 National Laboratory for Genetic Resources Preservation（NLGRP）提供的种子，在该品种受保护期间，由植物新品种保护办公室（PVPO）和国家遗传资源保存实验室秘密保存。""植物品种权保护期限失效之前，种子样品不向公众提供。"

众能够合理获取受保护品种，部长可根据本条第 4 款至第 10 款的规定，代表权利人许可其认为合适的人销售该品种的繁殖材料或生产该品种的繁殖材料用以销售。（4）若在品种授权 2 年后的任何时间，有人认为，（a）权利人没有遵守第（1）款规定，即"育种者权利人必须采取一切合理措施，保证公众能够合理获取受保护品种"；且（b）该不遵守第（1）款规定的行为影响到了自己的利益，即可以书面形式请求农业部部长对该品种行使本条第（3）款规定的职权。（5）书面请求中应当陈述其认为权利人没有遵守第（1）款规定的理由；详细说明其认为该不遵守行为影响到自己利益的方式；写明该权利人的地址以便向他发送通知，但地址必须是在澳大利亚或新西兰境内的。（6）农业部部长应当向权利人送达请求书副本，并送达一份书面邀请函，要求权利人自请求书副本发出之日起 30 日内，以书面形式作出足以让部长认为满意的声明，保证其正在执行第（1）款规定，并且在合理的时间内完全执行第（1）款规定。（7）在对请求书和权利人作出的声明进行研究之后，农业部部长应当决定是否行使其相关职权，并在作出决定后的 30 日内，将书面决定分别送达权利人及请求提出人。（8）若部长建议就某植物品种行使第（3）款下的权力，部长应当发出公告：指明品种，列出建议许可的详情，邀请有关人员在通知书发出后 30 日内以书面形式申请核发该许可牌照。（9）在未对应邀提出牌照许可发放的全部申请均已仔细研究并且在批准该许可之前的至少 1 个月内，未将拟向其发放许可牌照的人员名单通知到每一位牌照发放申请人并对该人员名单进行公告之前，许可牌照不得批准发放。（10）如果农业部部长已向某人发放了准予生产某种植物繁殖材料的许可证，但又确信该人无法以合理价格或免费取得该等繁殖材料，则农业部部长可代表权利人提取储存在遗传资源中心的繁殖材料，向该人提供。（11）本条不适用于其植物不会直接用作消费品的植物品种。

　　澳大利亚《1994 年植物育种者权利法》第 19 条"公众对受保护品种的合理获取"虽然没有规定对所有品种都必须采取一切合理措施，保证公众能够合理获取受保护品种，但它至少给我们带来这样一种启示：当产权关系在法律上确定了以后，实物的保密控制已经没有必要。让品种权人把繁殖材料交出来的目的除有种质资源保护和品种权纠纷解决方面的考虑外，更重要的是使这些已经受到法律保护的品种能够通过向社会提供，作为育种研发人员的研究基础，而不是因为得不到这种材料而进行重复研究，更不是存在国家保存中心就完了，而是应当让它们流动起来。唯有如此，才能体现出知识产权保护的本意。相反，如果一个品种已经获得了品种授权，但还对其繁殖材料保密，那就相当于商业秘密了。从某种意义上讲，这实际上等于对该品种实行了双重保护，这显然是不合理的。实际上，即便是向社会提供了品种的繁殖材料，由于植物新品种保护的原因，研究人员也不敢未经许可随便使用。再进一步说，即便是该品种的繁殖材料未经许可被使用了，如果研究出的新品种属于实质性派生品种、与受保护品种没有明显区别的品种或者需要反复利用受保护品种生产的品种，根据相关规定，研究人员在对这些研究成果进行商业化时，还是得经过其品种被利用的品种权人许可这道闸门。另外，如果授权品种的繁殖材料被使用以后研究出来的品种不属于这三种情形，那这个品种的特异性水平一定是较高的，这不正是研究豁免制度所要追求的目标吗？

制度的实施障碍必须通过制定新的制度加以破除。我国植物新品种保护制度至少可以考虑从以下几个方面加以完善：第一，建立包括 F_1 代杂交种亲本品种繁殖材料在内的繁殖材料交易机制。具体地讲，在规定要求 F_1 代杂交种申请人申请品种权时必须将其实际控制下的父母亲本品种作为申请材料一并提交的同时，规定植物新品种保护审批机关有权对外提供申请品种的繁殖材料。在此基础上建立申请品种繁殖材料电子交易市场，公开现有申请品种之繁殖材料的信息，提高 F_1 代杂交种之亲本品种繁殖材料的可获得性。第二，明确保障 F_1 代杂交种亲本品种繁殖材料权利人合法权益的具体措施。研发人员利用亲本品种取得的成果无非有以下三种：其一是育成一个虽然需要利用受保护的 F_1 代杂交种之亲本品种，但却与该受保护的 F_1 代杂交种完全不同的新品种，即所谓"需要反复利用受保护品种进行生产的品种"；其二是育成与受保护的 F_1 代杂交种没有明显区别的品种；其三是育成一个受保护的 F_1 代杂交种之亲本品种的实质性派生品种。对于这三种情况，UPOV 公约 1991 年文本第 14 条第（5）项第 a 款已经作出了制度安排，即涉及这三种品种的商业化［UPOV 公约第 14 条"育种者权利适用范围"规定的第（1）至（4）项活动，包括生产或繁殖、为繁殖而进行的种子处理、提供销售、售出或其他市场销售、出口、进口以及用于上述目的的储存］，皆需要"得到育种者授权"。如此一来，在研发阶段受到"研究豁免"庇护的育种研发人员，在其成果取得收益时就必须将其收益分享给原亲本品种的品种权人。在此情况下，后者的合法权益不就得到切实保障了吗？

第三节　农民特权

一、农民特权及其限制

在收获的作物中选取一部分留作来年种植使用，即留种，是千百年来农民在农业生产过程中形成的一种种植习惯，被认为是自农业出现以来的一项不言自明的"自然权利"。❶ 植物品种保护制度诞生以后，受保护品种种子的生产与销售等被法律规定成了品种权人的一项排他性权利，但农民留种却被作为植物品种权的例外加以规定。于是，农民留种便成了农民的一项特权。

农民特权（或农民免责），亦即农民留种，是植物新品种制度的特有设计。❷ 但从技术角度讲，农民留种只适用于自花授粉的常规作物，或无性繁殖植物，不适用于杂交种。这是因为当农民购买的授权品种为杂交种时，其留种会丧失杂交优势，不宜作为种子用于来年种植。在 UPOV 公约 1978 年文本中，农民特权是一项"强制性例外"规定。1991 年 UPOV 公约修订时，农民特权由强制性例外变成了非强制性例外。在此背景下，国际上出现了对农民特权进行限制的态势。例如，欧盟、日本等国家和地区虽然没有绝对取消农民特权制度，但在它们的植物新品种法律保护制度中均采取了有条件地实行农民特权的做法。

允许农民留种即意味着受保护种子销售量的减少，进而削减育种者利益。植物品种保护制度制定之初，农民特权之所以能够得到 UPOV 公约及各国法律的普遍认可和一致尊重，其关键原因在于彼时的农民多属生计型农民。随着全球经济一体化以及农产品市场竞争的加剧，过去以家庭为单位的小规模生产方式遇到了巨大挑战，农业生产主体中的生计型农民正在被越来越多的盈利空间巨大的农业公司所取代。即今日之"农民"已非昔日之"农民"。而且面对激烈的市场竞争，这些农业公司常常采取的一项措施就是自行留种以降低生产成本。据估计，每年全球作物面积中至少有 2/3 种植的是所谓的"农民留种"，这个数字代表的是发展中国家全部用种量的 80%～90%。即便是在发达国家，使用农民留种进行种植的面积也占了很大的比例。以欧盟成

---

❶　程宇光. 美国法中农民留种行为与知识产权的冲突与协调 [J]. 环球法律评论, 2010 (3)：92-103.

❷　李剑. 植物新品种权的权利限制 [J]. 电子知识产权, 2008 (6)：41-44, 56.

员国为例，各主要粮食作物的留种比例一般维持在 30%~60%（见表 5-1）。

表 5-1　2003—2007 年欧盟成员国相关农民留种比例一览表

品种	统计国家/个	年份					平均留种比例/%
		2007	2006	2005	2004	2003	
秋播小麦	19	47.33	42.78	43.37	44.44	42.47	44.08
秋播大麦	17	44.65	47.06	45.71	47.71	44.18	45.86
硬质小麦	6	34	35.17	24	20.33	32	29.1
马铃薯	13	54.75	55.85	55.23	54.38	55.46	55.13

数据来源：根据 Farm Saved Seed Study，Results，Presented on the workshop on FSS，Brussels，17th June 2009 提供的数据编制而得。

　　面对农民留种导致的利润压缩，西方国家种业不断向植物品种保护制度规定的权利例外制度发难，认为农民特权（和研究者豁免）是"植物品种保护制度的漏洞"。在农民特权制度尚难在立法上取得较大改观的情况下，有的种子公司甚至断然通过"终止基因技术"扼杀农民特权，或者利用合同限制条款架空农民特权。学界也有人迎合种子公司的态度，对农民特权制度持否定态度。有学者甚至认为，农民特权无论从其立法目的还是从实际运作看，都与植物品种保护立法初衷不一致，因而主张废除农民特权。植物品种保护制度的发源地——欧洲，虽然没有全盘否定农民特权，但也认为这是一个非常棘手的问题，因而采取了一些相对温和的法律完善措施，试图在不打破现有制度框架的前提下，通过细化农民留种收费制度来平衡育种者和农民之间的利益。

二、农民留种收费制度——以欧盟及其部分成员国为研究重点

（一）农民留种收费的相关规定

　　《基本条例》第 14（1）条规定，为保证农业生产的安全，农民有权在其自己的土地上对通过在自己的土地上种植而获得的收获产品以及共同体植物品种权所涵盖的品种繁殖材料进行繁殖目的的使用，但杂交种和综合种除外。意思是说农民留种（Farm Saved Seed，FSS）无须得到权利人的许可，此即欧盟植物品种法上的"农业豁免"（世界上许多国家的植物品种保护法把农民的这种权利称为"农民特权"）。同时，为实行农业豁免制度、保障农业生产，并保障农民和品种权人的合法利益，《基本条例》除自身规定了施行农业豁免

的条件外，还要求另行制定欧盟《农业豁免条例》［（EC）NO 1768/95of 24 July 1995］对农民行使豁免权的条件加以规定。

1. 农民留种收费制度适用的主体

农民留种收费，其对象自然是农民，但是根据欧盟植物品种保护法的规定，并非所有农民都需对其留种支付使用费。这是因为欧盟植物品种保护法根据种植规模的大小把农民分为两个层次，而只有"小农"之外的农民才需如此。所谓"小农"是指在种植谷物的情况下，其所拥有的种植面积（种植谷物以外的其他植物的面积不计算在内）之单季生产能力不超过 92t 的农民；在种植马铃薯的情况下，其所拥有的种植面积（种植马铃薯以外的其他植物的面积不计算在内）之单季生产能力不超过 185t 的农民；就其他植物种类而言，是指符合类似比例标准的农民。显然，该制度的收费对象是"小农之外的农民"，收费主体是品种权人。

2. 农民留种收费制度适用的植物品种

农民留种收费适用的植物品种与农民特权适用的植物品种是一致的，即只适用于饲料、谷物、马铃薯、油料和纤维植物 4 大类农业植物中的 21 个植物种类，不适用于园艺、观赏性或其他植物种类。上述 4 大类植物分别有：①饲料植物：鹰嘴豆、黄花羽扇豆、紫花苜蓿、紫花豌豆、埃及车轴草、波斯三叶草、蚕豆、笤子、黑麦草；②谷物：燕麦、大麦、水稻、金黄草、黑麦、杂交麦、小麦、硬质小麦（做通心粉用的）、斯卑尔脱小麦；③马铃薯：马铃薯；④油料和纤维植物：甘蓝型油菜、球茎甘蓝、亚麻籽。❶ 这意味着，除上述之外的植物属种，无论是否属于小农，只要使用上述之外植物属种的留种，一律需要向品种权人缴费，不会享受到因农民特权带来的所谓的"合理低的"使用费。

3. 留种缴费的时间期限与标准

关于缴费的时间和方式，《农业豁免条例》第 6 条规定：（1）农民个人支付公平报酬的义务自其实际使用自己地里生产的收获产品用于繁殖开始产生。支付时间和方式由品种权人决定，但支付时间不能早于支付义务实际产生的时间。（2）当共同体植物品种权是根据《基本条例》第 116 条（关于新颖性宽限期）的规定获得的情况下，农民个人支付公平报酬的义务自 2001 年 6 月 30 日之后于其实际使用地里生产的收获产品用于繁殖开始产生。值得一提的是，《农业豁免条例》对农民留种使用费的规定是一个选择性条款，权利人和农民之间既可通过合同约定使用费数额也可适用法定数额。农民留种使用费的收取标准应当低于在同一地

---

❶ 《基本条例》第 14（2）条。

区就同一品种繁殖材料的收取标准,一般为授权收费数额的 50%。

4. 与留种收费相关的信息提供

农民留种使用费收取标准确定之后,实际向农民收取使用费的数额取决于农民种植利用受保护品种所获得产品的数量。为便于确定该数量,《农业豁免条例》建立了一套信息提供机制:农民、加工商要向权利人提供信息,权利人也要向农民提供信息。但加工商有义务向权利人提供信息的范围为权利人有证据证明其所加工的是受保护种子,如果权利人没有证据证明其所加工的是受保护种子,权利人不能要求其提供信息,而且这种信息的源头只能来自销售渠道。可见,对销售渠道的管理成为权利人控制信息的重要方式。同时,信息提供内容可通过合同加以约定,在当事人未订立合同或虽订立了合同但未对信息内容作出约定的情况下,各方当事人按表 5-2 中列示的内容进行信息提供。

表 5-2　农民、加工商向权利人以及权利人向农民提供信息的内容

农民向权利人提供的信息	加工商向权利人提供的信息	权利人向农民提供的信息
(1) 姓名、住址和土地位置	(1) 姓名、住址、注册营业地址和注册营业名称	(1) 达到官方认证的最低等级的繁殖材料之许可生产收费额,以及相同品种在农民土地所在地区的许可生产收费额
(2) 是否利用了属于权利人的一个或多个品种之收获产品在其自己土地上进行种植;若利用上述产品进行了种植,数量是多少	(2) 是否提供了属于权利人的一个或多个用于种植的收获产品的加工服务,此等品种的申报的地点,如果没有申报,加工商是在何地了解到此等品种的	
(3) 向其提供服务的加工商加工的、用于种植的相关品种的收获产品的数量,以及加工后得到的数量	(3) 若提供了上述加工服务,收获产品的加工数量是多少?加工后得到的数量是多少	(2) 如果相关品种的繁殖材料在农民土地所在的地区尚未出现过许可生产之情形,而且前述收费额在整个欧共体也没有形成统一标准,则应向农民提供达到官方认证的最低等级的繁殖材料之销售收费额,该品种的繁殖材料在该地区的销售收费额以及生产该繁殖材料的地区之许可生产收费额
(4) 加工商的姓名和住址	(4) 第 (3) 项所言加工服务之时间和地点	
(5) 被许可使用的相关品种之繁殖材料数量及其供应商的姓名和住址,等等	(5) 向其提供第 (3) 项所言之加工服务的农民(们)的姓名、地址及其加工产品的数量	

资料来源:根据欧盟《农业豁免条例》第 8 (2) 条、第 9 (2) 条和第 10 (2) 条编制。

需要补充的是，《农业豁免条例》规定，信息提供请求不必由品种权人直接向农民提出，而是可以由农民组织或农民合作社、加工商或繁殖材料提供商这样的中介机构向农民提出。

5. 品种权人对信息提供真实性的检查权

为了有效保证农民和加工商切实履行其向权利人提供真实信息的义务，《农业豁免条例》还将对农民、加工商向权利人提供信息进行检查的权利规定为权利人的排他性权利，从而为权利人顺利收取农民留种使用费奠定了基础。首先，《农业豁免条例》就检查的内容作了规定：权利人可以要求农民通过披露能够找到的相关单证（如发票、已经用过的标签等）为其所提供信息的真实性提供支撑；可以要求加工商通过披露相关文件（如发票、适合于材料认定的方法、与其向农民提供的收获材料有关的加工材料样品），或者通过加工或储存设备的展示来支撑他所提供的信息的真实性；还可以要求农民和加工商保存相关证据直至达到法定的保存年限。其次，《农业豁免条例》就检查的方式作了规定：检查由权利人负责实施，为此他有权通过适当的安排保证得到来自农民组织、加工商、合作社或者其他农业团体的协助；如果权利人组织和农民或加工商组织之间已经就检查的方式达成了协议，并且这些协议已经由相关组织的授权代表以书面形式通报了欧盟委员会，并在"官方公报"上公告，那么这些关于检查方式的规定应当成为检查活动的指南。

6. 农民防止种子外流的义务

《农业豁免条例》第13（1）条规定了农民保证加工前后品种保持一致的义务，它是指农民必须保证送去加工的植物品种与加工所得的植物品种种类保持一致。该条例规定，未经许可，农民不能将从自己土地上收获的产品送到加工商名单以外的其他地方加工，但在下述两种情况下，农民可将种子交由加工商加工处理：一是，农民已经采取了恰当措施能够确保送去加工的植物品种与加工所得的植物品种种类相同；二是，农民保证为用于种植的收获产品的加工所提供的服务由达到法律要求的加工商来实际操作。同时，《农业豁免条例》还要求对加工商名单进行严格管理：各成员可以规定加工商应当达到的资格条件；名单应当公布或者分别向育种者权利人组织、农民或加工商提供；相关名单必须在1997年7月1日前制定完毕。从上述规定可以看出，种子外流的可能性能够在加工环节得到有效抑制。

（二）农民留种收费制度司法判决

由于权利相对人提供信息的愿望越高，权利人就越容易获取信息，因而收集费用的成本也就越低；同时，提供的信息质量越高，成本也就越低。因为信息提供得越准确，权利人需要为收费付出的成本越低，从而收费成本也就越低，因此信息提供的真实性和准确性成了收费能否成功、品种权人的利益能在多大程度上得到实现的关键环节。因此，有人把信息提供看作农民留种收费成功与否的关键，育种者和农民之间的"信息提供"制度成了（欧盟）各国或欧盟植物品种权人收费制度的基石❶。也正是因为如此，相关当事人必然会在这个问题上互不相让。

1. Schulin 案❷

该案中，STV 公司（Saatgut-Treuhandverwaltungs GmbH）曾要求一个农民提供 1997—1998 年所播种的来自 525 个品种的收获材料的数量，这些品种中 1/3 是受共同体植物品种法保护的，其余是受德国国内植物品种法保护的。在德国国内法院审理时，STV 公司未提供 Schulin 侵犯植物品种权的证据，只是简单地要求 Schulin 回答他是否种植了被要求回答的植物品种，如果种植了的话，种了多少。STV 公司声称，提供信息是一项综合性义务，与侵犯共同体植物品种权行为的证据无关。其依据是《基本条例》第 14（3）条第六项以及《农业豁免条例》第 8（2）条。后来以下问题被诉至欧盟法院要求作出预先裁决："《基本条例》第 14（3）条第六项以及《农业豁免条例》的第 8（2）条是否能够解释为，受到《基本条例》保护的植物品种权人有权要求任何农民提供上述规定中的信息，而无论有无迹象表明该农民已经使用了品种权人的品种或者至少在其土地上使用过该品种。"最后，欧盟法院裁决，当没有迹象证明该农民已经使用或者将要在自己的土地上通过种植品种的繁殖材料而获得产品时，STV 公司无权要求农民向其提供信息。并且在法院的判决书中还解释道："在此情境下，法院认为已经从品种权人处购买种子的事实可视为该迹象。"

2. Brangewitz 案❸

该案中，STV 公司就大约 500 个品种向种子清洗商 Brangewitz 公司索取

---

❶ CPVO meeting: Study on Farm Saved Seed (FSS) in the European Union (by H. W. Rutz, on behalf of the CPVO), (17 June 2009, Brussels), Some comments and remarks by J. Gennatas, p2 [EB/OL]. http://www.cpvo.fr/main/en/home/news/conferences-and-special-events/100-workshop-on-farm-saved-seeds.

❷ Case C-305/00, Christian Schulin v. Saatgut-Treuhandverwaltungs GmbH [EB/OL]. http://eur-lex.europa.eu/LexUriServ/LexUriServ.do?uri=CELEX: 62000J0305: EN: HTML.

❸ Case C-336/02, Saatgut-Treuhandverwaltungsgesellschaft mbH v. Brangewitz GmbH [EB/OL]. http://eur-lex.europa.eu/LexUriServ/LexUriServ.do?uri=CELEX: 62002J0336: EN: HTML.

1997—1998 年和 1999—2000 年的销售信息。在法庭上，STV 公司提供了 Brangewitz 详细记录清洗种子情况的诸如发货记录和发票这样的书证，以及接受过 Brangewitz 服务的农民所提供的证词作为证据。证据显示，Brangewitz 至少清洗过 71 个 STV 公司受托负责收费的受保护品种，然而 Brangewitz 拒绝提供范围如此宽泛的信息。后来该案被提交欧盟初审法院要求作出预先裁决：(1) 受《基本条例》保护的品种权人是否有权要求加工商提供本条例规定的信息，而无须考虑有无迹象表明该加工商已经加工了相关的受保护品种？(2) 加工商必须提供他加工过的相关受保护品种的所有涉及农民的信息，还是仅仅提供关于品种权人有证据证明该加工商已经加工过的相关受保护品种的信息？对于第一个问题，欧盟初审法院参考了 Schulin 一案的裁决结果，认为当品种权人没有证据证明加工商已经加工或者打算加工农民通过种植该品种权人的繁殖材料而得到的收获产品时，上述条文不能被解释为允许品种权人有权要求加工商提供上述条文中所规定的信息。关于第二个问题，欧盟初审法院认为，《基本条例》没有强加给加工商作出他们加工过的种子属于什么品种的义务。只有品种权人有迹象证明该加工商已经加工或者打算加工农民通过种植权利持有人的品种的繁殖材料所获得的收获产品时，才有权要求该加工商向其提供所有的信息。

(三) 部分欧盟成员国关于农民留种收费的具体做法

1. 英国农民留种收费制度与实践特色

英国农民留种收费的代理机构是英国植物育种者协会（British Society of Plant Breeders，BSPB），收费对象为小农 [指生产能力 92t（约合 18hm² 土地）以下的农民] 之外的农民。该协会每年从种子生产商和农场主手中收取约 7000 万英镑的使用费。该协会通过两种渠道收取农民留种使用费：首先，使用费的 80% 左右是通过注册种子加工商收取的。在此情况下，种子加工商按照加工种子数量，以吨数作为计算费率依据，将农民留种使用费列入加工费发票的总金额中，并将这部分金额提交给英国植物育种者协会。这种做法是由英国植物育种者协会通过全国农业承包人协会（National Association of Agricultural Contractors，NAAC）与加工商签订协议确定的。其次，另外约占 20% 左右不通过种子加工商缴费的农民，以耕地面积作为计算费率依据，直接向英国植物育种者协会交付。而且在此情况下，农民还须对其留种使用情况进行申报。上述做法的好处在于，缩小了收费对象的人数，对于收费机构而言，大大减少了收费频率，因而效率较高。留种使用费的收取标准通常由英国植物育种者协会与相关农民组织协商确定。以可机收作物为例，2007 年英国植物育种者协会通过和英国最大的农业组织——全国农场主联合会（National Farmers' Union，NFU）签订合作协议，将收费费率确认为认证种子使用费率的 46% ~ 60%，具体费率需按当年认证种子使用费加权平均价格的百分比进行计算。英国植物育种者协会每年公布通过上述两种渠道收集留种使用费的费率。在收费分配方面，英国植物育种者协会收取农民留种使用费后，从每英镑使用费中提取 7 便士作为管理费，其余向植物育种者分配。显然，这个收费标准比欧盟其他成员国低。

在英国，农场主反馈信息的比例高达 100%，这主要得益于《1998 年育种者权利（农民留种）（指定信息）条例》❶（以下简称《信息条例》）就信息提供问题作出的详尽而严格的规定。

首先，该条例对农民、种子加工商和品种权人的信息提供义务与内容分别作出了详尽规定。第一，农民需要向品种权人提供信息的义务与内容。《信息条例》第 3 条规定：（1）品种权人请求时，农民应提交下列信息：（a）本人姓名及住址；（b）是否从事了与品种权人享有品种权的种子之相关活动；（c）若从事了，从事该活动所用土地之位置。（2）如果农民从事了与品种权人享有品种权的种子之相关活动，则除该第（1）款规定之信息外，其还需要提供下列信息：（a）是否存在因农业豁免而免于支付公平报酬的情形；（b）是否存在因先用权而免于支付公平报酬的情形；（c）支付公平报酬的规定是否适用于他。（3）若存在因先用权导致其免于支付公平报酬的情形，则其还应提供下列信息：（a）首次从事相关活动的时间；（b）农民留种的使用量。（4）如果农民负有支付公平报酬之义务，则其应提供第（1）、（5）款规定之信息。（5）第（3）（b）款和第（4）款所言之信息是指：（a）农民留种之数量；（b）是否对该农民留种进行过加工；（c）如果进行过加工，从事该加工的加工商之姓名与住址。（6）如果农民告诉相关品种权人，由于先使用权导致其无须支付公平报酬或他需要支付公平报酬，品种权人请求时，农民应当提交下列信息：（a）该农民是否经品种权人授权在同一个种子年内使用了同一品种的种子；（b）若使用了，还应提供使用数量和种子提供人的姓名与住址。第二，种子加工商需要向品种权人提供信息的义务与内容。《信息条例》第 4 条规定：（1）品种权人请求时，种子加工商应提供下列信息：（a）姓名与住

---

❶ the Plant Breeders' Rights（Farm Saved Seed）（Specified Information）Regulations 1998，即 1998 年第 1026 号法律文件。

址；（b）主营业场所地址；（c）是否加工过规定种或属的种子。（2）若种子已经经过加工，农民还应提交以下信息：（a）为其加工处理种子的人的姓名和住址；（b）经过加工处理的种子的数量；（c）加工起始日期；（d）加工结束日期；（e）从事加工的地点；（f）若为其加工种子的人将该种子品种告知了种子加工商，该种子是否属于相关权利人享有植物品种权的种子。第三，品种权人需要提供的信息。《信息条例》第5条规定：农民或种子加工商请求时，品种权人应提交以下信息：（a）姓名和住址；（b）向该品种最低等级认证种子收取的种子使用费数量。此外，根据上述规定提出之请求可以是关于本种子年度及其前三个种子年度的。

其次，该条例还对将农民留种运离农民土地进行加工的行为予以限制。《信息条例》第7条"对从土地上运走农民留种进行加工的限制"（Restriction on movement for processing from the holding）规定：任何人不得将农民留种从其收获的地上运走或导致农民留种从其获得的土地上运走进行加工，除非已经取得与该品种有关的相关权利人的许可；已经采取了保障同一品种加工后如同送去加工时一样返回的措施，而且加工商已经采取了保障同一品种加工后如同送去加工时一样返回的措施；由于被许可将种子运离土地从而使种子由公报上提到的加工商名单上的种子加工商进行了加工。●

再次，相关当事人的信息保密义务。根据《信息条例》，获得信息者就相关信息对提供信息者负有保密责任，但下列信息的披露不受前款规定之影响：用于认定向品种权人支付使用费数额以及为获取该数额所需要的信息；用于对植物育种者权进行侵权认定或与对植物育种者权进行侵权认定相关的信息；用于提起植物育种者权侵权诉讼或与提起植物育种者权侵权诉讼相关的信息。●

又次，信息提供的时间期限与形式。信息提供请求以及信息提供均应以书面形式进行；信息提供的时间期限为28日或信息提供请求中规定的期限，以两者之中期限较长者为准。●

最后，违反信息提供义务的处罚。在回答信息提供请求时，任何人不得故意不提供信息，不得拒绝提供信息或者故意或疏忽提供虚假信息。没有正

● 《信息条例》第7条"对从土地上运走农民留种进行加工的限制"（Restriction on movement for processing from the holding）。

● 《信息条例》第8条"保密责任"（Confidentiality）。

● 《信息条例》第9条"法律手续"（Formalities）。

当理由，违反或不遵守本条例关于"对从土地上移动农民留种进行加工的限制"之规定或故意不提供信息、拒绝提供信息或者故意或疏忽提供虚假信息者，构成犯罪，处标准数额2倍以下罚金。❶

英国植物育种者协会还采取有效措施抑制逃费行为：一是，专门开辟了一个叫作"Fair Play"的网页，宣传农民留种缴费的合理性和必要性、便于农民缴费；二是，投资建设小农数据库、增加工作人员以及开展法律诉讼；三是，协会通过派人审计监督等方式核实种子生产经销商生产与销售种子的数量（按每年销售数量收取使用费）以及农民留种的数量。此外，英国植物育种者协会还采取便民收费措施。例如，英国植物育种者协会每年于春秋播种季节两次向农民发放留种申报表供农民申报留种使用。申报可通过电子邮件、传真或在线进行，但必须使用英国植物育种者协会提供的表格。申报分为三种类型：一是，百分之百使用认证种子的农民，直接在表格上填写留种使用情况并在表格上签字，然后将表格返还给英国植物育种者协会。二是，将其所有留种交由注册种子加工商进行加工且已经支付了使用费的农民，需要按照申报表上的要求提供详细情况并签字，然后将表格返还给英国植物育种者协会。三是，使用留种且未缴费的农民，无论是自己加工还是直接从粮仓中取出进行播种（这种情况在农户自己吃的蚕豆或谷物这类作物中常见）均须对其使用情况进行申报，并于收到发票后按时直接向英国植物育种者协会申报。

2. 捷克农民特权及留种收费制度

2001年，捷克育种者权利人发起设立了捷克育种者合作社（DVO），主要目的就是收取使用农民留种的费用和信息。该合作社是一个由公司和自然人组成的协会组织，代表植物品种权人，现拥有4名全职员工和33名签约员工。合作社每年发放两次问卷，方便农民报告使用农民留种的信息。提交问卷的截止时间为：冬季作物每年12月31日；春季作物每年5月17日。随同问卷发给农民的材料还包括：育种者授权合作社收取使用费的受保护品种名录及其价目表；育种者的授权委托书复印件。农民可通过信件、传真、电话、合作社网站等将填好的问卷发至捷克育种者合作社。所有加工商每年可收到报告加工农民留种信息的问卷两次。然后，合作社对加工商提交的信息和农民提供的信息进行核对，确认农民提供数据的真实性；合作社的数据库中存有350个加工商的信息，合作社可随机抽查加工商提交的问卷，对问卷信息的真实性进行检验。合作社

---

❶ 《信息条例》第10条"犯罪及其惩罚"（Offences and penalties）。

定期（由合同约定）以农民、种子的种属、品种和作物种植面积作为分类分别向品种权人提供相关期限内使用费的收费额，并将其收到的使用费全部转交给相关品种权人，然后再根据实际收费数额向其成员及签约人收取费用。

小农是指耕地面积22hm^{2}以下的农民；实际上，这个数字并不绝对，因为《关于植物品种权的第408/2000号法案》在法律文本的正文中并没有对享有农民特权的种植者的土地面积上限进行规定，而是只在该法附件2中给出了一个用来计算小农耕地面积上限的表格，具体见表5-3。

表 5-3　小农耕地面积上限核算指标一览表

地籍调查区域内农地（包括耕地）的平均价格类别		谷物的平均产量/	小农耕地面积上限/	转换系数（ph）^{3}	
类别	CZK/m^2	（t/hm）	hm^2	转换系数代码	转换系数价值
Va	低于3.5	3.40	Va 27	ka	1
Vb	3.51~4	3.91	Vb 23	kb	1.7
Vc	4.01~6	4.17	Vc 22	kc	1.23
Vd	6.01~8	4.73	Vd 19	kd	1.42

资料来源：《关于植物品种权的第408/2000号法案》附件2。

注：1. 谷物的平均产量是根据1995—1999年谷物实际产量的支撑性文件确定的。

2. 小农耕地面积上限是根据欧洲理事会1994年7月27日通过的第2100/94号条例（《欧盟植物品种保护条例》）第14（3）条和欧盟委员会1995年7月24日通过的第1768/95号条例（《农业豁免条例》）规定的生产92t谷物所需要的面积为标准确定的。

3. 如果农民在其上进行经营的土地的价格可分为多种类别，则应将拥有第一栏中的某一类别的土地面积乘以相应的转换系数，然后将各类别土地面积的乘积相加。如果乘积之和小于27hm^2，则说明符合小农在其上经营的土地面积上限标准。耕地面积上限的具体计算公式如下：$Va \cdot ka + Vb \cdot kb + Vc \cdot kc + Vd \cdot kd = ph$。其中：Va、Vb、Vc、Vd为根据第三栏得出的土地面积上限；ka、kb、kc、kd为根据第4栏得出的转换系数。

政府不具体插手信息和农民留种使用费的收集，合作社只能要求政府提供与使用农民留种相关的信息，如可以向农业部索取农民名单。当合作社认为发生了违反植物品种保护法的行为时，可向中央农业监督检验所（Central Institute for Supervising and Testing in Agriculture）提起行政诉讼，该所是实施处罚的法律授权机构，但所有收缴罚款须一律上缴国库。若农民和加工商出现行政侵权行为可通过行政诉讼对其处以数额不超过50万捷克克朗罚款。下列行为属于行政侵权：一是，品种权人请求时，加工商和农民未能向品种权人提供身份识别信息以及确认提供信息可靠性的文件。二是，加工商未能向中央机构提供受保护品种的加工情况、未能向品种权人提供交由其他加工商进一步加工的农民留种数量，以及对种子进行进一步加工的单位的识别信息。三是，品种权人请求时，农民未能向品种权人提供以下信息：农民留种适用范围信息；相关认证种子材料使用范围的信息；对种子进行加工的加工商的信息。四是，农民提出要求时，品种权人未能以书面形式向农民提供使用费数额和相关年份认证繁殖材料许可使用费的通常价格。

至于品种权人提出的损害赔偿请求，只能由法院予以判决。迄今为止，合作社尚未提起此类诉讼，只是对不缴使用费的农民提起过诉讼，不过此类情况也只是零星发生。

（四）农民留种收费制度建构要素

由前文可知，影响权利人收费的因素主要有五个方面：①"小农"的界定。这个问题不但会影响到缴费义务主体的规模，还会影响到缴费的数量，这是因为被界定为"小农"的人数越多，品种权人的收费对象就越少，收费数量也就越少，两者成反比例关系。②"自己的土地"的界定。一般情况下，"小农之外的其他农民"确定下来以后，缴费土地规模即可确定下来。但一个比较现实的问题在于，若农民的土地不是集中连片的，土地面积如何计算？③收费标准问题。即留种收费与正常收费的差价是多少的问题。④信息提供问题。⑤收费机制问题。

第四节　对植物新品种权的其他限制

一、强制许可

强制许可是指国家植物新品种保护主管机关依照植物新品种保护法的规定，不经品种权人同意，直接允许其他单位或个人实施其植物新品种权的一种许可方式，又称非自愿许可。《种子法》第30条规定："为了国家利益或者社会公共利益，国务院农业、林业主管部门可以作出实施植物新品种权强制许可的决定，并予以登记和公告。取得实施强制许可的单位或者个人不享有独占的实施权，并且无权允许他人实施。"由于我国植物新品种保护制度实施时间相对较短，对于实施许可的规定原则性大于实用性。但是，在植物新品种比较发达的日本、美国以及欧盟，这些国家和地区对于强制许可的规定还是可操作性较强的，内容也各具特色。

（一）美国植物新品种保护法上的强制许可制度

在美国《植物品种保护法》（PVPA）中，强制许可制度被规定为"为公共利益的开放使用"（Public Interest in Wide Usage）。该法第 44 条规定，农业部部长可在向权利人支付的使用费数额不低于合理许可使用费的前提下，宣布对某受保护品种的开放使用。但宣布开放使用须具备两个条件：一是品种所有人不愿或不能以公平合理的价格满足公众对该品种的需求；二是农业部部长认为宣布开放使用为保证本国纤维、食物或饲料能够得到充足供应所必需。当然，宣布开放使用可以附带条件限制，也可以不附带条件限制；可以确定使用费数额也可以不确定使用费数额。若使用费确定不合理，可依据 PVPA 第 71 条针对农业部部长作出的决定到法院提起诉讼，也可以依据 PVPA 第 72 条针对农业部部长个人提起民事诉讼。对受保护品种开放使用的有效期不得超过 2 年。若许可使用费需要通过诉讼收集，则法院可裁定按照较高费率收集。❶ 尽管该规定条文不长，但内容却较具可操作性，如强制许可适用的条件、许可使用费数额确定原则以及使用费确定不合理情形下的救济途径、较高使用费率的收集等。

（二）日本植物新品种保护法上的强制许可制度

日本《种苗法》第 28 条规定，如果注册品种连续 2 年以上在日本境内未受适当利用，或者注册品种的使用对公共利益尤其必要，意欲在其经营的业务中使用该注册品种的人可以请求该注册品种的品种权人或者独占许可使用权人就非独占许可使用的授权问题进行磋商。如果双方无法磋商或者磋商未果，则该意欲在其经营的业务中使用该注册品种的人可以向农林水产省申请强制许可裁定。

强制许可裁定申请提出以后，农林水产省大臣应以书面形式通知品种权人、独占许可使用权人或对与注册品种相关的权利进行了注册的人，并要求他们在规定的时间内就强制许可申请陈述意见。若农林水产省大臣认为注册品种之使用对公共利益尤为必要而该品种权人之未使用注册品种又不存在正当理由，可作出授予申请人非独占许可使用权的裁定。在作出强制许可决定前，农林水产省大臣应当听取农业资材审议会（the Agricultural Materials Council）的意见。在准予申请人非独占许可使用的裁决中，应对非独占许可

---

❶ 7 U. S. C. 2404.

使用权的范围、使用费及其支付方式一并作出裁定。农林水产省大臣应将其作出强制许可（此处指准予申请人的非独占使用许可）的裁决通知各方当事人以及对与注册品种相关的权利进行了注册的人。裁决作出并通知相关当事人后，视为在相关当事人之间达成了以裁决内容为条款的协议。❶

（三）欧盟植物品种保护法上的强制许可制度

1. 欧盟《基本条例》对强制许可使用权的分类

一是，根据强制许可申请人及被许可对象的不同，将强制许可分为三种：①应一人或多人的申请，在咨询了行政理事会的意见之后，欧盟植物品种保护局可以许可一人或多人以强制许可使用权。②应一个成员国、欧盟委员会或经欧盟层面建立并由欧盟委员会注册的组织的申请，该强制许可使用权可以授予符合条件的一类人或在一个或多个成员国或全欧盟范围内的任何一个人，但需经行政理事会的同意。关于上文所述的第一类人，《关于执行〈共同体植物品种理事会条例〉的诉讼条例》（又称《基本条例实施条例》，以下简称《实施条例》）❷第43条作了几条规定，根据该条第1款，任何意图获得强制许可使用权的人，如果其申请符合《基本条例》第29（2）条的规定，则应当以挂号信的形式向欧盟植物品种保护局以及权利人申报其意图。申报内容应当包括，除其他外，符合作出强制许可使用权决定中规定的具体条件的事实以及所从事的活动。③欧盟植物品种保护局还可根据《基本条例》第102条的规定批准强制许可。如果由于法院作出的最终判决导致共同体植物品种权的权利人发生变化，先前的权利人或被许可人在根据《基本条例》第101条或第102条启动诉讼程序前，已经从事了第13（2）条规定的活动，那么，只要他向新权利人请求了非独占性使用权，即可继续从事这些活动。如果当事人之间未能达成协议，那么使用权可以由欧盟植物品种保护局授予。尽管第101条没有使用"强制许可使用权"这个词，实质上它和根据第29条授予的使用权是一样的。强制许可使用权属非独占性使用权。❸具体地说，获得此类品种权强制许可必须满足的条件有：（a）品种权人根据法院的判决发生变更；（b）在诉讼程序开始之前，原品种权人或相关被许可人已经实施了

---

❶ 《种苗法》第28条。

❷ COMMISSION REGULATION（EC）No 874/2009 of 17 September 2009 establishing implementing rules for the application of Council Regulation（EC）No 2100/94 as regards proceedings before the Community Plant Variety Office（OJ L 251 of 24. 09. 09 p. 3）.

❸ P A C E VAN DER KOOIJ. Introduction to the EC Regulation on Plant Variety Protection ［M］. London：Kluwer Law International，1997：59.

利用品种权的行为，如相关繁殖材料的生产、销售等；（c）原品种权人应当在收到欧盟植物品种保护局关于新品种权人姓名通知之日起 2 个月内提出要求非排他使用品种权的请求，其他人则在 4 个月内提出；（d）只有在双方无法达成协议的情况下，保护局方可根据《基本条例》第 29 条（3）至（7）的规定授予该品种权的强制许可；（e）必须向新品种权人支付合理的权利金作为公平补偿；（f）该品种权强制许可仅仅是为了使原品种权人或其他权利人完成在诉讼程序之前已经开始的品种权利用行为，如完成正在进行的相关品种繁殖材料的生产、销售等。一旦超出了这一范围，原权利人要求强制实施该品种权的理由就缺乏根据。❶

　　二是，根据作出强制许可决定的理由之不同，将《基本条例》第 29（1）（2）条规定的强制许可分为以下三种：①基于公共利益而授予的品种权强制许可。"公共利益"是指"在一定条件下可以导致强制许可的公共利益，包括向市场供应具有特定品质繁殖材料的需要或者为继续培育改良品种提供激励的需要等"。《实施条例》第 41（1）条对此作了如下解释："特殊情况下，下列理由可构成公共利益：（a）保护人类、动物或植物的生命或健康；（b）向市场供应具有特定品质的品种繁殖材料；或者（c）为继续培育改良品种提供激励。"②基于实质性派生品种而产生的品种权强制许可。❷ 根据《实施条例》的解释，"特殊情况下为继续培育改良品种提供激励"可构成"公共利益"。一般来说，利用实质性派生品种应当属于"为继续培育改良品种提供激励"，但《基本条例》没有明确利用实质性派生品种是否符合申请品种权强制许可的条件，是否真正符合条件还需视个案情况具体认定。值得注意的是，只有实质性派生品种的品种权人才能申请对相关原始品种的强制许可，而原始品种的权利人没有资格就该实质性派生品种申请强制许可，只能向实质性派生品种权利人寻求合同许可。这一情形与专利领域因从属专利产生的强制交叉许可不同。这是因为，基于实质性派生品种的强制许可同样必须严格贯彻"公共利益"的原则。实践中，实质性派生品种的商业利用必定涉及对原始品种的利用，即实质性派生品种的实施必须依赖于原始品种权人的授权。反过来，原始品种权的实施并不依赖实质性派生品种权利人的许可。因此，法律无须赋予原始品种权人申请实质性派生品种强制许可的权利。❸

❶❸ 李菊丹. 欧盟品种权强制许可制度及其借鉴意义 [J]. 知识产权，2011（7）：79-85.
❷ Article 29（5）of（EC）No. 2100/94.

③基于交叉强制许可而实施的品种权强制许可。❶ 首先，交叉强制许可的授予必须基于申请，欧盟植物品种保护局或相关主管机构不得主动授予。其次，品种权人先启动强制许可程序的，必须符合"一名育种者不侵犯一项已有的专利权就无法获得或利用一项植物品种权"这一条件。也就是说，只有该项许可对品种权人利用受保护品种为必要的情况下，品种权人方有资格申请对该项专利权的强制许可。当该项强制许可被授予时，相应的专利权人可在合理条件下获得对该品种权的强制许可。专利权人先启动强制许可的，必须符合"一项生物技术发明的专利权持有人不侵犯已有的植物品种权就无法实施该专利"这一条件。当该项强制许可被授予时，相应的品种权人可以在合理条件下获得对该项专利权的强制实施许可。最后，申请交叉强制许可的申请人应证明：（a）其已向专利权或植物品种权持有人请求获得合同许可但未成功；（b）与专利中要求受保护的发明或受保护的植物品种相比，该植物品种或发明构成了可观经济效益的重大技术进步。

2. 欧盟《基本条例》对强制许可使用权的具体规定

第一，规定了对强制许可使用权人的附加条件。在授予强制许可使用权时，欧盟植物品种保护局应当规定强制许可的类型并规定相应的合理条件。该合理条件应当考虑到因强制许可而会受到影响的品种权人的利益。该合理条件可包括时间限制、作为公平报酬向权利人支付的适当使用费，并可向权利人施加一定的义务，该义务的履行是强制许可使用权的利用所必需的。❷

第二，规定了侵权诉讼问题。关于与强制许可使用权相关的侵权诉讼，准用《基本条例》第27条关于"约定使用权"的规定。然而，欧盟植物品种保护局应当规定，强制许可使用权人无权对侵犯植物品种权的行为提起诉讼，除非权利人在被请求提起诉讼的两个月内拒绝或疏于这样做。

第三，规定了强制许可使用权的撤销或修改。根据《基本条例》第29（4）条规定，诉讼当事人中的任何一方均可请求主管机关撤销或修正其作出的强制许可决定，请求的唯一理由为据以作出决定的条件发生了变化。例如，带有改良性状的品种已经得到繁殖或销售，或者权利人已经同意进行合同许可使用。

第四，规定了申请强制许可的程序。《实施条例》第37至第44条对强制许可使用权的申请程序进行了规定，这些条款分别涉及：（1）申请的提交；

---

❶ Article 29（5a）of（EC）No. 2100/94.

❷ Article 29（3）of（EC）No. 2100/94.

（2）对申请的审查；（3）在诉讼期间，植物品种权的保护期；（4）决定的内容；（5）授权许可；（6）强制许可使用权授予对象的相关条件；（7）符合具体条件的人；（8）强制许可使用权。强制许可申请，除其他以外，还应附上证明要求权利人实施合同许可使用的文件，欧盟植物品种保护局在作出决定之前，应当邀请相关各方对合同使用权进行友好协商。

第五，批准强制许可使用权的决定应当包含对涉及的公共利益的说明。强制许可使用权不能转让，获得强制许可使用权的人应当具有足够的财务和技术能力来使用这项权利。

第六，如对欧盟植物品种保护局作出的决定不服可以上诉，但上诉不具有中止效力。如对上诉决定不服，也可诉至欧洲法院。根据《基本条例》第87（2）（f）条的规定，任何强制许可使用权，包括被许可人的姓名和地址应当登入共同体植物品种权登记簿。强制许可费为 1500 欧元。上诉费也是 1500 欧元，至于申请强制许可使用权的公告，请参阅《实施条例》第 88 条。

二、权利用尽

在知识产权制度中，"权利用尽"也作"权利穷竭"，是指当含有知识产权的商品以合法方式销售或分发出去后，无论该商品再流转到何人之手，知识产权所有人均无权控制该商品的流转，即权利人行使一次即告用尽的有关权利，不能再次行使。❶制定权利用尽制度的目的，是使知识产权产品在进入流通领域后，凡是合法地取得该产品的人，有权对其进行再次使用、销售和处分，从而达到"物尽其用"的目的。❷有学者认为："权利穷竭原则的理论基础是经济利益回报理论，即知识产权所有人基于法律的规定而独占性地制造并销售其知识产权产品后，他已经从这种独占性的制造、销售活动中获得了应得的经济利益，知识产权的基本功能已经实现，不应该再继续对该知识产权产品施加进一步的控制。否则，就有碍于商品流通，有损于社会公众的利益。"❸

权利用尽是知识产权法中普遍规定的一个规则，目的在于对知识产权权利持有人的权利进行限制，从而避免权利人滥用权利。同样，在植物品种法

---

❶ 张广良. 知识产权侵权民事救济 [M]. 北京：法律出版社，2003：122.

❷ 史大贤. 论专利法权利用尽原则——以回收利用专利酒瓶案为例 [J]. 金卡工程（经济与法），2009（9）：154.

❸ 转引自：张仲波，阴花. 试述权利用尽的法理 [J]. 社会科学家，2005（S2）：100-101.

律保护制度中规定品种权权利用尽的目的在于防止品种权持有人滥用其权利。品种权用尽的意思是，授权品种一旦由品种权人本人或经其同意出售或在市场销售以后，品种权不再适用；但是，品种权权利用尽规则保证禁止品种的进一步繁殖或未经许可进行繁殖的权利永远不会穷竭。举例来说，假如我们把种植（用的是授权品种的繁殖材料）和收获（得到的是授权品种的收获材料）看作繁殖的两个不同阶段，若某人从品种权人那里合法取得了受保护品种，而后通过种植收获了粮食要进行销售，此时品种权人无权阻止。这是因为在整个过程中，品种权人已经在繁殖材料（种子）的销售阶段行使了权利，此时权利即已用尽。粮食只不过是从种子（繁殖材料）中派生出来的收获材料，因而品种权人无权在该繁殖材料变成收获材料以后再次行使其品种权。那么，品种权人是否有权阻止该某人用合法获得的种子繁殖种子呢？答案当然是肯定的。因为繁殖种子意味着该受保护品种进入了新一轮繁殖循环，属于"该品种的进一步繁殖"。

我国《植物新品种保护条例》以及 2019 年 2 月 2 日农村农业部颁布的《中华人民共和国植物新品种保护条例修订草案（征求意见稿）》（下称《征求意见稿》）均回避了权利用尽原则的问题，这与 UPOV 公约 1991 年文本以及绝大多数国家的植物新品种保护制度中明确规定权利用尽原则的做法截然相反。而在司法实践中，因缺少明确的植物新品种权利用尽原则的法律规定，引起司法判决不一，甚至适用法律错误的情况时有发生。如"江苏里下河地区农业科学研究所诉宝应县天补农资经营有限公司案"中，江苏高院错误适用我国未加入的 UPOV1991 年文本作为判案依据，判决该案适用权利用尽原则。"川中正科技有限公司诉广西壮族自治区博白县农业科学研究所等案"以及"广西桂林兴桂种业有限公司诉廖小兰、文小秀案"却分别适用《专利法》和《植物新品种保护条例》《种子法》对该案植物品种是否适用权利用尽作出判决。

品种权用尽是 UPOV 公约 1991 年文本新增加的一个制度，在公约第 16 条是这样规定的："受保护品种的材料或第 14 条第（5）款所指品种的材料，已由育种者本人或经其同意在有关缔约方领土内出售或在市场销售，或任何从所述材料派生的材料，育种者权利均不适用，除非这类活动：（i）涉及该品种的进一步繁殖，或（ii）涉及能使该品种繁殖的材料出口到一个不保护该品种所属植物属或种的国家，但出口材料用于最终消费的情况不在此例。"其中，"材料"是指"为与某一品种有关的（i）任何种类的繁殖材料；（ii）收获材料，包括整株和植株部分；（iii）任何直接由收获材料制成的产品"。"领土"是指"为第（1）款之目的，属一个和同一政府间组织成员国的所有缔约方"。"第 14 条第（5）款所指品种"是指受保护品种的实质性派生品种、与受保护品种没有明显区别的品种、需要反复利用受保护品种进行生产的品种。简言之，育种者权利用尽指的是下列材料一旦由育种者本人或经其同意在有关缔约方领土内出售或在市场销售以后，育种者权利不再适用：任何品种的繁殖材料、收获材料、由受保护品种的收获材料直接制成的产品、受保护品种的实质性派生品种、与受保护品种没有明显区别的品种、需要反复利用受保护品种进行生产的品种，或任何由这些材料派生的材料。但是，育种者权利用尽规则保证禁止品种的进一步繁殖或未经许可进行繁殖的权利永远不会穷竭。

值得指出的是，欧盟《基本条例》关于权利用尽的规定十分详尽。该条例第 16 条规定，权利人将受保护品种材料在欧盟范围内转让后，其在该材料中的权利用尽。因此，品种权人自己或经其同意的其他人将品种材料投放市场后，品种权人不能对该材料的收获物或从收获物中得到的产品主张权利。❶然而，受保护品种的销售并不导致权利人对受保护品种的实质性派生品种、与受保护品种没有明显区别的品种以及需要反复利用受保护品种进行生产的品种之权利用尽。此原则同样适用于某一品种在申请日前宽限期内销售的品种。上述情况仅限于原始品种权人销售的只是原始品种的情况，如果某一派生品种、与受保护品种没有明显区别的品种以及需要反复利用受保护品种进行生产的品种在售出之后，这些品种的品种权同样会用尽。具体来说，某育种者培育并享有品种 A 的品种权，而品种 B（由育种者 B 培育）是从品种 A 派生出来的受保护品种，育种者 A 经育种者 B 同意将品种 B 的材料的出售，或者育种者 B 经品种权人 A 同意出售品种 B，都将导致该材料的权利用尽。尽管《基本条例》在这方面没有明确规定，但我们认为，如果育种者 A 未经育种者 B 同意出售品种 B，或者育种者 B 未经育种者 A 同意出售品种 B，都不会出现权利的用尽。❷

如果将《基本条例》第 16 条（关于权利用尽）的规定与第 13（5）（b）条（该条的内容是关于与受保护品种没有明显区别的品种）结合起来考

❶ 李明德. 欧盟知识产权法 [M]. 北京：法律出版社，2010：434.

❷ G WÜRTENBERGER, et al. European Community Plant Variety Protection [M]. New York：Oxford University Press，2006：144-145.

虑，则一个由育种者 A 或育种者 C 培育，但与品种 A 没有明显区别的品种 C 的材料，分别由育种者 A 或由育种者 C 经育种者 A 同意后销售给了他人，此时品种权同样用尽。《基本条例》第 13（5）（b）条的规定实际上没有必要，因为在不具备特异性的情况下，品种 C 是不能获得保护的，而如果品种 C 得不到保护，那么，权利用尽源自这样一种事实，即品种 C 落入了品种 A 的保护范围之内。

如果品种 A 是一个受保护的亲本材料，杂交种 D（其生产需要反复利用品种 A）无论受保护与否，它的销售同样会导致其权利用尽。换言之，如果育种者 A 销售了杂交种 D，品种 A 的共同体植物品种权不会延及与该材料有关的行为。然而，重要的是，受保护材料的销售本身并未给予材料的买方对该品种进行进一步繁殖的权利，因为实际上，植物品种权已经赋予了品种权人无论何时都能够阻止他人未经其许可对其品种进行繁殖的权利。当然，如果在对该材料进行转让时，买卖双方意图对该材料进行进一步繁殖的除外。这就使品种权人可以通过约定，阻止那些原本意图用来生产收获材料的受保护品种在被售出之后的进一步繁殖。如果已经在欧盟范围内进行了市场销售的受保护品种的成分的最终出口地点是一个不对该植物品种所属的植物种或属进行保护的第三国，权利人即可行使其权利阻止该材料出口，除非该出口材料的使用目的是最终消费，因为在此情况下，不存在该品种被进一步进行繁殖的风险。然而，如果买方违反他与权利人之间订立的合同，后来擅自改变植物材料的最终出口地点，并致使该材料用于繁殖目的，则品种权人的权利不会用尽。❶

三、先用权

由于 UPOV 公约框架下的植物新品种保护制度采用先申请原则，因此当两个以上的申请人分别就同一个植物新品种申请品种权时，品种权授予最先申请的人。这就造成了，针对某一个植物新品种先提出品种权申请的人不一定是先完成该植物品种育种的人，也不一定是先开始实施该品种权的人。在某人提交品种权申请时，有可能已有他人培育出相同的植物品种，也已投入人力、物力和资金开始实施该品种权。在这样的情况下，如果在授予品种权之后，将上述事实行为当作侵权行为来对待，则显失公平。

---

❶ G WÜRTENBERGER, et al. European Community Plant Variety Protection [M]. New York：Oxford University Press，2006：149.

先用权例外是品种权保护的限制之一，旨在弥补品种先申请原则的上述不足，维护在先植物培育人的权益。目前，在 UPOV 公约以及世界上多数国家的植物新品种保护制度中都没有先用权的规定，少数作出这一规定的国家中有美国和日本。前者将其称为"老祖父条款"；后者则将其称为"先育成人的非独占许可使用权"。

美国《植物品种保护法》（PVPA）第 112 条规定，非所有人对受保护品种进行繁殖或销售的，若行为人对受保护品种的开发与生产，是在该品种的有效申请日前一年以上进行的，则行为人或其权利继承人的权利，不因该品种获得植物品种保护而有所减损。此即美国《植物品种保护法》上的"老祖父条款"。依照该规定，即使品种获得了植物品种保护，非所有人的在先行为可对抗其品种权，这是对植物品种保护的极大限制，相当于专利制度中的先用权制度。并且，从 PVPA 的字面意思看，并未规定植物品种保护证书签发后在先之繁殖或销售行为能否在原有规模的基础上进行，实际上相当于在先行为人与品种权人被赋予的权利是同等的。❶

日本《种苗法》第 27 条关于先育成人的非独占许可使用权的规定，在各国植物品种保护制度中独树一帜。该条规定，先于注册品种的育种人培育了在其性状表达方面与注册品种相同或者与注册品种没有明显的区别的品种的人，享有相关注册品种的非独占许可使用权。日本《种苗法》对先育成人的非独占许可使用权的规定是对先育成人利益的救济，也是对其育种投入的补偿。它使育种者的育种投入不至于因申请之不及时而完全落空，从而降低了培育新品种的投资风险。同时，这一规定也弱化了绝对先申请原则引发的负面作用，有利于维护知识产权取得制度的公平性。因为从实质正义的角度分析，最先完成新品种的培育应当是授予育种者权的决定性法律事实，而申请品种注册的时间只是授权程序上辅助的判断依据，主要是出于效率上的考量。因此，日本《种苗法》上先育成人的非独占许可使用权制度，有助于弥补先申请原则可能造成的实质上的不公平。

在 UPOV 公约以及世界上的许多国家都没有"先于注册品种完成与该注册品种相同品种"的规定，而日本《种苗法》把这种情况直接规定为法定非独占许可。这样做的好处，首先在于绕开了所谓"先于注册品种的育种人培育了在其性状表达方面与注册品种相同或者与注册品种没有明显区别品种的人"有无"优先权"问题的争论，又从法律上明确了这些品种所有人的权利

---

❶　7 U. S. C. 2542.

范围，使得植物品种保护法上关于先用权的讨论变得没有必要。其次，与UPOV 公约不同，日本《种苗法》没有简单地将"与受保护品种没有明显区别的品种"列为品种权人的权利范围，而是以品种权人提出申请的申请日为界，把它分为两种不同的情况予以处理。申请日后育成的"与受保护品种没有明显区别的品种"，其权利归属于品种权人；申请日前育成的"与受保护品种没有明显区别的品种"，则该品种的育种人享有法定的独占许可使用权。与UPOV 公约的将"与受保护品种没有明显区别的品种"规定为品种权人的权利的做法相比，这种规定更加合理，这是因为，按照 UPOV 公约的规定，在品种权人不同意的情况下，"先于注册品种完成与该注册品种相同品种"的人将无法使用自己的品种。

由于我国实行植物品种保护制度的时间还比较短，还没有这样的案例发生，但作为一部严谨的法律，并不能因为零案例的发生，而不对相关制度进行预设。建议未来修法时增设植物品种先用权制度。其主要理由是，现实中确实存在着不同的人分别培育出相同品种的概率，而且随着分子育种手段的普及，发生这种概率的可能性会越来越大。

四、中介豁免

中介豁免制度是美国独有的一项品种权限制制度。由于美国《植物品种保护法》（PVPA）赋予品种权人排除他人未经许可销售、许诺销售、繁殖、生产以及运输受保护品种的权利，因此，一个品种从生产到最终用户的几乎每一个环节，如果不是取得了所有人的同意而为，就有可能构成侵权。而现实中，有些行为仅由种子生产者自己是无法完成的，须由相应的服务中介协助，而这些经营诸如运输、广告等业务的服务中介，在接受种子生产者委托从事中介服务活动时，不可能将这些业务是否涉及品种权侵权都调查清楚。因此，PVPA 第 115 条规定，运输经营者在其正常营业中进行的运输、交付，或广告经营者在其正常营业中从事的广告行为，不构成对植物品种保护的侵害。❶

---

❶ 7. U. S. C. 2545.

第六章

植物新品种权的取得与丧失

第一节　植物新品种权的申请

　　植物新品种育成后，即使符合新颖性、特异性、一致性和稳定性等授权条件，也不能自动取得植物新品种权。植物新品种权申请人必须向国家植物新品种保护主管机关提出申请，后者同意受理并对该申请依法进行审查，根据审查结果决定是否给予授权。植物新品种权申请与受理是品种权获得的第一步，也是品种权审查与授权的基础。

一、植物新品种权的申请原则

（一）国民待遇原则

　　国民待遇原则是众多知识产权公约所确认的首要原则。《TRIPs 协议》第3 条规定了国民待遇原则，即每一成员给予其他成员的待遇不得低于本国国民的待遇。植物品种权是《TRIPs 协议》规定的重要知识产权形式之一，作为具体体现植物品种权保护的 UPOV 公约，必然要规定国民待遇这一重要原则。UPOV 公约 1991 年文本第 4 条规定："（1）在不损害本公约规定的权利的前提下，缔约方的国民以及自然人居民和在缔约方的领土内有其注册办公地点的法人，就育种者权利的授予和保护而言，在缔约方各自的领土内，相互享有另一缔约方根据其法律所给予或将给予其自己的国民同等的待遇，只要上述国民、自然人或法人遵守上述另一缔约方对国民的规定条件和手续。（2）在前款中，'国民'的概念是：如果缔约方是一个国家，那么就指那个国家的国民，如果缔约方是一个政府间组织，则指那个组织各成员国的国民。"对此，可作如下理解：关于申请的提交，如果法律对国籍、自然人的居住地以及法人的注册办事处的地点不作任何限制性规定，则无须制定国民待遇条款。如果法律规定了国民待遇条款，则主管机关可以要求申请表中必须有相关信息，并根据申请人国籍、居住地或注册办事处确定申请人是否有资格提出申请。● 能够享受国民待遇的人包括 UPOV 成员的国民、UPOV 成员的居民以及在 UPOV 成员的领土内有自己的注册办公地点的法人。上述人员在联盟的其他成员享有另一缔约方根据其法律所给予或将给予其自己的国民同等的待遇。国民待遇将一 UPOV 成员的国民或居民和其他 UPOV 成员的国民或居民置于同等的法律地位，这对于 UPOV 成员来说是一个重要的好处。

国民待遇原则主要体现的是法律正义中的"平等"价值。不少国家的植物新品种保护法在这个问题上均有所体现，但这一条在许多国家贯彻得并不彻底，如日本《种苗法》第 10 条"外国人享有的权利"规定："在日本既没有居所又没有住所（如果是法人，也没有注册的办事地点）的外国公民不能享有育种者权或任何与育种者权有关的权利，符合下列任一事项的情况除外：(i) 如果该人所属的国家或者该人有居所（如果是法人，则为注册的办公地点）的国家为 1961 年 12 月 2 日订立、经 1972 年 11 月 10 日和 1978 年 10 月 23 日以及 1991 年 3 月 19 日修正的《国际植物新品种保护公约》的国家成员，或者是受上述条约约束的政府间组织的成员国。(ii) 如果该人所属的国家或者该人有居所（如果是法人，则为注册的办公地点）的国家为 1961 年 12 月 2 日订立经 1972 年 11 月 10 日和 1978 年 10 月 23 日修正的《国际植物新品种保护公约》的国家成员（包括日本即将按照该公约的第 34（2）条的规定适用公约的国家），如果上述国家提供了该人的申请品种所属的种或属的保护（前项规定的情况除外）。(iii) 如果该人所属的国家规定根据同样的条件向日本公民提供像对其自己的公民（包括向日本公民提供日本允许该国的公民享有育种者权及与育种者权相关的其他权利）一样的品种保护。而且假如该国向该人的申请品种所属的国家提供植物种和属的保护（前述两款规定的情形除外）。"● 又如，美国《植物品种保护法》（PVPA）提供的保护，原则上仅限于美国公民，除非该限制违反某条约或外国公民的所属国对美国公民在同一属种上给予了与 PVPA 同等的保护。● 由此可见，美国在对待外国人申请植物

● UPOV/EXN/NAT Draft 2, Explanatory Notes on National Treatment Under the 1991 Act of the UPOV Convention August 31, 2009 ［EB/OL］. http://www.upov.int/export/sites/upov/en/publications/pdf/upov_exn_nat_1.pdf.

● 日本《种苗法》第 10 条。

● 7 U.S.C. 2403.

品种保护的问题上，采取了承担国际条约原则与互惠、对等原则相结合的处理方式。

(二) 独立保护原则

独立保护原则是指某成员的国民就同一智力成果在缔约国（或地区）所获得的法律保护是互相独立的：外国人在另一个国家所受到的保护只能适用该国法律，并按照该国法律规定的标准实施。独立保护原则是考虑到各缔约国（或地区）法律的差异而制定的。这种独立性源于知识产权保护的地域性。在一个缔约国（或地区）授予的知识产权，对其他缔约国（或地区）相关权利的存废没有任何约束力。独立性原则与国民待遇原则的精神相一致，要求各缔约国（或地区）在自己的领土范围内独立适用本国法律，外国人取得某一缔约国（或地区）的知识产权是独立的，但它与该缔约国（或地区）国民享有的利益则是平等的。❶

关于独立性保护原则，UPOV 公约第 10 条是这样规定的："申请育种者权利的育种者可按自己的意愿选择提交首次申请的缔约方。在受理首次申请的缔约方主管机关尚未批准授予育种者权利之前，育种者有权向其他缔约方的主管机关提交育种者权利申请。任何缔约方均不得以对同一品种未向其他国家或政府间组织提交保护申请，或这种申请已被拒绝或其保护期已满为由，拒绝授予育种者权利或限制其保护期限。"上述规定说明了三个问题：一是，育种者有权决定首次提起申请的国家。UPOV 公约不对提交首次申请的地点进行限制，育种者可以自由选择先向哪个 UPOV 成员提交品种权申请。根据此规定，育种者不必先在其出生地国或居住地国申请品种权。二是，UPOV 公约允许育种者在受理首次申请的缔约方主管机关尚未批准授予育种者权利的情况下向其他缔约方的主管机关提交育种者权利的申请。三是，任何缔约方均不得以对同一品种未向其他国家或政府间组织提交保护申请或这种申请已被拒绝或其保护期已满为由，❷ 拒绝授予育种者权利或限制其保护期限。因此，如果育种者的品种权申请遭到某一 UPOV 成员的驳回，这并不意味着就同一品种向其他 UPOV 成员提出的所有续后申请也将遭到驳回。同理，将一

---

❶　中国知识产权律师服务网. 独立保护原则：知识产权国际保护的基本原则之四 [EB/OL]. (2011-03-17) [2020-06-09]. http://www.cipls.com/general/0032.htm.

❷　关于"任何缔约方均不得以品种保护期已满为由拒绝授予育种者权利或限制其保护期限"这一说法是不够严谨的。因为该品种在其保护期已经届满的情况下，早就成为一个已知品种了。如果按照本书第二章关于特异性标准的研究结论，该品种无论如何不能再在任何其他国家获得植物新品种授权了。所以这种说法值得商榷。

个已经在一个 UPOV 成员受到保护的植物品种向另一个 UPOV 成员申请品种权并不必然遭到驳回。

根据该原则，任何国家均有权根据本国植物品种审查机关对申请品种的审查结果，独立地作出是否给予品种权保护的决定。例如，澳大利亚的 Prophyl Pty Ltd 和 Swane Pty Ltd 以 "Probril" 申请共同体植物品种权一案就很好地诠释了这一原则。该案中，尽管该品种已经在澳大利亚、新西兰、美国、南非获得保护，但欧盟植物品种保护局的意见是，由于欧盟系统是一个独立于其他系统的植物品种保护组织，不能以其他国家已经授予品种权为理由而主张其申请品种具有一致性，《基本条例》的程序及规定必须遵守，并据此驳回该品种权申请。❶

(三) 优先权原则

UPOV 公约 1991 年文本关于优先权的规定是在其第 11 条："一、[优先

---

❶ 2001 年 4 月 26 日，澳大利亚的 Prophyl Pty Ltd 和 Swane Pty Ltd 以 "Probril" 申请共同体植物品种权。Probril 品种属于玫瑰植物，是 Proberg 品种的变种。1998 年 6 月，Probril 在澳大利亚第一次销售，且已在澳大利亚、新西兰、美国、南非获得保护。2001 年 11 月 9 日，欧盟植物品种保护局要求申请人在 2002 年 3 月 31 日前寄送 6 个适于冬季种植的植株到英国皇家国家玫瑰学会（Royal National Rose Society）测试中心，申请人按要求寄送了 6 个植株。测试在 2002 年进行，但该学会 2002 年 11 月 1 日出具的测试报告认为该品种不具有一致性。测试中种植的 6 个植株中，有 4 个植株显示为白色的花，一个植株开出颜色很淡的花，只有一个植株开出粉色花，而申请人在其技术问卷中对该品种的描述是粉红色花。2003 年 4 月 14 日，欧盟植物品种保护局驳回该品种权申请。

2003 年 8 月 8 日，申请人就该决定提起上诉，欧盟植物品种保护局维持了其原来的决定。申请人根据《基本条例》第 70（2）条，提请复审委员会对本案进行复审。本案的复审请求人主张："Probril" 已经受到多个国家的保护，欧盟植物品种保护局应采用 UPOV 成员的报告授予品种权；仅只允许几个月的时间寄送检验，时间不够充分；当时可能因为在寄送时未注意而将植株混淆了；若能等到材料再次发芽后再送，此等不一致性的问题应该不会存在；测试机构财务困难，无法提供足够的照顾及维护，是产生不一致性的原因；欧盟植物品种保护局应准许再寄送一次植物组织以供检验。

而欧盟植物品种保护局的意见是，由于欧盟系统是一个独立于其他系统的植物品种保护组织，不能以其他国家已经授予品种权为理由而主张其申请品种具有一致性，《基本条例》的程序及规定必须遵守。只有在欧盟内没有合适的测试单位时，方可请求以经认可的非欧盟测试机构的测试结果进行认定。复审请求人并未对该不一致性的测试结果产生争执，只是一再要求再次寄送该品种的植株。然而，根据有关规定，只能以申请日的植物组织为检验标的，不得再提供进一步育种的植物，以免造成对其他第三人或竞争者的不公平。关于检验技术的问题，欧盟植物品种保护局不予接受。

最后，复审委员会决定：复审请求人的主张不成立。因为根据《基本条例》第 8 条的规定，品种必须具有一致性。对于该品种所描述的特征，必须在测试时具有足够的一致性。"Probril" 虽然在 UPOV 成员中获得品种权，但这不能影响欧盟植物品种保护局的独立判断。上诉人不得再次寄送植株要求重新进行检验。品种权申请日到寄送检验日这段时间并不是供申请人用来育种的，因此不得用更进一步开发的植株取代原本已寄送的植株（转引自：李秀丽. 植物品种法律保护制度国际比较研究 [M]. 北京：知识产权出版社，2014：134-135. ）。

权及其期限〕凡已正式向缔约方之一提交保护某一品种的申请（'首次申请'）的育种者，出于为获得同一品种育种者权利而向其他缔约方主管机关提交申请（'续后申请'）时，均享有为期十二个月的优先权，这个期限从提交首次申请之日算起，申请的当日不计在内。二、〔优先权要求书〕育种者为从优先权中获益，在提交续后申请时有权要求享有首次申请的优先权。受理续后申请的主管机关可以要求育种者在一定时间内（从提交续后申请之日起不少于三个月）提供有关文件，包括经受理首次申请的主管机关证实为真实文本的首次申请的副本和样品或其他证据，证明两次申请的主题内容是同一个品种。三、〔文件和材料〕允许育种者在优先权期满后两年之内，或在首次申请被拒绝或撤出后的适当时间内，向续后申请受理主管机关提供根据该缔约国法律需要的信息、文件或材料，以满足第十二条所指的审查要求。四、〔该期限内发生的事件〕一款中所规定的期限内发生的事件，例如另提申请或首次申请所涉及品种的公开或利用，不能成为拒绝受理续后申请的理由。这类事件也不应产生第三方之权利。"

从上述规定可以看出，优先权原则给育种者带来的好处主要有三个：一是，凡已正式向缔约方之一提交保护某一品种的申请（"首次申请"）的育种者，出于为获得同一品种育种者权利而向其他缔约方主管机关提交申请（"续后申请"）时，均享有为期12个月的优先权，即续后申请应当像首次提出申请一样对待；二是，提出续后申请的育种者自提交续后申请之日起至少可以有3个月时间递交相关文件；三是，对续后申请的审查可以延迟到优先权期满后的2年内。

在理解UPOV公约两大文本关于优先权原则的规定时，需要重点关注以下几个问题：第一，关于优先权的期限。根据UPOV公约规定，就已经提出了首次申请的同一个品种向其他国家提出后续申请时，可以享有优先权的期限为12个月。举例来说，某美国育种者于2004年5月15日在本国向植物品种保护主管机关提出了首次植物品种保护申请。此后，他又先后于2005年2月13日、2005年5月10日和2005年6月10日分别向加拿大、澳大利亚和日本提交了续后申请。其中，在加拿大和日本提交续后申请时还同时提交了优先权申请，而在澳大利亚提交续后申请时，没有提交优先权申请。那么，按照UPOV公约关于优先权的规定，该育种者的续后申请能否都享有优先权呢？该育种者在加拿大提交申请的时间为2005年2月13日，由于该时间距其首次申请时间（2004年5月15日）未超过12个月，同时，又由于其在加拿大提交品种权申请的同时还提交了优先权申请，因此可将其在本国的首次申请日（2004 年 5 月 15 日）认定为在加拿大提起续后申请时的申请日。据此，该育种者在加拿大的申请可享有优先权。关于该育种者在澳大利亚的品种权申请，该育种者在澳大利亚提交申请的时间为 2005 年 5 月 10 日，该时间距其首次申请时间（2004 年 5 月 15 日）也未超过 12 个月，单从时间上看似乎也可将其在美国提起首次申请日（2004 年 5 月 15 日）认定为澳大利亚的申请日，但由于他在澳大利亚的品种权申请中没有提交优先权申请，因此其在澳大利亚的申请丧失了享受优先权的机会；最后，虽然该育种者在日本提交保护申请的同时也提交了优先权申请，但由于他在日本实际提出申请的时间（2005 年 6 月 10 日）距首次申请时间（2004 年 5 月 15 日）已经超过了 12 个月，所以不再享有优先权。需要说明的是，首次申请日期指的是收到首次申请的日期。

第二，关于优先权对植物品种授权条件的影响。分三个方面：（1）优先权对新颖性的影响。关于优先权对新颖性的影响问题实际涉及的是在续后申请情况下，申请品种"宽限期"应当如何确定的问题。对此，UPOV联盟理事会在《关于 UPOV 公约中的优先权的解释》❶ 中作了这样的解释：根据 UPOV 公约关于优先权的规定，提起续后申请时，可以将首次申请的申请日认定为续后申请的申请日。因此，如果一个品种在甲国首次提出申请之日，该品种的繁殖或收获材料尚未因利用该品种之目的被育种者本人或经其同意出售或转让他人，而且在乙国领土上距在甲国首次提出申请之日未超过一年，或者在乙国以外的领土上，距在甲国首次提出申请之日未超过四年，或在树木或藤本的情况下未超过六年，则品种应被认为具有新颖性。（2）优先权对特异性的影响。关于优先权对特异性的影响问题实际涉及的是续后申请情况下，申请品种何时成为"已知品种"的问题。对此，UPOV 联盟理事会在《关于 UPOV 公约中的优先权的解释》中的解释是在关于能否满足特异性条件方面，优先权能够产生的影响是，在甲国首次提交植物品种保护申请之后至后来又在其他国家提起续后申请之前的这段时间内，若其他品种作为申请主题向任何国家（包括首次申请的国家以及其他国家）提交植物品种保护申请，则这些品种将不被视为续后申请的已知品种。此处的道理很简单，即在判定续后申请申请主题的特异性时，按照

❶ Explanatory Notes on the Right of Priority Under the UPOV Convention（UPOV/EXN/PRI/1）adopted by the Council at its forty-third ordinary session on October 22, 2009.

优先权原则，由于可以将首次申请的申请日认定为续后申请的申请日，因此判定该续后申请申请主题是否满足特异性要求时，只需考虑首次申请日之前的已知品种即可，而在两次申请之间发生的植物品种保护申请不应当对续后申请产生任何影响。因此，UPOV 公约 1991 年文本第 7 条（特异性）的规定能够产生如下效果：如果一个品种在甲国提交品种保护申请之日，与已知品种有明显的区别，那么该品种应当被视为具有特异性。为了在任何国家得到品种权授权或为了在官方品种登记簿中予以登记而提起植物品种保护申请的其他品种，只要其最终获得了品种权授权或被登记在官方品种登记簿中，则应认为自其被提起植物品种保护申请之日起成为已知品种。这个事实对前面提到的在甲国提起首次植物品种保护申请的品种之续后申请是否满足特异性条件不构成任何影响。有些情况下，优先权存在与否对特异性不产生任何不同后果。这是因为在首次提出申请日之后，若以其他品种作为申请主题向任何国家（包括首次提出申请的国家以及其他国家）提出植物品种保护申请，在对这些向任何国家提出植物品种保护的其他品种之特异性进行判定时，无论对这些品种所提出的申请是否享有优先权，都应把首次提出申请的品种自其首次申请之日起看作已知品种。然而，在甲国提出的首次申请若最终未能得到品种保护授权或未被登入品种官方登记簿（如首次申请被驳回或被撤销），此时优先权的存在与否能够产生不同的后果：若其在乙国提起续后申请时主张优先权成功，则该品种被视为自首次提交申请日成为已知品种；若其在乙国提起续后申请时未主张优先权或者因优先权期限已过而无法主张优先权，但只要续后申请获得授权或被登入了品种的官方登记簿，则该品种自提交续后申请之日被视为已知品种。(3) 优先权对品种命名的影响。假如在提交首次申请时提交了品种名称，则该名称应被视为品种命名条件意义上在先权利的一部分。因此，如果就同一品种提出续后申请时也提交了同一个名称，仅从品种命名条件意义上讲，续后申请应受到如同首次提交申请一样的待遇。❶

　　第三，优先权的主张及提交文件和材料的时间。为了能够真正得到优先权给育种者带来的利益，育种者在提交续后申请时，需要向受理续后申请的主管机关主张优先权。如果育种者不主张优先权，则续后申请的主管

---

❶ Explanatory Notes on Variety Denominations under the UPOV Convention〔document UPOV/INF/ 12/2-Explanatory Note 4（b）and（c）〕concerning prior rights and the registration of variety denominations.

机关将实际提出续后申请的日期作为续后申请的申请日。UPOV 公约规定，育种者可以自提交续后申请之日起至少 3 个月时间（自提交续后申请之日起算）内，提交证明其已经提出过首次申请的文件副本。UPOV 联盟成员应当在立法中对提交首次申请证明文件的期限（不少于 3 个月）予以规定。根据 UPOV 公约第 11（3）条的规定，"允许育种者在优先权期满后两年之内，或在首次申请被拒绝或撤回后的适当时间内，向续后申请受理主管机关提供根据该缔约国法律需要的信息、文件或材料，以满足第 12 条所指的审查要求"。举例来说，若某育种者于 2004 年 5 月 15 日先在美国提出首次植物品种保护申请，后又于 2005 年 2 月 13 日在法国提出续后申请，并且同时主张了优先权，根据 UPOV 的上述规定，该育种者向法国提交文件和材料的截止日期应为 2007 年 5 月 15 日；若该育种者于 2004 年 5 月 15 日在美国首次提出植物品种保护申请时被拒绝或撤回，则法国应当允许该育种者在"适当的时间"内向其提供一切为满足审查之目的所要求提交的必要信息、文件和材料。当然，何为"适当时间"，UPOV 公约并未作出明确规定，但一般而言，主管机关在确定"适当时间"时应当考虑育种者提交信息、文件和材料所需要的时间。

（四）先申请原则

先申请原则是从专利法引进的一条原则，其先进性在于，奖励技术尽早公开，也有利于维护交易的稳定性。截至目前，世界上实行植物新品种保护制度的国家都采用先申请原则。例如，美国《植物品种保护法》第 42（b）（1）条规定："如果有两个或多个申请人在同一有效提交日对彼此之间没有明显区别但又能满足新颖性、特异性、一致性和稳定性条件的品种提交申请，首先符合本法规定所有条件的申请人有权获得植物品种保护证书，排除任何其他申请人的申请。"该法第 42（b）（2）条规定："如果两个或多个申请人在同一日都符合保护条件，则对每个品种各发一本证书。但如果申请主题彼此之间不能以任何方式加以区别，则申请人只能共同获发一本证书。"日本《种苗法》第 9 条规定："两个或两个以上的申请人就同一品种或者在性状表达上没有明显区别的品种提交注册申请时，在先提交品种注册申请的人有资格获得品种注册。"日本《种苗法》和美国《植物品种保护法》在这个问题上的相同之处是，都只授予一个植物品种权。但不同的是，美国对此种情况规定的结果是，所有申请人之间成了一种共有关系；而在日本，由于在此情况下实行先申请原则，因而品种权只授予最先提出申请的人。

我国《植物新品种保护条例》第 8 条规定："一个植物新品种只能授予一项品种权。两个以上的申请人分别就同一个植物新品种申请品种权的，品种权授予最先申请的人；同时申请的，品种权授予最先完成该植物新品种育种的人。"关于两个以上申请人分别在同一日内提出品种权申请的权利归属，《植物新品种保护条例实施细则（农业部分）》第 10 条规定："一个植物新品种由两个以上申请人分别于同一日内提出品种权申请的，由申请人自行协商确定申请权的归属；协商不能达成一致意见的，品种保护办公室可以要求申请人在指定期限内提供证据，证明自己是最先完成该新品种育种的人。逾期未提供证据的，视为撤回申请；所提供证据不足以作为判定依据的，品种保护办公室驳回申请。"

（五）分案申请原则

一项植物品种权申请包括两个以上新品种的，品种保护办公室应当要求申请人提出分案申请。申请人在指定期限内对其申请未进行分案修正或者期满未答复的，视为撤回申请。实际生活中，有时同一个杂交组合，从其杂交后代中可以选育出两个以上的植物新品种，有的称为姊妹系，这两个以上的品种之间有着特殊的联系，但也有区别特征，对于这种情况也应该分别提出申请。此外，对于同一个杂交组合，申请人有可能在同一个申请案中既要求保护选育的亲本材料，又要求保护杂交种，这种情况也不能作为一个申请案申请，必须对父本、母本和杂交种分别提出申请。申请人按照品种保护办公室要求提出的分案申请，可以保留原申请日；享有优先权的，可保留优先权日，但不得超出原申请文件已有内容的范围。

二、植物新品种权申请人

植物新品种权保护制度是关于植物新品种权或者育种者权利的制度。植物新品种的真正培育人自然最有资格申请植物新品种权。但是，随着育种技术的发展，育种越来越成为一项耗资巨大、风险极大以及对育种人才要求较高的活动，植物新品种的培育人与育种活动的投资人之间便出现了分离，从而出现了职务育种和委托育种的现象；同时，囿于各方面条件的限制，有时候一项育种活动需要两方或多方合作才能完成，于是合作育种也成为一种常见现象。与育种活动形式相适应，除植物新品种的培育人之外，法律也对职务育种、委托育种以及合作育种情形下的申请人资格作出了规定。

（一）植物新品种的培育人

所谓植物新品种的"培育人"指的是"对新品种培育作出创造性贡献的人"，❶即实际培育植物新品种的人。但需要廓清的是，我国植物新品种保护制度中的"培育人"与UPOV公约中的"育种者"并非同一个概念。UPOV公约1991年文本第1（iv）条对育种者的定义是："育种者"系指培育或发现并开发品种的人；上述人员的雇主或委托其从事这项工作的人；或视情况而定，上述第一种人或第二种人的继承人。可见，植物新品种的"培育人"只能算是狭义的"育种者"；广义的"育种者"还包括"雇主或委托其从事这项工作的人"以及前述两种人的继承人。另外，从字面意思上看，UPOV公约中的"育种者"不仅包括植物新品种的培育人，而且还包括"发现并开发"植物新品种的人；而在我国，"培育人"仅仅指"对新品种培育作出创造性贡献的人"。尽管严格意义上的培育人之外延要小于育种者，但司法实践中法官对于"培育人"的概念往往作扩大解释，从而使"培育人"的外延涵盖到了"发现并开发"植物新品种的人。例如，在"红肉蜜柚"案❷中，原告林某山是"红肉蜜柚"的发现人。2009年6月，一次偶然的机会他发现了红肉柚子，之后他与村里人对这棵树进行嫁接，并将果子送给县科委。于是，福建省农业科学院果树研究所（以下称省农科院果树所）开始了对"红肉蜜柚"课题的研究，并且以省农科院果树所和该课题的两个主要研究人员陆某闽、卢某坤作为申请人将红肉蜜柚果树申请植物新品种权并获得授权（品种权号为CNA20050515.7）。植物新品种证书颁发后，林某山发现自己只是作为该品种的培育人之一，却被排除在了品种权人之外，遂将跟踪研究该品种的省农科院果树所和陆某闽、卢某坤告上了法庭，要求将其增加为品种权人。法庭经审理后认为：林某山发现了可培育"红肉蜜柚"植物新品种的种源，为后续培育新品种作出了重大贡献，同时林某山成功地对该变异品种进行了嫁接、培育。为保护农民育种的合法权利和研究人员育种的积极性，林某山亦应享有"红肉蜜柚"植物新品种权。遂判决林某山享有"红肉蜜柚"植物新品种权。省农科院果树所、陆某闽不服该判决，上诉至福建省高级人民法

---

❶ 《植物新品种保护条例实施细则（农业部分）》第9条："完成新品种培育的人员（以下简称培育人）是指对新品种培育作出创造性贡献的人。仅负责组织管理工作、为物质条件的利用提供方便或者从事其他辅助工作的人不能被视为培育人。"

❷ 参见：福建省高级人民法院（2010）闽民终字第436号民事判决书。

院。二审法院认为，林某山在其生产果园发现可用于培育"红肉蜜柚"植物新品种的种源，为此后"红肉蜜柚"品种选育、品种权申请以及最终取得"红肉蜜柚"品种权作出了应有的贡献。在省农科院果树所与案外人签订的《科技合作协议》以及向福建省非主要农作物品种认定委员会提交的《福建省非主要农作物品种认定申请书》中，均将林某山列为育种人之一。由此可见，在本案"红肉蜜柚"的育种过程中，省农科院果树所始终将林某山视为共同育种人。《植物新品种保护条例》规定，委托育种或者合作育种，品种权的归属由当事人在合同中约定；没有合同约定的，品种权属于受委托完成或者共同完成育种的单位或者个人，林某山作为"红肉蜜柚"的共同育种人，亦应享有该品种权。遂判决驳回上诉，维持原判。

另外，虽然许多国家都效仿 UPOV 公约，将育种者权利的申请人和权利人规定为育种者，但各国对于育种者的定义却不尽相同。例如，澳大利亚《1994 年植物育种者权利法》和 UPOV 公约定义的育种者基本相同，只不过它进一步考虑了育种者为两人或两人以上的情况。该法第 3 条对育种者的定义是："就一种新的植物品种而言，（a）如果该品种仅由一人培育，则该人为育种者；（b）如果该品种由两人或两人以上（无论他们是共同还是各自独立培育，无论是同一时间培育还是在不同时间培育）育成，则其中每人均为育种者；（c）如果该品种是由一人在履行作为该机构（无论是法人还是非法人）成员或雇员的职责或职能过程中或由两人或两人以上在履行作为该机构成员或雇员的职责过程中育成，则这些人作为其成员或雇员的机构为育种者。"育种者包括（a）款所指的人、（b）款所指的任何人或（c）款所指的机构之权利继承人。根据欧盟《基本条例》第 11（1）条的规定，育种者指的是培育或发现并开发植物品种的人或者其所有权继承人。日本《种苗法》对于育种者的定义与欧盟之规定基本相同，该法第 3（1）条规定："任何培育（指固定或者确定通过人工和自然变异产生的特性表达）了符合规定条件的品种的人及其权利继承人（以下统称'育种人'）皆可获准进行品种注册。"显然，与 UPOV 公约比，日本《种苗法》的育种者概念没有将职务育种的情形包括其中，这与它并不把职务育种下的申请人当然地规定为单位是有极大关系的。

总之，植物新品种的"培育人"是"育种者"当中的一种，"育种者"指的是"完成新品种育种的人"，包括"完成新品种育种的单位或者个人"。❶

---

❶《植物新品种保护条例实施细则（农业部分）》第 8 条。

培育人和育种者的区别在于：前者是依法同时享有培育人署名权、品种权申请权和品种权的人。在知识产权制度中，署名权是属于知识产品创造者所享有的、不可剥夺且不可转让的精神权利，只能由作为自然人的培育人享有。所以，此类品种权人指的是自然人。有时候植物新品种的培育人可能是一个人，也可能是两个或两个以上的人。当培育人为两人或两人以上时，各培育人均享有署名权。后者则既可以是自然人也可以是法人或非法人团体或组织。值得注意的是，在我国育种者是"完成新品种育种的人"，不包括其继承人。鉴于此，建议我国未来修法时，借鉴欧盟的做法，在培育人现有定义的基础上再加上"发现并开发"植物新品种的人。

（二）职务育种下的植物新品种权申请人

根据《植物新品种保护条例》第 7 条规定，职务育种是指"执行本单位的任务或者主要是利用本单位的物质条件所完成的"育种活动。其中，"执行本单位的任务"所完成的职务育种是指下列情形之一：（1）在本职工作中完成的育种；（2）履行本单位交付的本职工作之外的任务所完成的育种；（3）退职、退休或者调动工作后，3 年内完成的与其在原单位承担的工作或者原单位分配的任务有关的育种。"利用本单位的物质条件"主要是指利用本单位的资金、设备、实验室、材料以及不对外公开的技术资料等。❶ 由于《植物新品种保护条例》第 7 条明确规定，植物新品种的申请权属于该单位。所以，职务育种下的品种权申请人不是该品种的培育人，而是培育人所在的单位，培育人只享有署名权和荣誉权。可见，职务育种和非职务育种，其权利归属大相径庭。因此，职务育种行为之判定十分重要，在"郑农 16"品种权归属纠纷案❷中，原告正是因为成功地主张了其育种行为并非职务育种，才使原本属于自己的品种回到了自己的身边。

但应当指出的是，进入 21 世纪之后知识产权在国际经济竞争中的地位不

---

❶ 《植物新品种保护条例实施细则（农业部分）》第 7 条。

❷ 该案中的原告雷某曾是某农科所的一名技术人员，1987 年 12 月 7 日退休后，用自己和老伴的微薄收入，靠着学生家里的 6 亩多责任田，继续坚持培育优质小麦品种的工作，选育出了"郑农 16"优质小麦新品种，后农科所要求与雷某共同推广、利用该优质小麦品种，雷某同意。但农科所却隐瞒事实，对该新品种申请了品种权并获得授权。雷某认为，上述行为侵害了他的非职务育种成果的知识产权。因此诉至法院，请求确认其对"郑农 16"新品种享有品种权。被告某农科所辩称：雷某 1987 年年底退休后一直在农科所工作，优质小麦新品种的选育是雷某的工作任务。在此期间，农科所为雷某提供了完成育种的全部物质条件，包括小麦育种资金、育种实验场地、课题组人员安排、考察或学术交流机会、办公场所、办公用品和实验用品等。因此，"郑农 16"是职务育种，品种权应属于农科

断提升，各国政府纷纷通过法律修订鼓励发明创造，原来将职务发明的归属严格地规定为发明人所在单位的做法出现了一定的松动，至少成为一种可以由发明人与其单位协商决定的事项。这在植物新品种权领域也有所体现，例如，日本《种苗法》第8条规定："雇员、法人的工作人员以及国家或地方公务员（以下统称'雇员'）培育的品种中，除其培育过程在性质上属于雇主、法人或国家、地方政府（以下统称'雇主'）职务范围且培育行为属于雇员职责的品种（以下称'职务育种'）外，任何关于雇主对其提出品种注册申请的、将雇员提出的品种注册申请的申请人变更为雇主的、将雇员注册取得的品种权转给雇主继承的或者为雇主利益设定独占许可使用权的合同、劳务规定以及其他规定，一概无效。如果雇主按照合同、劳务规定或任何其他规定对职务育种提出了品种注册申请或者将申请人资格或独占许可使用权进行了转让，雇员可请求雇主予以补偿，补偿数额根据雇主从雇员的职务育种中获得的利润以及雇主对该职务育种所做的贡献来确定。如果雇员及其权利继承人得到了与职务育种相关的品种注册，雇主或其一般继承人有权得到该品种的非独占许可使用权。"日本《种苗法》的这一规定的进步意义是十分明显的，至少使职务育种下的品种权归属可以由当事人商定，这无疑会极大地提高植物育种人的谈判地位，对于鼓励育种研发人员的积极性是有益的，建议我国未来修法时加以考虑。

（三）合作育种下的植物新品种权申请人

根据我国《植物新品种保护条例》的规定，合作育种的品种权归属由当事人在合同中约定；没有合同约定的，品种权属于共同完成育种的单位或者个人。简言之，合作育种下植物新品种权的归属，在合作各方有约定时，按照约定处理；但在无约定或约定不明的情况下，则由进行合作育种的各方共同所有，即遵循"有约定，从约定；无约定，各方共有"的原则。

（接上注）

所。请求驳回雷某的诉讼请求。一审法院认为：（1）"郑农16"系雷某独立完成培育，虽然在品种权证书中记载的育种人为雷某和廖某两人，但从植物品种申请材料和新品种审定材料可以看出，"郑农16"是1992年开始选配、1997年育成的，而廖某1998年才参与到雷某课题组。（2）雷某培育"郑农16"是非职务育种。本案中"郑农16"的育种时间是1992—1997年，可农科所没有提供雷某在此段时间内在农科所工作的证据，因而不足以证明雷某培育"郑农16"的行为是执行本单位的任务；同时，虽然农科所提供了一些证据，但其所提供的证据并没有充分证明其为雷某培育"郑农16"提供了物质条件。依照《植物新品种保护条例》第6条、第7条的规定，判决普通小麦新品种"郑农16"植物品种权属于雷某所有（参见：农业部科教司，等．植物新品种保护案例评析［M］．北京：法律出版社，2011：113-119．）。

合作育种在外国的植物新品种法律中称为"共同育种"，参加共同育种的人称为"共同育种者"（joint breeders）。例如，欧盟《基本条例》第 11 条在共同体植物品种权的授权资格的规定中即包括这种情况。该条第 2 款规定："如果两人或多人共同培育或发现并开发了该品种，他们及其各自的权利继承人均有资格获得共同体植物品种权。此条同样适用于只有其中一人或多人发现了该品种而其余他人对其进行开发的情况。"澳大利亚《1994 年植物育种者权利法》第 5（2）条规定："如果某一种植物是被某一个人发现，但被另一个人用于选择繁殖，以便能够开发一种新的植物品种，则该人应被视为是该新植物品种的共同育种者。"此外，美国《植物品种保护法》中也有"共同育种者"这一用语。

实际上，"合作育种"是一个比较容易产生歧义的用语，因为它至少让人想到以下四种情形：一是，合作各方共同育种，即指各方既投资又实际从事育种工作的情形；二是，一方发现了一个品种，由他方将其开发成新品种的情形；三是，其中一方或多方只投资，不实际从事育种工作的情形；四是，其中一方只提供一定资金、设备、材料和试验条件而不实际从事育种工作的情形。但从"共同完成育种"这一用语来看，合作育种实际指的是共同完成育种。换言之，共同完成育种的人不是一人而是两人或两人以上。由于合作育种的申请权归属于共同完成育种的人，那接下来的问题是何为"共同完成育种"？由前文对"育种"含义的分析，育种即是对品种的培育或改良行为，而且根据《植物新品种保护条例实施细则（农业部分）》第 9 条的规定可以推知，"完成育种"指"对新品种培育作出创造性贡献"。可见，只有上述第一种情况中的各方显然才能属于严格意义上的合作育种。从前文分析可知，育种活动除培育外，还包括发现并开发了新品种的人，因此第二种情形也可以视为合作育种。品种权的申请权"有约定，从约定；无约定，各方共有"，但是，第三、四两种情形不是《植物新品种保护条例》意义上的合作育种，对于这种情形下的植物新品种的申请权归属，只能依照约定处置；在无约定的情况下亦不能直接认定为归各方共有。不过，现实中就真的出现过因当事人之间存在类似后两种情形的情况而主张他们之间存在合作关系，进而请求法院对其使用品种权的行为确认为不侵犯植物新品种权的诉讼。

在"莱农 14"一案❶中，涉案品种是玉米品种"莱农 14"。该案被告莱

---

❶ 农业部科教司，等. 植物新品种保护案例评析［M］. 北京：法律出版社，2011：132-139.

阳农学院是涉案品种的品种权人。"莱农 14"于 1993 年组配成功，2001 年 6 月 14 日莱阳农学院向农业部植物新品种保护办公室申请植物新品种权，后于 2002 年 11 月 1 日获得植物新品种权授权（品种权号：CNA20010125.0）。2000 年 1 月 31 日，该案被告莱阳农学院同意由该案原告莱阳种子公司对"莱农 14"进行繁育制种和经营。2002 年 12 月 20 日，莱阳农学院发表声明，"……授权莱阳农学院良种公司和莱阳种子公司繁育、经营'莱农 14'，其他任何单位和个人生产、经营'莱农 14'玉米杂交种均属假冒，一经发现，将依法追究当事人责任……"。2006 年 1 月 13 日，莱阳农学院与该案另一被告某种业公司签订玉米杂交种"莱农 14"使用许可合同书，许可该种业公司在国内的独家许可使用权。许可使用期限是 2006 年 1 月 1 日至 2007 年 12 月 31 日。同日，双方还签订了一份授权书，莱阳农学院授权该种业公司行使"莱农 14"玉米杂交种的一切权利，包括以该种业公司的名义对侵犯"莱农 14"植物新品种权或利用"莱农 14"进行不正当竞争的单位和个人提起诉讼或申请行政处理的权利。后该种业公司在报纸上发表"莱农 14"维权公告，向莱阳种子公司发送律师函一份。莱阳农学院也于 2007 年 2 月 26 日在报纸上发布维权公告一次。

莱阳种子公司认为自己在品种权申请日之前参与了"莱农 14"的"提纯、抗风、抗病等开发、试制、推广工作"，与莱阳农学院之间的关系为合作育种关系，因而有权使用"莱农 14"。对此，莱阳农学院不予承认。原告认为，莱阳农学院和某种业公司的维权行为致使自己公司的生产经营处于长期不安的被动受阻状态，遂于 2007 年 1 月 15 日向法院提起诉讼，要求确认其生产经营"莱农 14"的行为不侵犯两被告的植物新品种权。

经法院审理认为，原告主张的自己在品种权申请日之前参与了"莱农 14""提纯、抗风、抗病等开发、试制、推广工作"并不构成合作开发，也不能形成品种权共有关系，因而不享有生产经营"莱农 14"的权利。但是，在某种业公司获得独家许可使用权之前，因莱阳种子公司从 2002 年 12 月 20 日开始获得了"莱农 14"的生产经营权，直至 2007 年 2 月 26 日莱阳农学院发布维权声明才表明其对莱阳种子公司的授权已经收回。因此，自 2007 年 2 月 26 日以后，莱阳种子公司生产经营"莱农 14"的行为侵犯了莱阳农学院的植物新品种权。2006 年 1 月 1 日，某种业公司取得了"莱农 14"的独家许可使用权，但该独家许可使用权与莱阳种子公司在此之前取得的生产经营权是并行不悖的，作为在后的独家许可使用权人，无权对在前的授权行为进行干涉。

而且在案件审理过程中，某种业公司并未举证证明莱阳农学院已经收回了其对于莱阳种子公司的授权许可。该案原告的起诉时间是2007年1月15日，立案时间是2007年1月16日，故原告在一审立案时间之前不侵犯某种子公司的植物新品种权使用权。最终法院判决：确认原告在一审起诉之前没有侵犯两被告"莱农14"的植物新品种权。

从《植物新品种保护条例》的前后文看，"合作育种"属于上述四种情形中的第一种和第二种。第三、四种情况在某种程度上和下文要讨论的"委托育种"有些相似，但又不尽相同。因为委托一词的意思是"把事情托付给别人或别的机构（办理）"，以此类推，"委托育种"就是把育种的事情托付给别人或别的机构。"委托"行为的指向性很强，就是让别人替他育种，暗含着一方主动提起，他方同意的意思；而"一方或多方只投资不实际从事育种工作的情形"却没有此种意思暗含其中。另外，前两种情形下的参与育种的各方从法律上来讲可以视为共同育种者，但在第三、四两种情形下，若育种完成后成功获得授权，各方之间的关系应当是品种权共有关系。鉴于此，建议我国未来修法时将合作育种改为共同育种。

还有一个问题也需要厘清，那就是：从程序上讲，共同育种者是否必须全部共同申请品种权呢？再清楚一点说，若共同育种者中，有人不参加植物新品种权申请，法律是否允许其他共同育种者申请品种权呢？根据我国的相关规定，在合作育种的权利归合作方共同共有的情况下，在处置相应权利时应遵循民法上的共同共有原则。即除非合作一方当事人声明放弃其共有的申请权，否则植物新品种权申请的提出必须由全体育种者共同提出。此外，在品种权申请的撤回、申请权及植物品种权的转让、植物品种权的放弃等涉及对育种成果进行实质处分的事项上，也必须由各方共同作出决定。在这方面，日本与我国的规定基本相同。例如，日本《种苗法》第23条规定："未经其他共有人的同意，品种权各共有人既不能对其股份进行转让，也不能在其股份上设定质押；品种权各共有人使用注册品种，无须取得其他共有人的同意，但另有约定的除外；未经其他共有人同意，品种权的各共有人不能单独对品种权向他人许可独占使用权，也不能许可非独占使用权。"

但在共同育种品种权申请的问题上，不少国家采取了比较宽容的态度，如澳大利亚《1994年植物育种者权利法》第24条规定："植物品种的育种者，无论他是否是澳大利亚公民、是否居住在澳大利亚，也无论该品种是否是在澳大利亚繁殖的，可就其培育的品种向农业部部长申请植物品种权。若一个植物品种由两个或两个以上的人共同培育，他们或他们当中的一部分人可共同对其申请植物品种权，但一人无权就该品种申请植物品种权，除非他们相互同意或经书面同意。"从这条规定可以看出，在共同育种的情况下，澳大利亚并不要求共同育种者全部共同申请品种权，但在多人共同育种的情况下，除非他们相互同意，否则只有其中的一人单独申请品种权也是不被允许的。这就排除了当共同育种的育种者只有两人的情况下，其中一人独自申请品种权的情况。

美国《植物品种保护法》在共同育种者品种权申请问题上的态度则更加宽容一些。该法第53条规定："当育种者为两人或两人以上时，其中一人（或其继承人）提出申请时，要指明其他人的名字。部长向申请人及后来可能加入申请的其他育种者（或其权益继承人）颁发植物品种保护证书。"❶ 这一规定说明，在共同育种的情况下，即便共同育种者中有人出于种种原因（如不同意申请品种权或者一时联系不上不能参加申请品种权）不能一起提起品种权申请，也不会妨碍他人对完成育种的植物品种申请品种权。这一规定的好处是显而易见的：因为品种权的授权条件之一是新颖性，新颖性是对品种投入市场时间的限制。若法律规定在共同育种者不能达成一致意见的情况下不能申请品种权，则该品种即有可能因此而丧失新颖性，进而失去获得授权的机会。如此一来，不仅对于育种者本人来说是个巨大的损失，对国家来说也是一个巨大的损失。这其中的道理很简单：在一个国家的植物遗传资源中，新育成品种也是国家植物遗传资源的重要组成部分。若新育成的品种得不到授权保护，不仅育种者个人的利益会受到损失，该新品种还会因处于公有领域而流失国外；而美国对于共同育种者申请品种权上的这种安排恰恰能够有效地避免此类情况的发生。同时，美国还在其《植物品种保护法实施条例》中进一步规定："如果植物品种保护证书申请是由两人或更多的人以共有人的身份提出的，而实际上他们并非共有人时，则该申请应在植物品种保护证书签发前以一份经过修改的申请予以修正，同时原始申请人还要对此修改提交由其签名的书面解释。若有代理人，代理人也应在该书面解释上签名。若申请不是由全体共有人提起的，则该申请应予修正，同时还要提交由全体共有人签名的书面解释。若有代理人，代理人也应在该书面解释上签字。若一共有人拒绝参与申请或经过勤勉努力无法找到他，则其他共有人可代表其自己及该缺位共有人提出申请，但提交申请时应同时提交书面解释并提供他们知

---

❶ 7 U. S. C. 2423.

道的该缺位共有人的最后住址。植物品种保护办公室应就该其他共有人提出的植物品种保护申请向该地址载明的缺位共有人发送通知。若该通知因无法送达而被退回至植物品种保护办公室或该缺位共有人的住址无法得知，则植物品种保护办公室应在其官方期刊上发布该通知。植物品种保护证书签发前，缺位共有人仍可通过提交书面解释加入申请。"❶ 未能由全体共有人共同参加申请而获得的植物品种保护证书不因该共有人的缺席申请而受到减损。此外，美国《植物品种保护法》第 54 条还规定："育种者死亡或不具备行为能力，在符合规定的情况下，其法定代表人可以适用于该育种者或其权益继承人的相同条件申请植物品种保护。"❷ 从这些规定看，美国对于植物新品种权的归属管理采取的态度是宽松的。

在共同育种者申请品种权的申请程序方面，欧盟《基本条例》也作出了相关规定：共同体植物新品种权申请书中，必须包括申请人或共同申请人的身份信息，包括育种人的姓名以及据其了解除现有申请人外再无他人参加该申请品种的培育或发现并开发的保证。若申请人与育种人不一致，或申请人不是该品种唯一的育种人，则他需要填写一张转让表格以证明权利资格为其所有。同时，《基本条例》还规定，第一个（次）提出申请的人应当被视为享有共同体植物新品种权，任何人皆可以品种权申请人不符合《基本条例》第 11 条规定为由向共同体植物新品种保护局提出异议。目前，我国关于提起植物新品种权异议的事由中不包括这种情况，因此这一点值得我国植物新品种权立法借鉴。上述申请人的申请获得授权后即成为品种权共有人。

还有一种情况需要一并说明，即通过协议形成的品种权共有人。例如，一方投资另一方育种的情形。此等情况下，虽然双方可以通过协议成为品种权共有人，但他们却不是共同育种人。另外，在欧盟还有一种所谓的"独立育种人"（independent breeder），指的是两人或更多的人各自分别育成了同一个品种。这种情况下，他们也可以通过协议将其关系确定为品种权共有人。

（四）委托育种下的植物新品种权申请人

委托育种是指单位或者个人接受他人委托完成的育种。育种除了要耗费大量的时间、金钱，更是一种专业性极高的技术活动。同时，植物品种的种类又是如此丰富多彩，即使是研发能力很强的育种者，要么受物质条件所限，

---

❶ United States Plant Variety Protection Act and Regulations and Rules of Practice，§97. 14.

❷ 7 U. S. C. 2424.

要么鉴于"术有专攻"的现实，也不一定具备能够培育出任何植物品种的能力。因此，在自己没有条件或能力培育某一植物新品种的情形下，他们往往会采取委托的方式，委托那些在所需培育的品种领域内建树卓越的个人或单位为其育种。现实中，这通常是以企业委托农业科研机构进行育种的形式存在。这样，既有利于农业科研机构育种研究目标与市场的接轨、充分发挥其雄厚的科研实力，又有利于企业以较低的成本获得以企业科研实力难以培育成功的一些品种。

委托育种下的植物新品种权的归属由当事人在合同中约定，但在无约定或约定不明的情况下，则由受托人享有。也就是说，委托育种的权利归属，遵循"有约定，从约定；无约定，归受托人"的原则。

（五）植物新品种权申请权的合法继受人

依据我国《植物新品种保护条例》第9条规定，植物新品种的申请权和品种权可以依法转让。同时，植物新品种的申请权和品种权也可以依法赠与和继承，还可以通过企业合并、分离、重组、撤销、破产、改制等发生转移。当上述情况发生时，植物新品种申请权和品种权的合法继受人就分别成了植物新品种的申请权人和品种权人。前者提出的品种权申请被批准后，品种权属于申请人。

三、植物新品种权的申请方式

在植物新品种权的申请上尽管有国民待遇原则的规定，但是根据《保护工业产权巴黎公约》第2（3）条之规定，关于司法和行政程序、管辖权以及选定送达地址或指定代理人的法律规定等，各国可以明确地予以保留。因此在植物新品种权的申请方式上，各国均根据本国实际，作出了相应的规定。以我国为例，根据《植物新品种保护条例》及其实施细则的相关规定，中国境内的单位和个人申请品种权的，可以直接或者委托中介服务机构向国务院主管部门提出申请。中国境内的单位和个人申请品种权的植物新品种涉及国家安全或者重大利益需要保密的，应当按照国家有关规定办理。境外机构或个人在中国境内申请品种权的，应当按其所属国或地区与中华人民共和国签订的协议或者共同参加的国际条约办理，或者根据互惠原则，依照本条例办理。申请人委托代理机构办理品种权申请等相关事务时，应当与代理机构签订委托书，明确委托办理事项与权责。代理机构在向品种保护办公室提交申请时，应当同时提交申请人委托书。品种保护办公室在上述申请的受理与审查程序中，直接与代理机构联系。中国的单位或者个人将国内培育的植物新品种向国外申请品种权的，应当向审批机关登记。

四、申请文件与材料提交

根据我国相关法律的规定，目前申请文件仍然以纸质文件为主。但是，随着我国广大育种研发人员植物新品种权保护意识以及育种研发水平的提高，加之国家鼓励植物新品种保护政策的落实，植物新品种申请数量也得到了快速提升。传统的以纸质文件为主的品种权申请方式已经跟不上我国植物新品种保护申请形势发展的需要。我国植物新品种保护申请形式正在发生巨大的变革。例如，植物新品种保护申请将通过电子申请网络平台提交申请，申请材料将以电子文档为主；同时，实质审查的形式也将由原来的种植测试为主，转变为主管机关测试和申请人自主测试相结合。申请人已完成品种测试的，可直接提交测试结果。

（一）申请文件

申请植物新品种权必须向国家植物新品种保护主管机关提交申请材料。不过申请文件的内容各国有所差异。例如，欧盟规定，在提交共同体植物品种权申请时，至少要提交下列材料：（1）共同体植物品种权授权请求；（2）申请品种的属或种；（3）判定申请人身份的识别信息，必要时还应当包括判定共同申请人身份的识别信息；（4）育种者姓名以及据其所知没有任何他人参与育种或发现并开发了该品种的保证书。如果申请人不是育种者或不是唯一的育种者，那么还应提供能够证明其获得共同体植物品种权申请资格的相关证据；（5）申请品种的暂定名称；（6）申请品种的技术描述；（7）申请品种的地理来源；（8）程序代表的资格证书；（9）申请品种在先商业化的详细情况；（10）就该品种所提出的任何其他申请的详细情况。❶

美国《植物品种保护法》规定，提出品种权保护申请应提交的材料包括：申请书和证据。其中，申请书是由植物品种保护办公室制作的一个表格，内容涵盖申请人的姓名、品种名称及其基本情况等方面。申请书应填写完整并由所有人签名。美国《植物品种保护法》第52条规定，申请植物品种保护证书的申请书应当包括下列内容：（1）品种名称。（2）品种描述、谱系描述和育种过程描述。品种描述主要是指对品种特异性、一致性和稳定性的描述。

---

❶ Article 50 of （EC）No. 2100/94.

如果了解谱系和育种过程，也要一并进行描述。如果描述不充分或达不到尽可能合理的完整水平，农业部部长可要求扩充提交内容，包括要求提交合适的照片、图片和植物标本，还可要求提交能够证明申请人享有申请品种所有权的档案记录和证据，以及在植物品种保护证书申请中所做的陈述。植物品种保护证书颁发之前，只要向农业部部长出示修改后的描述具有回溯性的准确性且农业部部长也能够接受，申请人可随时对描述进行增加或修改。法院应当保证他人不会受到由此所导致的不公平对待。适当时，农业部部长可接受育种人和本国的正式种子认证机构的档案记录作为具有稳定性的证明。(3) 申请人声明品种具有新颖性基础的说明。(4) 宣布对申请品种进行繁殖所必需的基础种子（包括繁殖材料）的活体样本即将按照规定在公共储存库存储且还要定期更换的声明。(5) 申请人所有权基础的说明。❶

　　值得指出的是，与 UPOV 公约或其他国家或地区植物品种保护制度不同的是，美国《植物品种保护法》并未将"适当的命名"作为品种授权保护的条件之一，而只是要求在提交的植物品种保护证书申请书中写上品种名称。根据相关规定，品种名称包括暂定名称或试验名称和（永久性）名称两类。对于暂定名称或试验名称并无严格要求，但永久性品种名称应依照农业部部长订立的规则进行命名。除暂定名称在植物品种保护证书颁发以前足以满足条件的外，品种命名应当按照农业部部长发布的条例进行。为避免与其他使用中的品种名称相冲突，申请人必须到相关机构进行核查，并在植物品种保护证书签发前，出具所申请品种的永久性名称已经获得相关机构批准使用的证据。例如，关于农业与蔬菜作物种子名称的问题应与美国农业部农业营销服务署种子管理与测试分局（Seed Regulatory and Testing Branch）联系。

　　除申请书外，申请人还需提交有关证据。一套完整的植物品种保护证书证据包括 A、B、C、D、E、F 六种。证据 A 是育种过程，要求对品种一致性和稳定性，以及已知系谱和育种过程、育种方法进行说明；证据 B 是对品种的特异性的说明；证据 C 为品种的客观描述，是对品种植物学性状的描述，由植物品种保护办公室的审查员依不同的作物类型制作了不同的表格，申请人只要按所申请的品种类型填写相应的表格即可；证据 D 是对品种的附加描述信息，该项为任选项目，不是必须提交；证据 E 为申请人拥有所有权基础的陈述，也是一张由植物品种保护办公室制作的表格，内容包括申请人是否

---

❶　7 U. S. C. 2422.

拥有品种的全部权利、申请人是否为原始所有人等；证据 F 为种子或块茎样本的存储声明。依美国《植物品种保护法实施细则》第 97.6 条规定，申请人在提交申请时还应提交：将至少 3000 粒用于繁殖品种的活性基础种子储存到首席审查员批准的公共存储库，并且在植物品种保护证书有效期内要保持该数量的声明。若申请品种为块茎繁殖品种，还须提交将一份活性细胞组织储存到首席审查员批准的公共存储库，并且在植物品种保护证书有效期内予以保持的声明；若申请品种为以自交不亲和亲本作为亲本培育出的杂交种，还须提交将父母亲本各自的一小块营养物质储存到首席审查员批准的公共存储库，并且在植物品种保护证书有效期内予以保持的声明。❶

澳大利亚《1994 年植物育种者权利法》第 26 条则规定，植物品种之品种权申请必须以书面形式、准用表格且以准用表格中规定的形式提出：（1）申请必须包括申请人的姓名和地址；如果申请由代理人代表申请人提出，则须包括代理人的姓名和地址；如果申请人是该品种的育种者，则须提交具有这一效果的声明；如果申请人不是该品种的育种者，还需要提交育种者的姓名和地址以及申请权转让详情或遗嘱或法定继承品种的植物育种者权利申请权的详情。（2）可足以证明该品种有别于其他已知品种的初步证据，包括该植物品种的简要说明或描述和照片。（3）品种名称以及该名称的暂定同义词名称；该品种的培育地点；育种计划中使用的每一品种（母本品种）的名称，包括在澳大利亚的已知母本品种或已经销售的母本品种的名称（包括同义词名称）的详细情况，在澳大利亚或任何其他缔约方授予的植物育种者权利的详情，该品种培育方式的简要说明。（4）该品种在其他国家的权利申请或授权详情及获准从事下列工作的人员之姓名：核实权利申请详情的人员、对品种的种植测试或进一步种植测试进行核实的人员以及当该品种描述需要向农业部部长提交时对该品种详细描述予以核实的人员。（5）核准表格要求填写的其他情况。

而在我国，申请人申请品种权的，应当向品种保护办公室提交请求书、说明书和品种照片各一式两份，同时提交相应请求书和说明书的电子文档。请求书、说明书按照品种保护办公室规定的统一格式填写。《品种权申请请

---

❶ Regulations and Rules of Practice, §97.6 (d).

求书》的内容分为由植物新品种保护办公室填写的❶和申请人填写的❷两大部分。申请人提交的说明书应当包括下列内容：（1）申请品种的暂定名称，该名称应当与请求书的名称一致。（2）申请品种所属的属或者种的中文名称和拉丁文名称。（3）育种过程和育种方法，包括系谱、培育过程和所使用的亲本或者其他繁殖材料来源与名称的详细说明；申请品种的育种过程及亲本来源应当真实可靠。（4）有关销售情况的说明。（5）选择的近似品种及理由。（6）申请品种特异性、一致性和稳定性的详细说明。（7）适于生长的区域或者环境以及栽培技术的说明。（8）申请品种与近似品种的性状对比表。申请人提交的照片应当符合以下要求：（1）照片有利于说明申请品种的特异性。（2）申请品种与近似品种的同一种性状对比应在同一张照片上。（3）照片应为彩色，必要时，品种保护办公室可以要求申请人提供黑白照片。（4）照片规格为8.5cm×12.5cm或者10cm×15cm。（5）关于照片的简要文字说明。此外，中国的单位和个人申请品种权的植物新品种涉及国家安全或者重大利益需要保密的，申请人应当在申请文件中说明，品种保护办公室经过审查后作出是否按保密申请处理的决定，并通知申请人；品种保护办公室认为需要保密而申请人未注明的，仍按保密申请处理，并通知申请人。已被视为撤回、驳回和主动撤回的品种权申请的案卷，自该品种权申请失效之日起满2年后不予保存。

（二）申请文件的提交内容、送达和期限

为了保证品种权申请程序的正常进行，各国法律均对申请文件的提交要求、送达和期限加以明确规定。以我国为例，根据相关规定，申请品种权的，应当通过植物新品种保护信息平台提交以下材料：（1）申请文件，包括请求书和说明书；（2）已完成品种特异性、一致性和稳定性测试（以下称品种测试）的，可提交测试结果；（3）相关性状有明确关联基因的，可提交该基因的检测结果。申请人委托代理机构办理品种权申请等事务的，还应提交代理

---

❶ 包括申请日、申请号、优先权日、分案提交日四项内容。

❷ 包括品种暂定名称（中英文）等九项内容，具体包括：（1）品种暂定名称（中英文）；（2）品种所属的属或者种的中文和拉丁文；（3）培育人；（4）申请人（名称或姓名、机构代码或身份证号码、地址、联系方式）；（5）代理机构（名称、地址、代理人姓名及联系方式）；（6）品种的主要培育地：国家、省（市、区）、地（市）、县，是否转基因，是否已向指定机构提供繁殖材料（标准样）；（7）申请文件清单（请求书、说明书、品种照片的份数及每份页数）；（8）附加文件清单（代理委托书、转基因安全证书复印件、DUS测试报告原件、繁殖材料合格通知书复印件、品种审定证书复印件的份数及每份页数）；（9）全体申请人或代理机构的签字或盖章。

委托书。申请文件、测试结果等材料应当使用中文书写。品种保护办公室的各种文件，可以通过邮寄、直接送交或者以公告的方式送达当事人。当事人委托代理机构的，文件送交代理机构；未委托代理机构的，文件送交请求书中收件人地址及收件人或者第一署名人或者代表人。当事人拒绝接收文件的，该文件视为已经送达。品种保护办公室邮寄的各种文件，自文件发出之日起满15日，视为当事人收到文件之日。根据规定应当直接送交的文件，以交付日为送达日。文件送达地址不清，无法邮寄的，可以通过公告的方式送达当事人。自公告之日起满2个月，该文件视为已经送达。各种期限的第一日不计算在期限内。期限以年或者月计算的，以其最后一月的相应日为期限届满日；该月无相应日的，以该月最后一日为期限届满日。期限届满日是法定节假日的，以节假日后的第一个工作日为期限届满日。

当事人因不可抗力而耽误《植物新品种保护条例》或者《植物新品种保护条例实施细则》规定的期限或者品种保护办公室指定的期限，导致其权利丧失的，自障碍消除之日起2个月内，最迟自期限届满之日起2年内，可以向品种保护办公室说明理由并附具有关证明文件，请求恢复其权利。当事人因正当理由而耽误《植物新品种保护条例》或者《植物新品种保护条例实施细则》规定的期限或者品种保护办公室指定的期限，造成其权利丧失的，可以自收到通知之日起2个月内向品种保护办公室说明理由，请求恢复其权利。当事人请求延长品种保护办公室指定期限的，应当在期限届满前，向品种保护办公室说明理由并办理有关手续。申请人可以在品种权授予前修改申请文件或者撤回品种权申请。未经国务院主管部门同意，不得对繁殖材料或者收获材料的销售时间和地点、培育人、育种过程、亲本来源等实质性内容进行修改。

（三）繁殖材料的提交

由于大多数国家对于品种权申请都要进行DUS测试，所以提交申请品种的繁殖材料就是品种权申请必须包含的内容。同时，由于在判定品种权侵权与否时，需要将涉嫌侵权品种与授权品种的繁殖材料进行比对鉴定（DNA鉴定或DUS种植鉴定），所以留存申请品种样本也是维护品种权人利益、打击侵权的需要。另外，申请品种经测试合格后，也构成国家种质资源的一部分，所以各国都要求提交申请品种的繁殖材料。但问题在于，"品种的繁殖材料"能不能简单地理解为"申请品种本身"？从植物新品种繁殖材料提交的实操情况来看，我国目前的要求是"申请什么提交什么"。举例来说，对于像小麦这样的自交系品种来说，相关管理机关要求申请人提交的是小麦种子；对于像F_1代杂交种的玉米品种来说，相关管理机关要求申请人提交的是 F_1 代杂交种种子。两者都是申请品种本身。表面上看，"申请什么提交什么"似乎并无不妥。但是从信息公开充分性的层面进行考察即会发现：当申请品种为 F_1 代杂交种时，如果允许申请人只提交 F_1 代杂交种种子，就等于允许申请人只提交父母亲本杂交所产生的"结果信息"而无须提交父母亲本这一"原因信息"，其结果就是 F_1 代杂交种之"信息公开"达不到"充分"的要求。可见，对于 F_1 代杂交种来说，"该植物新品种的繁殖材料"不仅应当包括 F_1 代杂交种种子还应当包括其亲本品种种子。与之形成对比的是，对于小麦这样的常规申请品种来说，由于申请品种本身即集合了其"原因信息"和"结果信息"，因此，提交申请本身即可使"信息公开"达到"充分"的要求。

在美欧国家，关于 F_1 代杂交种繁殖材料的提交，虽然国与国之间的规定有所不同，但均规定当申请品种为杂交种时，不仅要提交杂交种本身的繁殖材料，还要提交其亲本品种的繁殖材料。例如，美国植物新品种保护办公室规定：杂交种申请品种，除提交未经处理的有活力的杂交种子 3000 粒以外，还须另外提交生产该申请品种所需亲本之种子各 3000 粒（若申请品种为常规品种，则仅提交未经处理的有活力的种子 3000 粒）。❶ 在欧盟，申请欧盟植物新品种权的品种之 DUS 测试由欧盟植物品种保护局（CPVO）下属的国家的 DUS 测试机构具体实施，因而繁殖材料提交需按照相关国家的规定进行。表 6-1 列示的就是申请品种为杂交玉米品种时，种植材料提交的具体类别与数量。

表 6-1　部分欧盟国家杂交玉米品种繁殖材料提交要求一览表

序号	国家	繁殖材料提交要求
1	西班牙	杂交种及其父母亲本种子各 5000 粒
2	捷克	杂交种种子 1kg、自交系亲本和单亲杂交亲本种子各 1500 粒
3	法国	自交系亲本和单亲杂交亲本种子各 2000 粒
4	匈牙利	杂交种种子和品种成分种子各 1kg
5	德国	杂交种种子 2kg，品种成分种子每种 3000 粒
6	斯洛伐克	杂交种种子 1kg，品种成分种子每种 3000 粒

资料来源：根据 CPVO 官网信息编制。

---

❶ USDA. PVPO Program Requirements［EB/OL］. https://www.ams.usda.gov/services/plant-variety-protection/pvpo-requirements.

所以，建议未来我国修订《植物新品种保护条例》时，借鉴美欧国家的相关规定，规定当申请品种为 F_1 代杂交种时，不仅要提交 F_1 代杂交种种子，还要提交其父母亲本品种种子。

第二节 植物新品种权申请的审查与授权

对于申请人提出的植物新品种权申请，植物新品种保护主管机关要进行受理审查，对经受理审查合格的品种权申请，予以受理。植物新品种保护主管机关受理品种权申请后，要对申请材料进行初步审查，对申请品种进行实质审查。对经实质审查符合法律规定的品种权申请，作出授予品种权的决定，颁发品种权证书并予以登记和公告。

一、植物新品种权申请的受理与审查

植物新品种权申请审查，就是植物新品种保护主管机关对受理的品种权申请进行审查和办理其他相关事务，以确定是否进行授权的行为和过程。以下以我国为例对植物新品种权申请的受理与审查程序加以介绍。

（一）受理与初步审查

植物新品种保护主管机关在规定期限内对申请品种的申请人性质、品种名称、品种种属以及新颖性进行受理审查。不符合要求的，植物新品种保护主管机关将要求补正或者驳回申请。植物新品种保护主管机关收到申请文件之日起3个月内对品种权申请进行受理审查。审查的内容包括：境外机构或个人在中国境内申请品种权，是否按其所属国或地区和我国签订的协议或共同参加的国际条约办理，或者是否根据互惠原则依照我国《植物新品种保护条例》办理；申请文件是否完整、申请品种的育种过程及亲本来源是否真实可靠；是否已经根据国务院主管部门的要求提供了必要的资料和该申请品种的繁殖材料；申请品种是否符合新颖性的规定；品种命名是否适当。

对经受理审查合格的品种权申请，植物新品种保护主管机关予以受理，明确申请日，给予申请号。植物新品种保护主管机关收到品种权申请文件之日为申请日；申请文件是邮寄的，以寄出的邮戳日为申请日。对通过电子申请网络平台提交的品种权申请，国务院主管部门以申请人提交合格的品种权电子申请文件之日为申请日。对经受理审查不合格的品种权申请，植物新品

种保护主管机关不予受理，并应当通知申请人予以修正。品种权申请文件有下列情形之一的，品种保护办公室不予受理：①未使用中文的；②缺少请求书、说明书或者照片之一的；③请求书、说明书和照片不符合本细则规定格式的；④文件未打印的；⑤字迹不清或者有涂改的；⑥缺少申请人和联系人姓名（名称）、地址、邮政编码的或者不详的；⑦委托代理但缺少代理委托书的。

国务院主管部门对申请文件进行初步审查。初步审查内容包括：（1）是否属于植物品种保护名录列举的植物属或者种的范围；（2）是否符合《植物新品种保护条例》第20条的规定；（3）是否符合新颖性的规定；（4）植物新品种的命名是否适当；（5）选择的近似品种是否适当；（6）申请品种的亲本或其他繁殖材料来源是否公开。合格的，发出初步审查合格通知书，并予以公布。对经初步审查不合格的品种权申请，审批机关应当通知申请人在3个月内陈述意见或者予以修正；逾期未答复或者修正后仍然不合格的，驳回申请。

（二）实质审查

初步审查合格后，进行实质审查。实质审查就是对申请品种进行特异性、一致性和稳定性的测试，所以又称DUS测试。虽然DUS测试是植物新品种权授权必经程序，但其本身是一项既耗时又费力的工作，测试时间通常在三年左右。目前在植物新品种国际保护中，由于各国坚持知识产权保护独立性原则，因而在申请与授权的问题上采取的是分别申请、独立授权的方法。即一个植物新品种若要寻求多个国家的植物新品种权保护，则需要逐一向申请保护的国家提出申请，各国植物新品种保护机关也需要分别对申请品种进行DUS测试。其结果是，这个寻求多国保护的申请品种，既要接受本国植物新品种保护机关的DUS测试，也要接受申请保护的国家的重复测试，申请人可谓不胜其烦。同时，这种分别申请、独立授权的制度还要求，对于来自国外的品种权申请，需要申请人使用申请保护的国家的语言向申请保护的国家提出申请，为此植物新品种权申请人还要面临价格不菲的翻译费、代理费、申请费等巨额费用负担。

从各国在进行DUS测试时所采用的方法来看，目前进行DUS测试的方式有三种：（1）种植测试。所谓种植测试，是在同一场地由植物品种保护主管机关进行或委托进行实地的DUS测试工作。根据各植物测试指南的要求进行DUS测试设计，观察DUS测试性状，判定DUS测试结果并编写测试报告上报主管机关。种植测试涉及的是品种的生长要以保证该品种相关性状进行表达的方式进行。植物的种类很多，如草、谷物、花卉、树木等，种植测试要根据不同种类植物的需求来设计。例如，UPOV 测试指南规定，牛尾草（Meadow Fescue）、高狐草（Tall Fescue）的每个测试应当至少种植 60 株距离相等的植株；每个果树测试应当种植 10 棵植株；每个草莓测试规定种植 20 棵植株；小麦则要求种植大约 2000 棵植株。根据 UPOV 公约第 12 条的规定，只有对某个品种进行测试并且其结果显示该品种符合 UPOV 公约规定的保护条件时，方可对其进行授权保护。具体就是该品种在提交申请时必须和已知品种具有差别、充分一致，并且稳定。由于种植测试比较客观，审查员完全依据测试的结果进行判断，保证了准确性，因此大多数国家将种植测试作为 DUS 测试的主要途径，但是这种方法费时、费力，成本较高。（2）书面审查。所谓书面审查，是指植物品种保护主管机关根据申请者的申请材料进行审查。随着科学技术的发展，出现了一些新的测试方法。例如，近年来由于植物新品种选育所用亲本较为集中，导致种质基础渐趋狭窄。特别是生物技术的应用，使育成的新品种可能只在少数基因上有差异，以往使用的方法难以有效鉴别遗传关系较密切的品种。但是利用 20 世纪 80 年代以后发展起来的 DNA 指纹图谱技术，可以鉴别表型上难以辨别的品种，有利于实现鉴定的简单化、自动化。虽然形态特征描述仍然是植物新品种 DUS 测试的主要依据，但在审理侵权纠纷案件时，很难在短时间内根据形态特征判定其侵权行为。而 DNA 指纹图谱分析，可以非常准确地认定被诉品种与被侵权品种的同一性，从而更好地保护品种权人的合法利益。DNA 指纹图谱分析就成为用高新手段保护植物品种权的技术基础。❶ （3）现场考察。所谓现场考察，是指在育种者、申请者等的非固定场地由育种者、申请者等进行实地的 DUS 测试工作，植物品种保护主管机关在适当时候（反映特异性的性状充分表达的时候）到现场进行实地考察，并编写考察报告。

目前世界上主要有三种不同的测试管理模式：一是美国模式。该模式的适用范围仅限于美国。审批机关不亲自做 DUS 测试，DUS 测试由申请人按照审批机关公布的 DUS 测试指南来进行。优点是审批时间较短，缺点是申请手续复杂，申请者要填报很多表格，授权后纠纷较多。二是澳大利亚模式。该模式的适用范围仅限于澳大利亚和加拿大。审批机关虽不亲自做 DUS 测试，

❶ 李晓辉，李新海，张世煌. 植物新品种保护与 DUS 测试技术 [J]. 中国农业科学，2003 (11)：1419−1422.

但申请人在做 DUS 测试过程中，需要在审批机关聘任的专家的指导和监督之下进行。该模式的缺点是只有保证专家的中立性，才能决定授权工作的公正性。三是集中测试模式。除了美国、加拿大、澳大利亚等国家，现有 UPOV 成员基本都属于此类模式。申请品种的 DUS 测试由审批机关负责或委托相应测试机构负责。虽然相对来讲审批时间较长，但授权的公正性能够得到保证，且授权后纠纷较少。对于采用集中测试模式的国家，一般都在全国建有相应的 DUS 审查测试机构（中心、站），用于开展申请品种的 DUS 测试工作。

当前，我国的 DUS 测试工作面临着一些问题。主要是测试速度跟不上申请量增加的速度，造成品种权申请时间过长。当前，我国正在大力实施"一带一路"倡议，我国种业也正在向"一带一路"国家输出种子。但是由于这些国家中多数植物新品种保护主管机关的 DUS 测试能力和水平相对落后，如果种子出口企业按照目前的规定，对其拟出口品种分别提出品种权申请、分别接受申请保护国的 DUS 测试，那么我国的出口种子企业在向这些国家输出植物新品种时，无疑会遇到比国内申请更加复杂的问题。加之，这些国家种子市场规模也不是太大，品种权分别申请、分别授权的规定，对于我国种业"走出去"无疑是非常不利的。另外，按照现行规定，一些植物新品种保护水平较高的发达国家，到我国来申请品种权保护时，也要接受我国植物新品种保护主管部门的审查测试。耗时较长的 DUS 测试，必然会使许多外国种子企业望而却步，因而也十分不利于国外优秀新品种快速进入我国市场。而且，根据相关规定，既然 DUS 测试必须依法依规进行，那么国家就必须组织相关部门编制作为 DUS 测试依据的测试指南，而这项工作更是一项十分艰巨的工作。目前我国虽然已经编制了 DUS 测试指南 258 项，但远远不能满足我国在不远的将来对所有植物品种进行保护的需要。同时，对于有些品种来说，开发 DUS 测试指南所花费的人力和经费投入可能远大于其给社会带来的贡献。对所有品种的 DUS 测试指南进行开发既没必要也没可能。

我国 DUS 测试工作遇到的问题在世界范围内具有普遍性，许多国家纷纷通过开展国际合作来解决 DUS 测试工作面临的困局。目前，UPOV 联盟成员 DUS 测试合作的植物属或种的数量已经达到 2132 个，参加 DUS 测试合作的国家数量为 48 个，其中：有 44 个国家通过采用其他国家 DUS 测试报告结果的方法来弥补本国 DUS 测试能力的欠缺；有 16 个国家通过和其他国家达成 DUS 测试合作协议的方式，有目的地解决在 DUS 测试方面遇到的困难。从合作的形式看，有些国家或地区（如澳大利亚、巴西、加拿大、欧盟、以色列、肯尼亚、墨西哥、荷兰、新西兰、秘鲁、俄罗斯、新加坡、瑞士、土耳其、越南等）与他国签署了合作协议或合作谅解备忘录，应要求向对方提供其现有的 DUS 测试报告（付费或免费）；有些国家（如巴西、以色列、韩国和乌兹别克斯坦）则直接向所有 UPOV 联盟成员提供其现有的 DUS 测试报告副本，范围不限于签署了合作协议或备忘录的国家。从接受的测试报告所涉及的品种范围来看，一些国家只接受部分植物属或种的 DUS 测试报告结果。例如，芬兰仅愿意就燕麦、甘蓝型油菜、高羊茅、野大麦、马尾草、早熟禾、三叶草、小麦、豌豆、茄等种属植物，向 UPOV 联盟成员提供其现有 DUS 测试报告。又如，加拿大植物育种者权利办公室（The Plant Breeders' Rights Office，PBRO）在接受外国 DUS 测试报告方面，则根据植物种属之不同分别予以对待：对于需要测试两个种植周期的有性繁殖品种，必须在加拿大进行 DUS 测试，但申请者可以通过购买 UPOV 成员测试报告结果取代两个种植周期之一；对于观赏或园艺（水果和蔬菜，但不包括马铃薯）品种，无论其繁殖方式如何、在何处种植，PBRO 均允许购买国外的 DUS 测试结果。除此之外，PBRO 还规定，测试品种必须已经申请并已在（或正在）某一 UPOV 成员方进行测试。如果在处理购买外国 DUS 测试结果的请求时，某品种在外国的测试尚未完成且在测试期结束时又被外国测试机关发现其不具备特异性、一致性和稳定性，加拿大 PBRO 将作出同样的决定。需要提请注意的是，该品种以后也不再允许在加拿大进行测试；从中获得外国 DUS 测试结果的测试植物，必须按正式的 UPOV 测试指南和测序程序在 UPOV 成员方进行种植和审查。在从中获得外国 DUS 测试结果的测试中，加拿大的已知品种也应被视为参考品种。如果对某一品种的 DUS 有关切，特别是在类似的加拿大品种未被视为参考品种的情况下，申请人可能被要求在加拿大完成 DUS 比较测试。必须从国外 DUS 测试结果中获得足够的数据和描述性信息，以便在《植物品种杂志》上以可接受的格式发布品种描述；必须提交一张显示该品种区别性特征的照片，以便在《植物品种杂志》上公布，但格式必须符合要求。PBRO 只购买从 UPOV 成员方的国家的植物育种者权利主管机关获得的官方 DUS 测试结果。任何购买外国 DUS 测试报告的请求均必须通过 PBRO 进行。与购买有关的费用，以及随后的翻译费用（如有需要），由申请人和（或）代理人负责。此外，无论申请人是否购买外国 DUS 测试结果，需要支付给加拿大的审查费仍然要交，还要在《植物品种杂志》公布品种描述。在之后的 6 个月内，任何人均可对该品种描述提出异议。此外，PBRO 还规定，对于来自外国的 DUS 测试结果，其保留决定是否接受的权利。如果确定为不可接受，则可能需要在加拿大进行 DUS 比较测试。❶ 此外，澳大利亚一般接受来自 UPOV 联盟成员的、除茄属以外的植物的 DUS 测试报告。还有一些国家则接受全部植物属或种的 DUS 测试报告结果（利用他国的 DUS 测试报告），但合作的国家限于 UPOV 联盟成员之间。例如，哥斯达黎加接受 UPOV 联盟其他成员所有植物的 DUS 测试报告；瑞士自己也不进行 DUS 测试，而是利用 UPOV 联盟成员提供的现有 DUS 测试报告。当 UPOV 联盟成员提供不出 DUS 测试报告时，瑞士植物品种保护办公室即要求其认为合适的 UPOV 联盟成员主管机关或试验站代表其进行 DUS 测试。

目前，我国 DUS 测试国际合作工作尚未开始启动。建议我国相关部门前瞻性地开展工作，尽快启动植物新品种 DUS 测试国际合作工作，以满足我国种业"走出去"和把优秀外国品种"请进来"的需要，推动植物新品种审查结果共享，为未来对所有植物新品种进行保护奠定基础。

二、植物新品种权授权

对经实质审查符合《植物新品种保护条例》规定的品种权申请，国务院主管部门作出授予品种权的决定，颁发品种权证书，并予以登记和公告。对经实质审查不符合规定的品种权申请，国务院主管部门予以驳回，并通知申请人。

第三节　植物新品种权申请异议与复审

一、植物新品种权申请异议

在植物新品种权申请过程中主要涉及的当事人有两个：申请人作为一方，品种权主管机关作为另一方。植物新品种保护主管机关作出的所有决定都直接影响到品种权申请人的利益。首先，申请日的决定可能会影响到申请品种是否具有新颖性，会影响到在先申请是否能够享受到优先权；当有他人就同一品种提出了品种权申请的情况下，甚至还会影响到申请人是否有机会获得

---

❶ PBRO. Purchasing foreign DUS test results in lieu of conducting comparative tests and trials in Canada [EB/OL]. (2019-04-02) [2019-12-02]. https://www.inspection.gc.ca/plants/plant-breeders-rights/application-process/foreign-test-results/eng/1383686021643/1383686079045.

授权。其次，在形式审查中，若审查员认为文件存在不符合要求的缺陷，可能导致申请被视为撤回。最后，实质审查结束以后，品种权申请人对审查结果的不认可。这些都会导致申请人和品种权主管机关之间的矛盾。这些矛盾有时候是由于品种权申请人认识上的偏差造成的，但也不能绝对排除审查人员的问题。实际上，在品种权申请中不仅会涉及申请人和主管机关，有时候甚至还会涉及第三人。例如，在委托育种、合作育种的情况下，相关各方因申请权存在争议，有的品种的培育人单方面申请了品种权，引起他方当事人的不满。这些矛盾也需要通过制度设计为相关人员提供救济渠道。

鉴于上述情况，不少国家或地区在其植物品种保护制度中都会规定品种权申请异议程序。例如，欧盟《基本条例》规定：任何人均可以书面形式就共同体植物品种权的授权向保护局提出异议。提出异议的人是除申请人之外的共同体植物品种权授权程序的当事人。提出异议的人有权获取包括技术审查结果和品种描述在内的文件。可以提出异议的理由包括授权品种不符合特异性、一致性、稳定性以及新颖性条件中的任何一项或多项，以及申请人不具备申请资格。同时，提出异议的时间期限可因异议性质的不同而有所不同：对于授权品种的特异性、一致性、稳定性以及新颖性条件中的任何一项或多项存在异议的情况下，提出异议的时间为，申请人提出申请后至保护局作出驳回或授权决定前这段时间内的任何时间；异议人基于申请人所提交的暂定名称不符合规定提出异议时，异议应当在授权公告后的 3 个月内提出。提出异议时应当提交被异议品种申请人的姓名、申请编码，异议人对异议程序当事人的指定；如果异议人指定了程序代表，还应提交其指定的程序代表的姓名及其地址以及提出异议所依据的理由，尤其要包括对异议起支撑作用的证据及论点。

相比之下，我国《植物新品种保护条例实施细则（农业部分）》第 37 条在关于异议问题的规定中，没有将申请人的申请资格问题作为可以提起异议的理由。不仅如此，在关于提起复审的理由中以及宣告无效的情形中同样没有关于申请人资格方面的规定。这不能不说是我国植物新品种保护制度的一个缺漏。

二、植物新品种权复审程序

在品种权申请与授权的过程中虽然规定了异议程序，但异议的受理者仍然是植物新品种审查与授权机关，所以当异议人对于它们作出的决定不服时，即应向其提供另一个解决通道，以免大量的纷争被推向司法部门。可见，复审委员会的设立是十分必要的。

（一）植物新品种权复审程序的适用范围

植物新品种权宣告无效需要通过复审程序进行，但是植物新品种复审程序的适用范围不限于对已授权新品种提出宣告无效的情形。首先，申请人提出的品种权申请经过品种权主管机关的审查后会产生两个结果，即授予品种权或者驳回品种权申请。为了将品种权申请审查工作置于社会公众的监督之下，及时纠正审批机关授权过程中的错误，取消不符合授权条件的品种权，提高品种权授权的质量，维护社会和公众的合法利益，在品种权申请审理过程中，法律允许对不符合申请条件的情形提出异议。此处的异议实际上属于品种权授权前的品种权异议程序。虽然当异议得到主管机关的支持时品种权申请程序停止，但是当异议得不到主管机关支持时，申请品种就会得到授权。在此情况下，异议人就必须通过提出品种权无效程序来主张自己的权利，这一过程需要通过复审程序完成。其次，品种权申请经实质审查后，被认为符合《植物新品种保护条例》规定的，审批机关将予以公告，并授予品种权。品种权授权后，任何单位和个人均可以对农业农村部授予的品种权提出无效宣告请求，农业农村部植物新品种复审委员会也可以依职权直接启动无效宣告程序。这里的任何单位与个人，既可以是与品种权人有利害关系的单位与个人，如被控侵权人；也可以是与品种权人没有利害关系的单位与个人，但实际上，提出无效宣告复审请求的人通常都是除品种权人之外的人。此时提起的复审请求属于授权后的品种权无效程序。此外，对于申请人来说，对于主管机关所作出的驳回品种权申请的决定，无论是在初步审查之后作出的，还是在实质审查之后作出的，如果申请人不服，都可以在收到通知后的3个月之内要求植物新品种复审委员会进行复审。

法律之所以作出上述规定，是因为：通常情况下，审查人员会认真从事审查工作，对于不符合授权条件的品种权申请，一般都会作出驳回申请的决定，但是这并不排除审查员会发生判断错误。例如，因已知品种范围界定有遗漏，以及个别人的玩忽职守等，使原本不应得到授权的品种获得了品种权授权。所以按照世界各国植物新品种法律保护制度的规定，申请人如果对品种权主管机关的驳回决定不服，可以要求农业植物新品种复审委员会进行复审。设立复审程序，一方面是为申请人提供一个维护自己合法权益的机会，另一方面也是为农业植物新品种保护主管机关提供一个纠正可能发生的失误的机会。

所以我国《农业部植物新品种复审委员会审理规定》规定，植物新品种复审程序的范围为对驳回农业植物新品种权申请决定不服或对已授权新品种提出宣告无效及更名的请求，以及依据职权对违反国家法律规定、社会公共利益和生态环境安全的已授权新品种宣告无效或更名等。在以下案例中，"吉粳83号"的品种权申请人即基于对植物新品种保护办公室作出的驳回申请决定提起了上诉。

2007年2月27日，农业部植物新品种保护办公室（以下简称植物新品种保护办公室）对申请人为A农业科学院，品种权申请号为20020279.0，新品种命名为"吉粳83号"的品种权申请作出了驳回申请决定。驳回的理由是，对"吉粳83号"及其近似品种于2005年和2006年在指定的测试分中心分别进行了两年的DUS田间栽培实验。根据当时的《水稻测试指南》，测试报告结论是，申请品种与近似品种没有明显的区别，不具备《植物新品种保护条例》第15条规定的特异性，故对该品种权申请作出驳回决定。

申请人对驳回申请的决定不服，根据《植物新品种保护条例》第32条的规定，于2007年5月25日向农业部植物新品种复审委员会（以下简称复审委员会）提起复审请求，其理由是："根据申请人田间观测和省区域试验结果，申请品种与近似品种的外观非常相像，但是存在性状差异，具体表现在两个品种的生育期和苗期稻瘟病抗性明显差异；申请人单位所属的生物技术中心的SSR（引物名称RM206）结果表明，两个品种存在差异。"

申请人还提交了"情况说明"，认为提交的申请资料中对申请品种的特异性状描述不够准确，对新品种的抗性描述不够充分，对生育期性状的特点也未作强调说明，直接导致测试结果与申请品种的特异性描述不一致。因此，请求针对生育期和苗期稻瘟病抗性进行测试，待得出测试结果后，再由复审委员会作出相应决定。

复审小组在案件审理过程中查阅了"吉粳83号"的申请资料，核实了复审请求提交的测试证据，并向当事人询问了有关情况。复审小组认为，由于申请人在申请时对申请品种的抗性描述不充分，对生育期性状的特点未作强调说明，为慎重起见，复审委员会决定指定测试机构对申请品种的特异性进行补充测试，并于2008年和2009年在指定的测试分中心增加了两年DUS田间栽培试验，对申请品种的相关性状进行补充测试。测试分中心的试验结果表明，申请品种与近似品种连续两年在剑叶角度（前期）和成熟期性状上有差异，具备特异性。复审委员会认为，测试结果充分反映了申请品种的特征，测试结果科学可靠，请求人的复审请求理由成立。2010 年 6 月 30 日，复审委员会作出复审决定：撤销植物新品种保护办公室关于驳回"吉粳 83 号"品种权申请的决定。❶

(二) 复审申请的提起

中国境内的单位和个人提出复审申请的，可以直接或者委托中国境内的代理机构向复审委员会提出。在中国境内没有经常居所的外国人、外国企业或者外国其他组织，应当委托中国境内的代理机构办理。申请人对驳回品种权申请的决定不服的，可以自收到驳回决定之日起 3 个月内，向复审委员会提出书面复审申请。更名申请可在品种权有效期内随时提出。无效宣告申请可在品种权授权公告之日起，民事诉讼时效内提出。

申请品种权复审应提交以下材料：复审申请书；申请复审的理由和相关证据材料，证据材料应当具有合法性、客观性和关联性；复审申请人的身份证明。委托代理机构办理的，还应当提交代理委托书和代理机构的身份证明。代理委托书应当载明代理内容、委托权限等。复审申请人应当对自己所提交材料实质内容的真实性作出承诺并负责。

(三) 复审申请的审查

1. 形式审查

复审委员会下设秘书处，负责处理复审委员会的日常工作。秘书处应按照以下受理条件对收到的复审申请书及相关申请材料进行形式审查，并在 15 个工作日内决定是否受理：申请材料符合《农业部植物新品种复审委员会审理规定》（以下简称《复审规定》）要求和相关格式要求；复审申请提出的期限符合相关法律法规的规定；复审申请属于植物新品种保护办公室在初步审查或者实质审查中驳回的品种权申请；复审申请人是被驳回品种权申请的全体申请人；复审申请中修改的被驳回的品种权申请文件应当符合相关法律法规的规定；申请更名的复审申请，应当属于准许更名的范围；复审申请不属于复审委员会已经审理并作出复审决定或者复审申请人已经书面撤回，复审申请人又以同一事实和理由提出的；不存在其他不予受理的情况。对符合上述规定的复审申请，予以受理，由秘书处制发《复审申请受理通知书》；对

---

❶ 农业部科教司，等. 植物新品种保护案例评析 [M]. 北京：法律出版社，2011：52-53.

不符合上述规定的，不予受理，由秘书处制发《复审申请不予受理通知书》，并说明理由。

2. 材料补正

对经秘书处审查需要补正材料的复审申请，秘书处应在《复审申请补正通知书》中一次性告知当事人。秘书处对申请材料中的明显错误，可予以直接修改，并通知复审申请人。复审申请人不同意修改的，不予受理。复审申请人可以在秘书处指定的期限内进行补正后重新提交。重新提交复审申请的，复审申请日为补正后的文件递交之日。补正后的复审申请材料符合受理条件的，予以受理，由秘书处制发《复审申请受理通知书》；不符合受理条件的，不予受理，发给《复审申请不予受理通知书》。对形式审查合格的复审请求，可以直接交由复审小组审理，也可以交由植物新品种保护办公室进行"前置审查"。

3. 前置审查

按照我国农业植物新品种保护的相关规定，复审委员会在接到复审请求后，通常是将有关的文件送交原来作出驳回决定的部门，由该部门审查自己的决定是否适当，这叫"前置审查"。进行前置审查的，植物新品种保护办公室应当自收到案卷之日起30日内（特殊情况除外）提出审查意见。前置审查意见分以下三种：复审请求证据充分，理由成立，同意撤销原驳回申请的决定；复审请求人提交的申请文件修改文本克服了原申请中存在的缺陷，同意在修改文本的基础上撤销原驳回申请的决定；复审请求人陈述的意见和提交的申请文件修改文本不足以使原驳回申请的决定被撤回，坚持原驳回申请的决定。植物新品种保护办公室在前置审查过程中，对于原始申请文件未作修改的复审请求不得提出新的驳回理由。

（四）复审案件审理

1. 审理机制

若植物新品种保护办公室作出的前置审查意见属于"复审请求人陈述的意见和提交的申请文件修改文本不足以使原驳回申请的决定被撤回，坚持原驳回申请的决定"，由复审小组继续进行审理。复审案件的具体审理工作采用复审小组审理制。复审小组由不少于3人单数的复审委员和复审专家组成，其中至少包含1名复审委员。具体人员由秘书处根据案件审理需要提出建议名单，经副主任委员批准后成立复审小组。秘书处应当将复审小组人员名单通知相关当事人。复审小组审理案件采用合议制。复审小组依照少数服从多数的原则，通过投票表决形成小组的审理意见。复审小组不能形成多数意见时，以复审小组组长的意见为准，其他不同意见应全部记录在册，经全体复审小组成员签字后，形成复审决定草案提交复审委员会。复审委员会不同意复审小组审理意见的，应当由复审小组作出说明，最终以复审委员会的决定为准。复审申请人或品种权人（以下简称当事人）认为复审小组人员与本案件有利害关系或者存在其他情况可能影响审理公正的，在审理决定作出前，有权要求相关人员回避。承担案件审理的复审委员和复审专家有下列情形之一的，可以在复审决定作出前，主动申请回避：与当事人或其代理人是近亲属的；与当事人有直接利害关系的；存在其他可能影响公正审理情况的。相关人员是否回避由副主任委员决定。复审小组原则上采用合议方式对案件进行书面审查。对于影响重大或者有重要疑难法律、技术问题或者较为复杂的案件，复审小组可以召集双方当事人进行当面说明。当事人对自己提出的主张负有举证责任。复审小组认为必要时，可以依据职权进行主动调查或者要求当事人补充证据。

2. 复审审理决定

复审委员会应当自收到复审请求书之日起 6 个月内完成复审，并作出审理决定。审理决定分为以下三种：复审请求的理由不成立，维持原驳回申请的决定，驳回复审请求；复审请求的理由成立，撤销原驳回申请的决定；品种权申请文件经复审请求人修改，克服了原驳回申请的决定所指出的缺陷，在新的文本基础上撤销原驳回决定。复审委员会作出的审理决定，对于改变植物新品种保护办公室作出的审查决定的，应当及时通知植物新品种保护办公室执行复审委员会的审理决定，植物新品种保护办公室不得以同一事实和理由再次作出与原驳回决定相同的决定，并且继续进行审批程序。植物新品种复审委员会应当自收到复审请求书之日起 6 个月内作出决定，并通知申请人。进行技术鉴定的时间不计入审查时限。复审请求人在复审委员会作出审理决定前可以撤回复审请求，复审程序终止。审理决定已宣布或者书面决定已经发出之后撤回的，不影响审理决定的有效性。申请人对植物新品种复审委员会的决定不服的，可以自接到通知之日起 15 日内向人民法院提起诉讼。

"粤泰 A" 品种权无效宣告案

2006 年 2 月 22 日，农业部植物新品种复审委员会（以下简称复审委员会）收到了 A 公司（以下简称请求人）提交的"粤泰 A"新品种无效宣告请求书。"粤泰 A"新品种的品种权申请日为 2003 年 5 月 23 日，授权日为 2005 年 9 月 1 日，品种权人为 B 研究所和 D 公司（以下简称被请求人）。其理由是新品种的新颖性不符合《植物新品种保护条例》和《植物新品种保护条例实施细则》的相关规定，并附具以下证据材料证明其丧失新颖性。

证据材料一：2002 年 7 月 3 日，D 公司出具的销售"粤泰 A"新品种 1025kg，金额 16400 元的发票 1 张；

证据材料二：2002 年 8 月 29 日，D 公司与请求人签订的"关于'粤泰 A'亲本种子纯度及处理意见的协议" 1 份；

证据材料三：2002 年 9 月 16 日，某市消费者协会和某市某工商局对金龙塘镇龙河村村民委员会投诉某市种子公司提供的"粤泰 A"杂株率高一案的调解书 1 份。

复审委员会经形式审查认为，请求人提交的无效宣告请求书符合《复审规定》第 31 条形式要求的规定，复审委员会予以受理，并于 2006 年 2 月 28 日发给请求人《无效宣告受理通知书》。依据《复审规定》第 33 条的规定，复审委员会于 2006 年 3 月 3 日将无效宣告请求书及证据副本转送被请求人 B 研究所（为品种权人代表），并要求其在收到该通知书日起 3 个月内陈述意见。至 2006 年 6 月 18 日，被请求人没有在规定的期限内对上述无效宣告请求予以答复。

复审委员会对请求人提交的证据进行了审查，根据请求人提出的无效宣告请求内容，复审委员会派出工作人员赴被请求人处进行了实地调查，查阅了相关资料，并核实了相关证据。复审委员会经审理认为：（一）本案的销售行为是经过品种权人许可的销售行为。本案的销售行为虽然不是直接由被请求人而是由 D 公司所为，但根据当地工商登记档案显示，D 公司是由 B 研究所投资 760 万元（占总出资额的 50.67%），B 研究所职工工会出资 500 万元（占出资额的 33.33%）与其他 6 位自然人出资共同兴建的股份制企业，B 研究所所长张某任该公司董事长，该所副所长黄某任总经理。因此，复审委员会认为，D 公司的销售行为是《植物新品种保护条例实施细则》第 15 条第 2 款第 3 项规定的经被请求人许可的销售行为。（二）本案销售行为成立并生效的时间是 2002 年 4 月。根据请求人与 D 公司签订的有关协议，2002 年 4 月，请求人从该公司购进"粤泰 A"种子 1025kg。2002 年 7 月 3 日，D 公司向请求人开具了销售发票，其中写明"粤泰 A" 1025kg、金额 16400 元。D 公司已将"粤泰 A"种子交付请求人，销售行为事实上已经发生，2002 年 7 月 3 日开具的销售发票只是履行结算手续而已。因此，B 研究所参股的 D 公司销售"粤泰 A"种子的时间应该认定为 2002 年 4 月，这已超过该品种权申请日 2003 年 5 月 23 日一年以上时间，"粤泰 A"水稻新品种不符合《植物新品种保护条例》第 14 条对新颖性的规定。

复审委员会经审理认为，本无效宣告请求理由充足，证据充分，依法作出宣告"粤泰 A"品种权无效的审理决定。❶

第四节　植物新品种权的丧失

一、植物新品种权被宣告撤销或届满前终止

（一）植物新品种权届满前被撤销或终止的情形

根据《植物新品种保护条例》规定，品种权的保护期限，自授权之日起，藤本植物、林木、果树和观赏树木为 20 年，其他植物为 15 年。一旦法律规定的保护期限届满，植物新品种权即行消灭，既不再能为权利人所享有，也不能为他人所享有。相关法律之所以对于植物新品种权限定保护期限，目的在于增进社会公益，使这些权利经过相当时间后，其权利之下的植物新品种进入社会公有领域，成为人类的共同财富。这属于品种权的正常终止，不是本节要讨论的重点。本节讨论的品种权终止，是指品种权因其他原因而自动失去法律效力的情形。植物新品种权终止实际上是植物新品种保护主管部门依职权主动撤销品种权。

根据 UPOV 公约 1978 年文本第 10 条的规定，育种者权利被撤销的情形有两种：一是，"经要求后并在规定的期限内，育种者未向主管机关提供审查品种所必需的繁育材料、文件和情报信息，或者育种者不允许检查其保存品种的方法"；二是，"育种者未在规定的期限内缴纳为保护其权利有效的费用"。而根据 UPOV 公约 1991 年文本第 22 条的规定，育种者权利被撤销的情形有两种：一是，国家依职权自行终止品种权人的品种权，具体指品种的一致性和稳定性条件不再具备；二是，国家依请求在规定期限内宣布终止其授

---

❶　农业部科教司，等. 植物新品种保护案例评析［M］. 北京：法律出版社，2011：66-67.

予的育种者权利终止。其中后一种情形又包括三种具体情况：（1）育种者不向主管机关提供用以确证保持该品种所必要的资料、文件或材料；（2）育种者未能支付使其育种者权利维持有效的必要费用；（3）在授予育种者权利之后，品种名称被取消，而育种者未能提交合适的新名称。比较而言，UPOV公约关于品种权终止的理由具有较大的不同：1978年文本未将不符合一致性和稳定性条件作为品种权终止的理由；1991年文本将品种权终止的情形分为两类，即自行终止和宣布终止。

我国《植物新品种保护条例》第36条规定："有下列情形之一的，品种权在其保护期限届满前终止：（一）品种权人以书面声明放弃品种权的；（二）品种权人未按照规定缴纳年费的；（三）品种权人未按照审批机关的要求提供检测所需的该授权品种的繁殖材料的；（四）经检测该授权品种不再符合被授予品种权时的特征和特性的。"自2017年4月1日起，我国停征植物新品种保护权年费。因此，现行《植物新品种保护条例》第36（2）条已不适用。同时，在申请品种的测试审查方面，我国正在酝酿实行自主测试和主管机关测试相结合的方式，因此《植物新品种保护条例修订草案（征求意见稿）》第47条对品种权在其保护期限届满前终止的情形进行了修改，具体包括以下几种。

1. 品种权人以书面声明放弃品种权的

在某些情况下，例如，由于新品种换代使其拥有的品种权已经失去存在的实际价值，品种权人可以书面声明放弃其品种权，品种权即告终止。值得注意的是，植物新品种权的放弃并不是任意为之的，一般要求书面声明，而且要经过相应行政主管机关的登记和公告。同时，品种权人放弃其品种权的行为不得损害他人的利益，尤其是在品种权已向他人发放许可或出质的情况下。这是因为：如果放弃植物新品种权，使任何人可以自由使用该品种权下的品种，这将严重威胁被许可人和质权人的利益。因此，通常情况下，未经被许可人和质权人的同意，一般不允许品种权人放弃品种权。

2. 品种权人未按照国务院主管部门的要求提供检测所需的该授权品种的繁殖材料的

如果品种权人不按照植物新品种保护主管机关规定的时间、地点或者数量与质量要求，提供用于检测所需的该授权品种的繁殖材料，植物新品种保护主管机关可以依据其职权撤销其品种权。

3. 经检测该授权品种不再符合被授予品种权时的特征和特性的

如果品种权人提供的某授权品种的繁殖材料，经过法定检测机构检测，判明其特征特性已不同于申请品种权时品种的特征特性时，植物新品种保护主管机关可以依据职权撤销该品种的品种权。

4. 授予品种权之后，品种名称被取消，而品种权人未在规定期限内提出另一个符合规定的名称的

植物新品种权被授予后，被核准的品种名称成为该授权品种的通用名称，品种权人必须使用。但是，若因某种原因，如该授权品种的名称因侵犯了他人的在先权利被他人提出异议，此时植物新品种主管机关会宣布取消该品种名称，并规定一定期限，让品种权人另行提交符合规定的品种名称。若品种权人在规定期限内未能提交另一个符合规定的品种名称，植物新品种保护主管机关即可依据职权撤销该品种的品种权。

5. 申请文件或者繁殖材料与真实情况明显不符的

申请文件或者繁殖材料的真实性是植物新品种权申请人获得国家对申请品种授予品种权并且对其进行保护的前提。申请文件与实际情况不符，会导致植物新品种保护主管机关在作出授权决定时的误判；同时，未来国家在实行自主测试和主管机关测试相结合的方式对申请品种进行测试审查以后，有些情况下植物新品种保护主管机关可能不再对申请品种进行种植测试，因此，申请人提交的繁殖材料与其为之申请品种权的品种一致，很大程度上依赖于申请人的诚实。反言之，如果繁殖材料与实际情况不符，植物新品种授权即丧失了其应有的授权基础，植物新品种保护主管机关一经查实，必然对已经授予的品种权宣布撤销。

(二) 植物新品种权届满前被撤销或终止的法律后果

品种权终止意味着从某一既定的日期开始，通常是品种权终止开始的时间，品种权不再有效。实践中，自终止之日起，从事任何品种权所覆盖的行为不再需要得到前品种权人对该品种的授权。品种权的终止不具有追溯力。品种权授权是正确的，只是由于不符合法律规定的情形的存在，某些义务自品种权被宣告终止之日开始品种权停止存在。例如，《植物新品种保护条例实施细则（林业部分）》第42条规定："依照《条例》第三十六条规定，品种权在其保护期限届满前终止的，其终止日期为：（一）品种权人以书面声明放弃品种权的，自声明之日起终止；（二）品种权人未按照有关规定缴纳年费的，自补缴年费期限届满之日起终止；（三）品种权人未按照要求提供检测所需的该授权品种的繁殖材料或者送交的繁殖材料不符合要求的，国家林业局予以登记，其品种权自登记之日起终止；（四）经检测该授权品种不再符合被授予品种权时的特征和特性的，自国家林业局登记之日起终止。"

二、植物新品种权宣告无效

（一）品种权无效的理论

根据世界各国的做法，植物新品种权授予之后，任何人都可以对品种权保护主管机关授予的品种权提出质疑，要求法院或者植物新品种复审委员会宣告品种权无效。这是因为在品种权申请的过程中，申请人可能会有意无意地隐瞒一些事实，如可以破坏自己申请品种新颖性的销售时间、破坏特异性条件的已知品种的存在等。而在品种权审查过程中，植物新品种保护主管机关或者审查员也可能发生一些失误，如遗漏某些重要的已知品种，对不应当授予品种权的品种授予了品种权，对同样的申请品种授予了两项以上的品种权，等等。无论是申请人的失误，还是植物新品种保护主管机关的失误，都有可能对某些不应当授予品种权的申请授予了品种权。从这一层意义上讲，品种保护主管机关授予的品种权只能是一种推定有效的权利，其效力应当接受第三人的挑战，并最终由法院或者植物新品种保护复审委员会作出决定，将那些不符合品种权授权条件的品种权剔除。与此相应，对推定有效的品种权提出挑战的就可以是社会公众中的任何人，包括被控侵权者和品种权被许可人。

根据我国《植物新品种保护条例》的规定，宣告品种权无效的请求是向品种保护复审委员会提出。提出请求的方式包括：一是，社会公众直接向品种保护复审委员会提出无效请求；二是，在侵权诉讼中，被控侵权人向品种保护复审委员会提出无效请求。在后一种情况下，法院可以根据情况中止诉讼程序，等待品种保护复审委员会的决定。如果品种保护复审委员会宣告品种权无效，则诉讼终止。如果品种保护复审委员会维持品种权有效，则有关诉讼程序可以继续进行。但是，近年来由于知识产权司法诉讼程序的改革，即使侵权诉讼中的被控侵权人向品种保护复审委员会提出了无效请求，诉讼程序也不中止。例如，在"北京华耐农业发展有限公司诉北京丰桥国际种子有限公司、兰州丽勤种业有限公司侵害大白菜'华耐B1102'品种权侵权纠纷案"中，尽管被告向植物新品种复审委员会提起了品种权无效请求，但法院仍未中止诉讼，其目的就是避免诉讼期限过长，给权利人带来损害。

（二）植物新品种权的无效

UPOV公约1978年文本第10条"保护权的无效和撤销"规定："一、如果确证，授予保护权时，第六条一款（一）项和（二）项所规定的条件未得到有效遵守，则将按照各联盟成员国国家法律的规定，宣布育种者的权利无效。"UPOV 公约 1991 年文本第 21（1）条规定："遇有下列情况，缔约方应宣布其授予的育种者权利无效：（1）在授予育种者权利时未遵守第六条或第七条规定条件；（2）主要根据育种者本人提供的信息和有关文件授予育种者权利，在授予育种者权利时未遵守第八条或第九条规定条件，或（3）把育种者权利授予不具备资格者，但转让给有资格者除外。"

1. 我国《植物新品种保护条例》对品种权宣告无效的相关规定

《植物新品种保护条例》第 37 条规定："自审批机关公告授予品种权之日起，植物新品种复审委员会可以依据职权或者依据任何单位或者个人的书面请求，对不符合本条例第十四条、第十五条、第十六条和第十七条规定的，宣告品种权无效；对不符合本条例第十八条规定的，予以更名。宣告品种权无效或者更名的决定，由审批机关登记和公告，并通知当事人。对植物新品种复审委员会的决定不服的，可以自收到通知之日起 3 个月内向人民法院提起诉讼。"

2. 品种权被宣告无效的法律后果

由上文可知，根据《植物新品种保护条例》第 37 条的规定被宣告无效的品种权，都是其取得条件不符合法律规定的，因此，一旦品种权被宣告无效，视为自始不存在。因此，《植物新品种保护条例》第 38 条第 1 款规定："被宣告无效的品种权视为自始不存在。"这种"自始不存在"的规定具有溯及既往的法律后果。

品种权被宣告无效或被撤销而自始不存在的意思是说，一开始就没有这个知识产权。那么，对于被宣告无效或被撤销前，因品种权当时有效而发生的各种行为，又应当如何处理呢？对此，《植物新品种保护条例》第 38 条第 2 款作出的规定是："宣告品种权无效的决定，对在宣告前人民法院作出并已执行的植物新品种侵权的判决、裁定，省级以上人民政府农业、林业行政部门作出并已执行的植物新品种侵权处理决定，以及已经履行的植物新品种实施许可合同和植物新品种权转让合同，不具有追溯力；但是，因品种权人的恶意给他人造成损失的，应当给予合理赔偿。依照前款规定，品种权人或者品种权转让人不向被许可实施人或者受让人返还使用费或者转让费，明显违反公平原则的，品种权人或者品种权转让人应当向被许可实施人或者受让人返还全部或者部分使用费或者转让费。"

《植物新品种保护条例》作出上述规定的原因，主要是为了稳定已经执行的判决、裁定和处理决定以及已经履行的合同。如果因为有关的品种权被宣告无效，再去推翻法院或者行政机关已经执行的判决、裁定和处理决定，再去推翻已经履行的合同，就会造成许多不必要的混乱。当然，这里也有例外：如果品种权人出于恶意给他人造成了损失，则应当赔偿。即因品种权人的恶意给他人造成损失的，应当给予合理赔偿。品种权人或者品种权转让人不向被许可实施人或者受让人返还品种权使用费或者转让费，明显违反公平原则的，品种权人或者品种权转让人应当向被许可实施人或者受让人返还全部或者部分使用费或者转让费。

第七章

植物新品种权侵权及其责任承担

第一节　植物新品种权侵权行为的种类

　　关于植物新品种权侵权行为的种类，根据不同标准有不同的划分。有人认为，品种权侵权类型通常有三种划分标准。①以品种权的权利内容为标准，将侵权行为划分为：为商业目的生产授权品种的繁殖材料、为商业目的销售授权品种的繁殖材料以及为商业目的将该授权品种的繁殖材料重复使用于生产另一品种的繁殖材料；②以侵权手段为标准，将品种权的侵权类型划分为显性侵权行为（如"真种子+真名称型侵权"）和隐性侵权行为（包括"假种子+真名称型侵权"和"真种子+假名称型侵权"）；③根据侵权诉讼的案由不同，将侵权类型划分为确认侵权之诉和确认不侵权纠纷。❶

　　有的国家则在法律中对品种权的侵权类型进行划分。例如，我国《植物新品种保护条例》规定的侵权类型就有两种：一是侵权，二是假冒。其中前者称为狭义的侵权，前者和后者加在一起称为广义的侵权。❷日本《种苗法》第20（1）条则将品种权侵权行为规定为以下几种：（1）擅自对注册品种进行商业化利用的行为。具体包括三种情形：一是，根据《种苗法》第20条的规定，在生产经营过程中，品种权人对注册品种以及在性状的表达上与注册品种没有明显区别的品种享有独占使用权。因此，在生产经营过程中，未经品种权人同意，擅自使用与注册品种没有明显区别的品种的

---

　　❶ 隋文香. 判例与理论：植物新品种权侵权行为研究［M］. 北京：知识产权出版社，2011：2-3.

　　❷ 牟萍. 植物品种权研究［M］. 北京：法律出版社，2011：225.

行为当属侵权行为。二是，由于品种权人的权利可以延伸至实质性派生品种，因此，虽已取得实质性派生品种品种权人同意但未取得原始品种品种权人同意使用实质性派生品种的行为，同样属于侵权行为。三是，在亲本品种的品种权存续期间，该亲本品种所有权人也享有从属品种以及杂交品种的品种权。此外，若从属品种业已注册，具有品种权，在利用该品种时即便已经获得从属品种权人同意，但未取得亲本品种权人同意，仍属侵权。（2）适用农民特权引起的品种权侵权行为。对于政令规定适用农民特权的作物，农民可在一定范围内自繁自种，然而，农民的自繁自种行为可以通过签订合同加以限制。在此情况下，若农民进行自繁自种，不仅违约，还可能被视为品种权侵权行为。农民用于自繁自种的种苗，必须取得包括品种权人在内的相关权利人的同意。如果从擅自繁殖种苗的人那里获得种苗，然后进行自繁自种则构成实质性侵权行为。自繁自种的农民所获得的收获材料只能供自家下次种植使用，将收获材料转让给其他农民也属于品种权侵权行为。（3）擅自使用注册品种收获材料及其加工品的行为。例如，未经品种权人许可，将从市场上购买的农作物、农产品作为种苗使用属于侵权行为。又如，在品种权人没有机会对其注册品种和繁殖材料行使权利的情况下，未经许可繁殖注册品种，将收获的农作物加工成产品进行出售，属于侵权行为。（4）假冒注册品种的行为。根据《种苗法》第22（2）条规定，任何人在经营中提供转让或转让非注册品种的繁殖材料，不可在其上使用与农林水产植物的注册品种相同或类似的种或属的名称。因此，未经许可，在非注册品种的繁殖材料上使用与注册品种相同或类似的种或属的名称的行为也构成侵权。此外，美国《植物品种保护法》在列述侵权行为时，不但列述了直接侵权行为，还将间接侵权行为包含在侵权行为之中。综合各种观点，本书总结的侵权行为包括以下三类。

一、未经许可实施了法律规定品种权人有权禁止的行为

植物新品种权是一种知识产权。对于每一种知识产权，国家在立法中都会赋予其相应的权利内容、界定其保护范围。所谓"品种权人有权禁止的行为"实际上指的是属于法律赋予品种权人的权利和该权利行使范围所覆盖的行为。例如，我国《种子法》第28条规定："完成育种的单位或者个人对其授权品种，享有排他的独占权。任何单位或者个人未经植物新品种权所有人许可，不得生产、繁殖或者销售该授权品种的繁殖材料，不得为商业目的将该授权品种的繁殖材料重复使用于生产另一品种的繁殖材料；但是本法、有关法律、行政法规另有规定的除外。"根据这一规定，品种权人有权禁止的行为是"生产、繁殖或者销售该授权品种的繁殖材料"以及"为商业目的将该授权品种的繁殖材料重复使用于生产另一品种的繁殖材料"。

由于各国法律对于品种权的权利内容和保护范围规定不同，所以品种权人有权禁止的行为就有所不同。即侵害植物新品种权的内涵因法律规定的不同而不同。例如，在实行 UPOV 公约 1991 年文本的国家，品种权人有权禁止的行为包括：（i）生产或繁殖；（ii）为繁殖而进行的种子处理；（iii）提供销售；（iv）售出或其他市场销售；（v）出口；（vi）进口；（vii）用于上述目的（i）至（vi）的储存。但值得注意的是，不能把"未经许可"单纯地理解为"未经品种权人许可"。未经许可，除了指未经品种权人许可之外，还包括未经法律许可和国家主管机关许可。举例来说，在获得授权品种的强制许可之后，行为人实施品种权规定内容的行为，也不构成侵权，因为在此情况下，虽然行为人未经品种权人许可，但是得到了国家主管机关的许可。现实中，未经许可实施了法律规定的品种权人有权禁止的行为是品种权侵权的主要类型。例如，在"安徽皖垦种业股份有限公司诉寿县向东汽车电器修理部侵害小麦'郑麦 9023'植物新品种权纠纷案"中，被告向东修理部未获得品种权人许可或授权经销"郑麦 9023"的行为构成品种权侵权。

未经许可实施法律规定的品种权人有权禁止的行为这类侵权属于典型的直接侵权行为。"直接侵权"是一个英美法上的术语，是"间接侵权"的对称，指的是行为人未经品种权人许可实施了品种权控制的特定行为，直接侵犯了品种权人的专有权利。我国目前只是规定了直接侵权，未规定间接侵权。间接侵权行为，是指行为人实施的行为并不构成直接侵犯他人品种权，但却故意诱导、怂恿、教唆别人实施他人的品种权，发生直接的侵权行为，行为人在主观上有诱导或唆使别人侵犯他人品种权的故意，客观上为别人直接侵权行为的发生提供了必要的条件。美国《植物品种保护法》不但规定了直接侵权，也规定了间接侵权。该法第 111 条第（a）款第（1）至（9）项规定，任何人未经植物品种权人许可，不得生产、销售、繁殖、为繁殖而进行种子处理，求售（expose for sale）、提供、交付、装运、储存、寄售、交换、许诺销售、进出口；使用标有"未经许可禁止繁殖"

种子的行为也视为侵权行为。在此基础上，该条第（10）项又规定："教唆或积极诱导他人从事前述行为"也视为侵权行为。此处的"教唆或积极诱导他人从事前述行为"即属于间接侵权行为。

在未经许可实施的法律规定品种权人有权禁止的这类侵权行为中还包括超出品种权例外规定所实施的行为。例如，因违反农民特权规定造成的侵害品种权的行为。由于在 UPOV 公约 1991 年文本中，农民特权是一项非强制性例外规定，所以不少加入了 UPOV 公约 1991 年文本的国家在植物品种权立法中对农民特权加以限制。例如，日本《种苗法》规定了不实行农民特权的植物品种。即如果农民未经许可在该规定范围内留种，就构成对品种权人权利的侵犯。又如，欧盟《基本条例》对实行农民特权的品种进行了规定，亦即除《基本条例》规定的 21 类植物外，农民擅自留种皆构成侵权；即便是在规定的品种范围内，有资格享受农民特权的也仅仅是一部分"小农"。所以"小农"之外的农业生产者在规定品种范围外的留种行为也属于侵害品种权的行为。

例如，在欧洲法院判决的 C-242/14 案中，该案原告 Saatgut-Treuhand-verwaltungs GmbH（以下简称 STV）❶ 了解到，2010—2011 年，被告 Gerhard und Jürgen Vogel G 农业公司（以下简称 Vogel）种植了冬大麦"FINITA"品种。与 STV 没有合同关系的农业生产者拒绝填写 STV 于 2012 年发放的农民留种声明表，也拒绝了 STV 于当年 6 月份提出的支付相应费用的要求。2013 年 3 月 18 日 STV 起诉 Vogel，要求支付损害赔偿。被告辩称依照《基本条例》[（EC）2100/94 号条例]第 14（1）条的规定，只要农业生产者缴纳了合理使用费（equitable remuneration），对于自己种植受保护植物新品种后收获的繁殖物，有权为自用目的继续使用（播种用诉争植物品种留下的种子）。受理法院请求欧洲法院就本案以下问题作出初步裁决：是否应当在播种前支付合理使用费，以及支付合理使用费的期限？

首先，法院分析了《基本条例》第 13（2）条规定的许可使用要求，即农业生产者应当获得植物新品种权利人许可后才能种植相关植物品种并

---

❶ Saatgut-Treuhandverwaltungs GmbH（STV）是一家植物新品种权利人协会性质的德国种子托管有限责任公司，其主要业务是从事种子经营管理服务，其中一项职责是为品种权人向农业生产者收集自留种子费用。按照相关规定，STV 每年都向农业生产者（farmers）发放农民留种声明表，要求农业生产者填写是否种植了由 STV 管理的植物新品种。该案中的冬大麦"FINITA"就是由其受托管理的植物新品种之一。

使用其繁殖物。第 14（1）条对上述植物新品种权作出限制，规定特定情形下农业生产者有权使用种植受保护植物品种后获得的繁殖材料。该权利限制也被称为"农业豁免"（agricultural exemption）或"农民特权"（farmer's privilege）。第 14（3）条规定豁免上述许可的例外情形，即向权利人支付合理使用费，但"小农"除外。欧洲法院重点分析了适用第 14 条的例外规定，农业生产者支付合理使用费的时间问题。农业生产者不支付上述合理使用费无权行使第 13 条规定的未经许可禁止行使的行为，而权利人则有权起诉该行为侵权，并可依照该条例第 94 条的规定申请禁令和要求损害赔偿等。故意或过失侵犯植物新品种权利的，应赔偿该侵权行为造成的全部实际损失。

欧洲法院引用《农业豁免条例》[（EC）1768/95 号条例] 的规定，确定合理使用费的支付期限。该条例第 6 条规定，可以提出支付合理使用费的时间点为重新播种日（the date of reseeding）。权利人可以决定相关农业生产者支付合理使用费的具体方式，但不得早于该农业生产者实际再播种所收获繁殖物的日期。欧洲法院认为，即使权利人未明确规定支付期限，也不意味着该期限变为无限期，而应当依照《农业豁免条例》第 7 条的规定，认定除"小农"外，应当支付合理使用费的期限为一个销售年份（marketing year），即自播种后第一个 7 月 1 日至下一个日历年的 6 月 30 日。简言之，为保证农业生产者能够适用《基本条例》第 14 条的例外规定——无须取得权利人许可即可使用受保护植物品种收获物，但应当在该收获物播种之后的 6 月 30 日之前支付相应的合理使用费。

《基本条例》第 14 条规定权利例外的目的是保证公共利益下的农业生产行为，而保护植物新品种权的目的则在于，促进育种活动以提高社会整体利益，即通过赋予育种者以排他性的独占权，鼓励他们投入更多的时间和资源从事植物育种研究，以提高现有植物的产量和质量。欧洲法院通过本案裁定，试图在上述两个目标之间取得平衡并填补《农业豁免条例》规范的空白。虽然农业生产者有权不经权利人许可使用种植受保护植物品种后收获的繁殖材料，但是权利人有权在合理期限内获得合理使用费，且该期限不得是无限期的，否则无法保证发生侵权行为后权利人能够获得有效的法律救济。事实上，如果上述时间期限没有限制的话，即意味着农业生产者可以无限期推迟支付上述合理使用费，也意味着权利人无法采取法律

措施（保护其自身权利）。❶

可见，农业生产者未在规定期限内支付留种使用费，构成对植物新品种权的侵犯。

二、不使用授权品种名称或不正确使用授权品种名称的行为

《植物新品种保护条例》第18条规定："授予品种权的植物新品种应当具备适当的名称，并与相同或者相近的植物属或者种中已知品种的名称相区别。该名称经注册登记后即为该植物新品种的通用名称。"其中的"注册登记"的名称亦称"授权品种名称"。第12条规定："不论授权品种的保护期是否届满，销售该授权品种应当使用其注册登记的名称。"

（一）不使用授权品种名称的行为

不使用授权品种名称的行为，又称为用白皮包装销售种子，主要有以下三种情形：一是，销售品种的外包装上没有品种名称，销售者也不说明品种的名称。在此情况下，如果包装内的种子是授权品种，则销售者的行为属于未经许可销售授权品种，构成侵权；如果包装内的种子不是授权品种，则销售者的行为属于违反《种子法》的行政管理行为，与侵权无关。二是，销售品种的外包装上没有品种名称，但销售者说明了品种的名称，且该品种名称为品种权处于有效状态的授权品种名称，包装内的种子不是与该授权品种名称一致的授权品种。此等情况下，虽然行为人销售的并非授权品种，但仍会使购买者误认为是授权品种，其行为构成不正当竞争。同时，该行为也对植物新品种权造成了损害。三是，销售品种的外包装上没有品种名称，但销售者说明了品种的名称，且该品种名称为品种权处于有效状态的授权品种名称，包装内的种子是与该授权品种名称一致的授权品种。此等情况下，尽管包装上没有使用授权品种名称，但行为人销售的就是授权品种，因此同样属于未经许可销售授权品种，构成侵权。

"宁麦13"是一个由江苏省农科院育成的、颇受市场欢迎的小麦品种。该品种获得植物新品种授权后，其独占许可使用权被授予给江苏明天种业科技股份有限公司。由于"宁麦13"在市场上非常畅销，于是便成了众多不法行为人觊觎的对象。例如，在"江苏明天种业科技股份有限公司与舒

---

❶ 转引自：艾萨博睿咨询（北京）有限公司官方微博. 向权利人支付合理使用费的时间期限 [EB/OL]. (2019-06-28) [2020-02-06]. http://blog.sina.com.cn/s/blog_e8fb57c00102yqk3.html.

城万隆农业科技有限公司、藏友福侵害植物新品种权纠纷案"中，被告舒城万隆农业科技有限公司（以下简称万隆公司）销售小麦种子时用的是白皮包装，但在实际销售过程中对客户称其销售的是"宁麦 13"，而且万隆公司销售的种子实际就是"宁麦 13"。被告的此等行为被法院认定为侵权。这一认定无疑是正确的，因为不论被告的行为如何隐蔽，其未经品种权人许可销售"宁麦 13"这一行为本身即构成侵权。又如，在江苏明天种业科技股份有限公司与江苏省泗棉种业有限责任公司（以下简称泗棉种业公司）品种权纠纷案❶中，被告泗棉种业公司在销售种子时同样也是用了无任何标识的白皮包装，并以与受保护的植物新品种相同的名称对外销售品种。虽然被告实际销售的并非授权品种"宁麦 13"，但法院认为"基于新育成品种及其审批的特殊性，获得植物新品种权保护的品种与其名称之间形成了特定的联系"，被告的行为"仍会使得购买者误认为是授权品种，因此其行为构成不正当竞争。同时，该行为也对植物新品种权造成了损害"。❷

（二）不正确使用授权品种名称的行为

不正确使用授权品种名称的情形则更加复杂，就与授权品种有关的方面而言，这其中至少包括假冒授权品种的行为、使用与授权品种相近的品种名称的行为以及突出授权品种名称销售另一有权经营种子的行为。《植物新品种保护条例实施细则（农业部分）》第 57 条规定："《条例》第四十条、第四十一条所称的假冒授权品种行为是指下列情形之一：（一）印制或者使用伪造的品种权证书、品种权申请号、品种权号或者其他品种权申请标记、品种权标记；（二）印制或者使用已经被驳回、视为撤回或者撤回的品种权申请的申请号或者其他品种权申请标记；（三）印制或者使用已经被终止或者被宣告无效的品种权的品种权证书、品种权号或者其他品种权标记；（四）生产或者销售本条第（一）项、第（二）项和第（三）项所标记的品种；（五）生产或销售冒充品种权申请或者授权品种名称的品种；（六）其他足以使他人将非品种权申请或者非授权品种误认为品种权申请或者授权品种的行为。"在下面这个在包装袋上突出授权品种名称销售另一有权经营种子的案例中，行为人的行为被判构成侵权。

---

❶ 南京中院（2018）苏 01 民初 427 号，江苏高院（2018）苏民终 1527 号。
❷ 江苏省高级人民法院. 2018 年江苏法院知识产权司法保护十大案例（下）　[EB/OL].
(2019-04-23) [2020-02-04]. http://www.jsfy.gov.cn/art/2019/04/23/66_97566.html.

　　"中科 4 号"玉米品种于 2007 年 1 月 1 日被国家农业部授予植物新品种权，品种权人为联创公司、科泰公司和华泰研究所。2008 年 10 月、11 月，新天隆公司先后在郑州、商丘召开的种子推销会上通过散发和张贴宣传资料的形式宣传推介"中科四号"牌"鲁单 981"玉米品种。2009 年 1 月，张某成从新天隆公司购进"中科四号"牌"鲁单 981"商品玉米种 15120 斤，总价款 52920 元。新天隆公司向张某成出具该公司营业执照及种子经营许可证复印件供其宣传使用，张某成在郑州某种子市场张贴宣传资料并对外销售"中科四号"牌"鲁单 981"玉米种。该商品种子包装袋主色调为橙黄色，正面显著位置突出标识"中科四号"文字及图形组合商标并标识未核准商标的"TM"标志，其中"中科四号"汉字为绿色；中部右侧标识品种名称"鲁单 981"，但其字体颜色同为较淡的橙黄色，与其所处部分背景颜色基本一致；规格标注净含量为 4500 粒；包装袋背面左上角标识"中科四号"，下部标识"鲁单 981"及注意事项等内容。

　　法院认为：本案中，张某成经销的新天隆公司生产的"鲁单 981"玉米种子包装袋上在显著位置色彩鲜艳突出的标识"中科四号"字样，导致相关消费者在购买时出于对拥有植物新品种权的"中科 4 号"玉米品种相关品质特征的认可，而认定该商品种子所包装的系与外部标识名称一致的"中科 4 号"玉米品种的繁殖材料并进行购买使用。新天隆公司和张某成的行为直接导致联创公司"中科 4 号"玉米品种的市场获利空间被侵占，已构成对联创公司"中科 4 号"植物新品种权的侵犯。对联创公司要求新天隆公司、张某成停止生产、销售标识"中科四号"玉米种的诉讼请求，理由成立，予以支持。判令：（1）张某成立即停止销售标识"中科四号"的玉米种；（2）新天隆公司立即停止生产、销售标识"中科四号"的玉米种；（3）张某成赔偿联创公司经济损失 5000 元；（4）新天隆公司赔偿联创公司经济损失 15 万元。新天隆公司不服一审判决，提起上诉。经审理，二审法院对一审判决查明的事实予以确认。驳回上诉，维持原判。❶

---

　　❶ 北京知识产权律师网. 北京联创种业有限公司与枣庄市新天隆种子有限公司、张卓成侵犯植物新品种权及不正当竞争纠纷案［EB/OL］.（2012-05-05）［2019-07-30］. http://www.cnipr.net/article_show.asp?article_id=3331.

三、其他侵害品种权人利益的行为

（一）在临时保护期限内行使的品种权人有权追偿的行为❶

UPOV 公约 1978 年文本第 7（3）条规定："任何联盟成员国，可以在注册申请至批准期间采取措施保护育种者的权利，以防止第三者侵权。"UPOV 公约 1991 年文本第 13 条规定："各缔约方应采取措施，以便在从提交或公布育种者权利申请至授予育种者权利之间的期间内，保护育种者的权利。这类措施应有如下效力，即一旦授权，凡在上述期间有第 14 条规定需获育种者同意的行为者，育种者权利持有人至少应有权从该处获得公平的报酬。缔约方可规定这类措施只适用于育种者已告知其申请的有关人员。"此即 UPOV 公约的所谓"临时性保护"。

从上述规定可以看出，UPOV 公约对提供临时保护的期限给予各国以选择权：一是在从提交育种者权利申请至授予育种者权利之间的这段时间；二是从公布育种者权利申请至授予育种者权利之间的这段时间。根据这一规定，UPOV 成员无不在其植物品种保护制度内规定了临时保护期，但临时保护期的期限有所不同。例如，我国《植物新品种保护条例》第 33 条规定："品种权被授予后，在自初步审查合格公告之日起至被授予品种权之日止的期间，对未经申请人许可，为商业目的生产或者销售该授权品种的繁殖材料的单位和个人，品种权人享有追偿的权利。"又如，欧盟《基本条例》第 95 条规定："在共同体植物品种权申请公告到授权之间的这段时间内，如果他人未经许可从事了禁止从事的行为，共同体植物品种权的权利人可以向其要求合理的

---

❶　关于在临时保护期限内行使的品种权人有权追偿的行为，UPOV 公约和世界上几乎所有国家的法律都不把它归于侵权的范畴。理由是在申请品种获得授权之前，根本不存在合法有效的品种权。所以对于行为人在品种权授权之前所实施的行为，日后获得了品种权授权的权利人有权要求追偿，但不能以侵权为由提起诉讼。值得注意的是，澳大利亚《1994 年植物育种者权利法》对于临时保护的规定独具特色。该法第 39 条"临时保护"（Provisional protection）规定：若申请人的植物育种者权利申请得以受理，则自申请被接受之日起至申请被处理（例如，授权、驳回或申请人撤回申请等使品种权申请得以终止的事项发生）的这段时间内，申请人即被视为该权利的被授予人，但若非该人最终被授予植物育种者权利，他则无权就其被视为植物育种者权利人期间发生的侵犯该权利的行为提起诉讼。这一规定说明，只要最终获得育种者权利，即便是在临时保护期内的植物品种，对于行为人未经许可实施的品种权人有权禁止的行为，品种权人也可以请求法院判定该行为侵权，要求行为人承担侵权责任。这在某种程度上等于延长了保护期，因为根据澳大利亚《1994 年植物育种者权利法》的规定，其保护期限的起始时间同其他国家的规定一样，也是从品种权授权之日开始计算。总之，本书之所以将"在临时保护期限内行使的品种权人有权追偿的行为"放在这里进行讨论，某种程度上也是想表明对澳大利亚《1994 年植物育种者权利法》关于临时保护规定的赞成态度。

赔偿。"

毫无疑问，上述规定都是合理的。无论是我国的"初步审查合格公告"还是欧盟的"申请公告"，这些行为仅具有公示的性质。此时，由于尚未对品种权人进行授权，因而如果有人在此期间生产或销售了日后才被授予品种权的品种，从理论上讲并不存在所谓的品种权侵犯问题。但是，如果有人在品种申请公告以后至获得授权保护前使用该品种，实际上也是对他人育种成果的使用。❶ 如果法律不保护，似乎也是不公平的，因为申请被公告之后，育种信息已经披露，所以有人完全可以根据相关信息生产该正处于申请阶段但尚未获得品种权授权的品种。举例来说，若某 F_1 代杂交种是利用两个不受品种权保护的亲本品种育成的，那么在品种权申请信息公告后，该品种的组配信息即被披露。他人很可能利用这个信息生产该杂交种。可见，对处于临时保护期内的品种，法律应当给予适当的保护。

在关于临时保护的规定上，我国《植物新品种保护条例》还是有一定的完善空间的。首先，从申请日到初步审查合格公告之日的这段时间在法律规定上处于真空之中。如果将临时保护的期限规定为"在从提交育种者权利申请至授予育种者权利之间的期间内"似乎更加合理一些。其次，《植物新品种保护条例》对权利人之外的其他人在临时保护期前秘密生产受保护品种材料的行为也没有进行规定。事实上，后者在这种情况下偶然地成了同一个品种的育种者，其结果是其本人本应有权提起品种权申请，然而，由于他没有自己提出申请，在品种权授权以后，他得到的是与其他侵权人一样的对待。如此看来，《植物新品种保护条例》关于临时保护的规定至少应当涉及三个方面的问题：品种权申请日前他人对于品种的使用涉及的是"先用权"问题；申请日至公告之前的这段时间实际上涉及的是抵触申请问题；只有品种权申请公告到授权之间的这段时间才是应当得到临时保护的时间。

(二) 间接侵害品种权人利益的行为

正如前文提到的，在关于侵犯品种权行为的类型上，美国有所谓的间接侵权的规定，这是有道理的。假设某杂交种为一个不受品种权保护的品种，但生产该杂交种用的却是受品种权保护的授权品种。因此，若行为人未经亲本品种权人许可生产该杂交种，即构成对该杂交种之亲本品种品种权的侵犯。为规避法律惩处，该行为人将其生产的杂交种交由他人销售而自己不销售。

---

❶ G WÜRTENBERGER, et al. European Community Plant Variety Protection [M]. New York：Oxford University Press，2006：171-172.

《植物新品种保护条例》第 6 条规定："任何单位或者个人未经品种权所有人许可，不得为商业目的生产或者销售该授权品种的繁殖材料，不得为商业目的将该授权品种的繁殖材料重复使用于生产另一品种的繁殖材料；但是，本条例另有规定的除外。"由于该杂交种为不受保护的品种，所以对其进行的销售从法律上讲并不构成侵权，但此等情形下该销售者的销售行为显然起到了帮助杂交种生产者实现实施侵权行为获得利润的作用，属于典型的帮助侵权行为。若法律不对此等行为加以规制，必会使行为人有机可乘，这对品种权的保护是不利的。建议未来我国修法时考虑增设间接侵权的规定。

此外，有的判例法国家还依据判例法确立的原则，将"使权利人对其享有的排他性权利受到削弱的行为"一律认定为侵权行为。例如，在"Zespri Group Limited v Gao & Ors"案[1]中，佳沛公司是一家新西兰奇异果行销公司，代表新西兰种植者控制奇异果的对外出口。经法院审理认定，从 2012 年起该案被告高先生向中国出口 G3 和 G9 品种，并打算在中国领土范围内实施许可。至案发时种植 G3 和 G9 两个品种的果园面积达到 174.2hm²。最终法官认定被告侵犯了原告的两项权利，即要约销售权和出口权。依据新西兰《1987 年植物品种权法》的规定，品种权的内容只包括生产权、销售权（含要约销售权）、繁殖权及其许可权，所以第一项侵权认定显然是有法律依据的。关于第二项侵权（出口权）行为，新西兰《1987 年植物品种权法》并没有规定，虽然法官也承认佳沛公司不享有出口 G3 和/或 G9 繁殖材料的排他性权利，但他通过借助"Cropmark Seeds Ltd v Winchester International（NZ）Ltd"案[2]所确立的"侵权行为包括使权利人对其享有的排他性权利受到削弱的行为"之原则，

---

[1] Case CIV-2017-436-00094［2020］NZHC 109.

[2] 该案中，Robert Winchester（Winchester International 的一位董事）通过让想购买"Optic"种子的人与未经授权的销售商取得联系，促进了 Cropmark 公司受保护植物品种"Optic"的销售。Cropmark 公司根据《1987 年植物品种权法》对 Winchester 先生和 Winchester International 公司提起侵权诉讼。被告辩称，他们没有违反《1987 年植物品种权法》，因为他们自己没有直接出售种子。高等法院和上诉法院都驳回了这一主张，认为侵犯根据《1987 年植物品种权法》授予 Cropmark 公司品种权的行为不限于直接参与销售，因此被告的行为构成侵权，还抓获了一名负责获取 Cropmark 公司享有排他性权利材料的人。如果不将此等行为认定为侵权，那么，一个人即"可以公然组织出售种子，明显侵犯原告品种权，但逃避权利持有人一切形式的诉讼"。上诉法院认为：《1987 年植物品种权法》第 17（1）条规定的明确目的是，说明品种权人权利的性质及其具有排他性的事实，但必然隐含的是，第 4 款所指的侵权行为包括使权利人对其享有的排他性权利受到削弱的行为。该条没有试图说明何种行为具有这种效果，而是由法院根据事实作出判决。上诉法院认为，虽然"Optic"种子供应商是通过剥夺 Cropmark 公司潜在的许可使用费侵犯 Cropmark 公司的品种权的，但 Winchester 先生及其公司也通过帮助安排相关销售而削弱了 Cropmark 公司对其品种权的享有。参见："Zespri Group Limited v Gao & Ors"案判决书第 23~25 段。

认定新西兰境内与出口 G3 或 G9 有关的任何行为皆会削弱佳沛公司所享有的权利；同时，为便利受保护品种出口而在新西兰境内所实施的行为，也会削弱权利持有人所享有的排他性权利，因此构成侵权。❶

（三）共有品种权人实施的侵害品种权的行为

当专有权人为单个主体时，专有权人采取何种许可方式，法律通常不加干涉，但当专有权处于共有状态时，许可方式不同，其在共有权人之间所产生的影响也不同。具体而言，独占实施许可将直接排除其他共有权人的自行实施权以及对外发放普通许可的权利；排他实施许可则直接排除其他共有权人对外发放普通许可的权利，同时亦可能对是否已经排除其他共有权人的自行实施权产生争议；普通实施许可尽管并不影响共有权人的自行实施以及对外发放普通许可，但亦有可能潜在影响共有权人以专有权投资或与他人合作等实现更大收益的商业机会。可见，当共有权人许可他人实施专有权时，无论采取何种性质的许可，对其他共有权人的利益都可能产生实质性的重要影响。因此，在共有品种权下，未经其他共有权人同意，共有权人不论其共有份额是否明确，都不得对外发放独占实施许可和排他实施许可，这是法律调整共有专有权法律关系的基本通则。

申请人为两人或两人以上，获得授权后即成为品种权共有人。关于植物新品种权共有人的对外许可问题，我国《植物新品种保护条例》并未作出任何规定。但是，对于共有品种权的纠纷案件处理，可以从最相类似的法律规定中寻找法律依据。由于品种权在权利取得和权利内容上比较接近于专利权和集成电路布图设计专有权，因此在处理共有品种权纠纷案件时，法院一般是借鉴专利、集成电路布图设计等共有专有权行使的相关规定。具体来说：一是，各共有人在没有征得其他共有人同意的情况下，不得将其所持有的那一部分权利进行转让，不得与他人订立独占许可合同或者排他许可合同；二是，共有人不具备独立实施条件的，可以以普通许可方式许可他人实施或使用专有权，但收取的使用费应当在共有人之间进行分配。共有人发放普通许可视为共有人自己实施。因此在没有征得其他共有人同意的情况下，有的共有人将其所持有的那一部分权利进行转让或者与他人订立独占许可合同或者排他许可合同，或者以普通许可方式许可他人实施或使用专有权但对于收取的使用费不在共有人之间分配，则构成对其他品种权共有人的侵害。以下以

❶ 李秀丽. 新西兰品种权保护的域外扩张及我国的因应之策——兼评 "Zespri Group Limited v Gao & Ors" 案 [J]. 中国种业, 2020 (4)：1-5.

"原告魏某兰、杨某文、杨某与被告江苏苏科种业有限公司、史某泉、江苏润扬种业有限公司侵害植物新品种权纠纷一案"为例，说明共有品种权人实施的侵害品种权的行为。

该案中，"苏科麦1号"是由杨某南、史某泉培育的小麦品种。2012年6月14日杨某南去世，2012年11月30日，"苏科麦1号"被江苏省农作物品种审定委员会审定为主要农作物新品种。2015年5月1日，"苏科麦1号"被国家农业部授予植物新品种权，品种权人为杨某南、史某泉。2012年9月4日，史某泉与杨某南的遗孀魏某兰签订协议约定：杨某南占整个品种权权益的52%，史某泉占整个品种权权益的48%。该案中，涉案的江苏苏科种业有限公司（以下简称苏科公司）是品种共有权人史某泉、杨某南于2004年9月6日与另外两名投资人成立的一家种子公司。2012年9月4日，史某泉等四位苏科公司股东召开股东会（魏某兰代杨某南出席会议），决定涉案品种审定后由苏科公司自己生产、包装、销售，但不得许可给他人。

2013年，由于国家对农作物种子繁育政策进行了调整，苏科公司不再具有繁育农作物种子的资质，遂于8月24日与江苏润扬种业有限公司（以下简称润扬公司）签订《"苏科麦1号"种子授权生产销售合同》，约定苏科公司授权润扬公司在江苏省区域范围内独家生产销售"苏科麦1号"种子。合同期限为五年。合同中约定的付款账号为史某泉的个人账号。其间，由于润扬公司要领取生产许可证，史某泉后又单独授权润扬公司生产、包装、销售"苏科麦1号"品种。另外，魏某兰、杨某文、杨某于2013年9月14日与张某华签订《"苏科麦1号"新品种使用权转让协议》，约定魏某兰、杨某文、杨某将"苏科麦1号"新品种使用权转让给张某华，张某华获得授权后可在审定区域从事该品种生产和销售工作。合同签订后，由张某华担任法定代表人的江苏华硕农业科技有限公司实际生产经营了该品种。

后由于各被许可人之间的竞争关系，原告魏某兰和被告史某泉均无法收回品种权使用费，遂各自向法院提起诉讼。2015年9月21日，本案原告向法院提起诉讼：被告苏科公司未经原告同意，擅自与润扬公司于2013年8月24日签订了《"苏科麦1号"种子授权生产销售合同》；被告史某泉未经原告同意，擅自授权被告润扬公司生产、包装、销售"苏科麦1号"种子。三被告的行为侵害了原告的合法权益。请求法院判令：（1）苏科公司与润扬公司签订的《"苏科麦1号"种子授权生产销售合同》无效；（2）史某泉授予润扬公司"苏科麦1号"种子生产、包装、销售权的授权无效；（3）三被告向原告支付"苏科麦1号"植物新品种使用费74.88万元；（4）本案诉讼费用由三被告共同承担。

法院经审理后认为：（1）涉案《"苏科麦1号"种子授权生产销售合同》应为无效。本案中，史某泉与杨某南的继承人虽授权苏科公司经营"苏科麦1号"品种，但并未明确约定苏科公司是否有权将该品种权转授予他人实施。对此，魏某兰、杨某文、杨某表示，当时只是将该品种交由苏科公司自己生产、销售"苏科麦1号"种子。史某泉亦认可，由于当时苏科公司具有生产、销售种子的资质，故股东会决议由苏科公司自己生产、销售"苏科麦1号"品种，不得许可给他人。由此可知，当时双方并未对此予以约定。后苏科公司与润扬公司签订《"苏科麦1号"种子授权生产销售合同》，对该合同是否获得魏某兰、杨某文、杨某授权，双方各执一词，但均无证据证明。据润扬公司陈述，其是在史某泉提供了苏科公司股东会决议并承诺公司股东无意见分歧的情况下，签订该合同的，并未获得魏某兰、杨某文、杨某口头或书面许可。本院根据以上当事人陈述认为，苏科公司与润扬公司签订《"苏科麦1号"种子授权生产销售合同》时并未取得"苏科麦1号"品种权转授权的权利，故苏科公司授权润扬公司实施"苏科麦1号"植物新品种权的行为应为无效。（2）史某泉许可润扬公司实施"苏科麦1号"植物新品种权的行为有效。史某泉与润扬公司均认可为使润扬公司取得生产许可证，史某泉曾单独授权润扬公司生产、销售"苏科麦1号"种子。对此授权，本院参照《中华人民共和国专利法》第15条第1款、《中华人民共和国著作权法实施条例》第9条之规定认为，史某泉系品种共有权人，其在未能与另一品种权人杨某南的继承人魏某兰、杨某文、杨某就品种权实施达成合意的情况下，可以以普通许可的方式授权他人使用该品种权，故史某泉授权润扬公司生产、销售"苏科麦1号"种子的行为有效，但该授权的性质应为普通许可。（3）魏某兰、杨某文、杨某可向史某泉主张分配许可费。在苏科公司与润扬公司签订的许可合同中，双方虽对许可费用有过约定，但由于苏科公司授权润扬公司的行为系无权处分，润扬公司也辩称，当时约定的许可费系独占许可的对价，而非普通许可的费用，且润扬公司生产、销售"苏科麦1号"种子系源于史某泉的单独授权。故本院对魏某兰、杨某文、杨某请求苏科公司、史某泉、润扬公司支付74.88万元许可费的诉讼请求不予支持。

由于润扬公司经史某泉授权已实际连续两年生产、销售了"苏科麦1号"种子，故润扬公司与史某泉应根据授权性质、涉案品种的价值、市场惯例，润扬公司两年实际收益及是否继续使用涉案品种等因素在合理的范围协商许可使用费用，双方协商不成，可另案提起诉讼。史某泉据此取得的许可使用费用应与魏某兰、杨某文、杨某合理分配。据此，法院作出以下判决：（1）苏科公司与润扬公司于 2013 年 8 月 24 日签订的《"苏科麦 1 号"种子授权生产销售合同》无效；（2）驳回原告魏某兰、杨某文、杨某的其他诉讼请求。本案案件受理费 11288 元，由原告魏某兰、杨某文、杨某负担。❶

第二节　植物新品种权侵权认定

一、侵犯植物新品种权的构成要件

植物新品种侵权行为虽然形态复杂、种类繁多，表现形式也与一般的民事侵权行为有诸多不同，但对其构成的界定仍然必须限定在侵权法理论的框架内。依据侵权法的基本理论，一个在法律上必须承担相应民事法律责任的品种权侵权行为应当同时具备四个要件：第一，被侵犯的品种权具有法律效力；第二，行为人客观上实施了品种权人有权禁止的行为；第三，行为人实施上述行为以商业为目的；第四，行为人实施的上述行为具有违法性。

（一）被侵犯的品种权具有法律效力

首先，植物新品种权是国家赋予植物育种者在规定的时间期限内对其育成的品种所享有的排他性的使用权，因此对于品种权保护期限已过的品种，其所有权人无权主张品种权受到侵害。其次，在有些品种权侵权纠纷中，原告主张其享有的品种权受到了侵害，但被告却认为该授权品种不具有合法性，故请求植物新品种保护机关宣告该品种权无效。例如，在"利马格兰欧洲与黑龙江阳光种业有限公司、黑龙江省农业科学院玉米研究所、甘肃恒基种业有限责任公司植物新品种追偿权纠纷案"的诉讼过程中，被告就诉争品种的合法性进行了抗辩。若抗辩成功，该案结果显然就会出现逆转。又如，在"北京华耐农业发展有限公司诉北京丰桥国际种子有限公司和兰州丽勤种业有限公司娃娃菜品种侵权案"中，被告也就诉争品种的法律效力进行了抗辩。

---

❶ 江苏省南京市中级人民法院民事判决书（2015）宁知民初字第 219 号［EB/OL］.（2015-12-17）［2019-09-22］. https://www.tianyancha.com/lawsuit/1e406c8928b9418e81e1d4f5e91bee53.

虽然上述抗辩未能成功，但是也清楚地表明，诉争品种的品种权具有法律效力是构成侵害品种权行为的首要条件。否则，侵权无从谈起。

（二）行为人客观上实施了品种权人有权禁止的行为

在我国，就植物新品种而言，如果行为人未经许可，生产、繁殖或者销售品种的繁殖材料，或者为商业目的将品种的繁殖材料重复使用于生产另一品种的繁殖材料，即为实施了品种权人有权禁止的行为。但是，在判断行为人是否实施了侵害行为时，必须严格按照行为人是否"使用"（生产、销售等行为）了授权品种作为判定依据，决不可将品种权人指控的一些实际属于"沾品种权光"性质的行为认定为品种权侵害行为。例如，在"北京希森三和马铃薯有限公司诉商洛市泰安农业综合开发有限公司侵害马铃薯'希森3号'植物新品种权纠纷案"❶ 中，被告伪造原告的品种权授权证明，用于办理《种子生产经营许可证》，在当地农业局依法撤销该《种子生产经营许可证》后，品种权人认为被告的上述行为侵害了其品种权，遂起诉至法院要求被告对其进行损害赔偿。但法院审理后认为，没有证据证明本案的被控侵权人"生产或者销售该授权品种的繁殖材料"，更没有证据证明被控侵权人"为商业目的将该授权品种的繁殖材料重复使用于生产另一品种的繁殖材料"。因此品种权侵权行为不存在，遂判决驳回原告的诉讼请求。实际上，该案被告所实施的行为不过是利用了品种权人的品种权证书，并未利用授权品种本身，所以不构成对品种权的侵犯。但值得注意的是，现实中原告指控的被告使用授权品种的形式林林总总，不可能和法律规定一一对相应，这就要求法官首先对被告实施的被指控行为的性质进行认定，然后才能判断是否有侵权行为存在。在对原告指控被告实施行为的性质进行认定时，法官需要对相关法律进行解释。例如，在"河北省高速公路衡大管理处、河北法润林业科技有限责任公司侵害植物新品种权纠纷案"中，衡大管理处的被诉侵权行为是其在管理的高速公路两侧及绿化带种植使用未经授权的"美人榆"苗木，❷ 而该

---

❶ （2018）陕10民初25号。

❷ （2018）最高法民再247号："美人榆"是一种观赏价值很高的观赏性植物，由于其叶片金黄、色泽艳丽，故有人也称其为"金叶榆"。该树种2004年完成培育，由石家庄市绿缘达园林工程有限公司和河北省林业科学研究院（以下称原告）向国家林业局提起植物新品种权申请，并于2006年8月22日成功获得授权。2014年6月13日，河北法润林业科技有限公司取得"美人榆"品种的独占许可权。"美人榆"的育成填补了我国没有自主培育彩叶树种的空白，其艳丽的亮黄色更是比一般的观赏性树木品种受到更多的青睐。从本案原告到全国各地进行适应性种植试验开始，该树种就遭遇了大面积的盗种。

"种植"行为在法律规定中并没有相应的规定，所以法院首先对该种植行为进行了认定，结论是该种植行为本身既不属于生产行为，也不属于繁殖行为，故被告的行为最终被认定为不构成侵权。事实上，该种植行为是对授权品种的一种利用，应当认定为侵权行为。❶

（三）行为人实施上述行为以商业为目的

关于"商业目的"是否是侵权判定的构成要件，过去一段时间我国学界有不少人认为，"商业目的"已经随着新《种子法》第 28 条的出台而变成一个不需要考虑的因素。的确，《种子法》第 28 条将《植物新品种保护条例》中的"任何单位或者个人未经品种权所有人许可，不得为商业目的生产或者销售该授权品种的繁殖材料"修改成了"任何单位或者个人未经植物新品种权所有人许可，不得生产、繁殖或者销售该授权品种的繁殖材料"。据说，《种子法》之所以作出这种修改的原因在于，UPOV 公约 1978 年文本第 5 (1) 条规定，"以商业销售为目的之生产"属于"在对受保护品种的诸如有性或无性繁殖材料之类的进行下列处理时，应事先征得育种者同意"的内容；而 1991 年文本修订时，该内容在第 14 (1) 条的规定变成了"涉及受保护品种繁殖材料的""生产或繁殖"行为"需要育种者授权"。比较可知，两大文本在这个问题上的变化就是后者删除了"商业目的"一词。有人便据此得出结论，认为"商业目的"已经不是判断授权品种的生产是否构成侵权的条件。实际上这是一种断章取义的理解，因为尽管"商业目的"被从 1991 年文本中之第 14 条"育种者权利适用范围"中去掉了，但却将"私人的非商业性活动"规定为育种者权利的强制性例外之一。这意味着，只有在"非商业性的"和"私人的"两者都具备的条件下实施授权品种的行为，才不需要得到品种权人的许可。可见，UPOV 公约 1991 年文本对于"商业目的"的适用条件是提高了但绝对不是不需要了。另外，关于"美人榆"案中的种植使用行为是否具有商业目的，这一点在 2014 年该案再审判决中早已有了结论：被告没有从品种权人处购买，而擅自进行种植使用"美人榆"的行为，客观上起到了提升城市形象、优化招商引资环境的作用，从促进地方经济发展的角度来看也具有商业目的。❷

---

❶❷ 李秀丽. 论无性繁殖植物种植使用的性质认定——评"美人榆"再审案［J］. 中国种业，2020（7）：4-8.

（四）行为人实施的上述行为具有违法性

构成侵犯品种权的行为，除了要求有侵害行为存在外，还要求这种侵害行为必须是违法的。因为有的侵害行为从法律上讲，并不视为侵权行为。比如，《种子法》第29条规定："在下列情况下使用授权品种的，可以不经植物新品种权所有人许可，不向其支付使用费，但不得侵犯植物新品种权所有人依照本法、有关法律、行政法规享有的其他权利：（一）利用授权品种进行育种及其他科研活动；（二）农民自繁自用授权品种的繁殖材料。"

二、侵犯植物新品种权的认定

（一）植物新品种权的保护范围

植物品种权是一种类似专利的权利。[1] 所以，司法实践中判定涉诉行为是否构成侵权，先要看行为人的行为是否落入了权利人的权利保护范围。然而，我国《植物新品种保护条例》并未对品种权的保护范围明确予以规定。2019年12月最高人民法院在（2019）最高法知民终14号判决书中首次明确了植物新品种权保护的范围是授权品种的繁殖材料。

植物新品种的技术性授权条件是特异性、一致性和稳定性，其中特异性最能体现育种者的创造性劳动，理论上说最应当受到品种权的保护。所以有人曾主张品种权的保护范围是品种的特异性。植物新品种的特异性是靠基因型或基因型组合表达的，而表达特异性的基因型或基因型组合又是与繁殖材料复合在一起的，两者具有不可分性。如果离开了繁殖材料，包括特异性在内的品种的特征特性即不复存在，所以对品种（特异性）进行保护的目的只能通过保护其繁殖材料来实现。也正是基于上述原因，《最高人民法院关于审理侵犯植物新品种权纠纷案件具体应用法律问题的若干规定》第2条第1款规定，认定侵害植物新品种权行为的标准是，被诉侵权品种的性状特征与授权品种的性状特征相同。被诉侵权的植物新品种的性状特征多于或者少于授权品种的性状特征，都不构成侵权。简单来说，就是看被诉侵权的植物新品种与授权品种两者之间是否具有同一性。由此反证，品种权的保护范围只能是繁殖材料而不是特异性。以繁殖材料确定品种权的保护范围最完整和准确。[2] 植物品种的保护范围应当是法定的，因此建议我国未来修法时将前述判

---

[1] 牟萍. 植物品种权研究 [M]. 北京：法律出版社，2011：253.

[2] 蒋志培，李剑，罗霞. 加强植物新品种的司法保护——《最高人民法院关于审理侵犯植物新品种权纠纷案件具体应用法律问题的若干规定》的理解与适用 [N]. 人民法院报，2007-01-31（E）.

决明确的内容通过法律条文的形式进一步加以明确。

事实上，植物新品种权的保护范围也不可能像专利的保护范围那样由权利申请人自己界定。熟悉专利法的人都知道，专利权的保护范围，亦即专利权所覆盖的技术发明，不是由法律直接规定的而是由专利权申请人在其权利要求书中界定的。❶ 专利法作出如此规定的原因是，在现代科学技术条件下，绝大多数发明不是全新产品、全新方法的发明，而是在已有产品或方法之上的改进发明。通常情况下，发明人在作出了相关产品或方法的发明之后，即有可能向专利局申请专利。根据专利法"公开换保护"的原则，申请人要想得到专利授权，就必须在说明书中充分披露自己的发明创造，应当在权利要求书中说明自己的技术发明的特征，以及该技术发明的范围。举例来说，某一专利产品有 A、B、C、D、E 五个技术发明要点，其中 A、B、C 三个技术发明要点的专利权由发明人甲享有，D、E 两个技术发明要点是发明人乙在 A、B、C 三个技术发明要点的基础上对该产品进行改进形成的，但发明人甲和发明人乙的技术发明要点是可以清楚地分割开的。可见，法律允许专利权申请人自己界定自己专利保护范围的根本原因在于，专利发明所涉及的产品和技术发明要点是可以相互分割的。

反观植物新品种，它的特异性虽然可以被清晰地识别出来，但离开了繁殖材料它就不能存在，更不能繁衍生长。所以，从操作层面看，单独保护特异性是无法实现的。再者，与专利保护的技术发明特点相比，繁殖材料对于知识产权产品的再现更加重要，因为实践中只凭育种说明书是培育不出品种的，更不用说授权品种了。打个浅显的比方，专利产品被盗，他人未必能够仿制出与专利产品完全相同的产品，或者即使能够生产出与专利产品完全相同的产品，对其中的技术参数也需要花费较大的气力才能摸清。可见，专利说明书中的技术方案对于行为人制造出与受专利权保护产品完全相同的产品更有帮助；而对于植物新品种来说，只要行为人拿到了受保护品种的繁殖材料，即使不看品种权的说明书，也可繁殖出与授权品种完全相同的品种。可见，繁殖材料才是真正需要保护的范围，将繁殖材料规定为植物新品种权的保护范围更具有可操作性。

（二）被诉侵权品种的鉴定方法

随着植物新品种保护制度的深入实施，直接使用授权品种名称生产和销

---

❶　李明德. 知识产权法［M］. 北京：社会科学文献出版社，2007：281.

售授权品种的行为越来越少，大多数侵权行为人都是采取比较隐蔽的手段，所以植物新品种权的侵权认定除了要判断行为是否符合相应的法定构成要件外，还要判断被诉侵权品种是否就是授权品种。具体来说，就是将被诉侵权品种的繁殖材料与授权品种的繁殖材料进行同一性鉴定。目前，实践中采用的方法有两种：一是进行田间观察检测；二是基因指纹图谱检测（DNA检测）。两种方法相比，田间观察检测周期长、主观性强、受气候和土壤等外在因素影响也比较大；而DNA检测鉴定时间短，不受气候、温度等自然条件的影响，证据容易固定，客观性强。因此司法实践中一般会选择DNA检测作为鉴定方法。但采用这种方法进行鉴定需要在植物的数万个染色体中选择最具代表性、最能控制性状表现的染色体来进行比对，那么，哪些染色体最具有代表性呢？有多少不同的染色体才能得出差异性（或一致性）结论呢？经过多年的研究，我国已经对玉米、水稻、棉花、小麦、大豆、油菜和白菜等几十种作物制定了基于SSR标记的鉴定标准。以玉米品种的DNA鉴定为例，《玉米品种鉴定DNA指纹方法》（NY/T 1432—2007）判定规则规定：先用20对基本核心引物检测，获得待测品种在20个引物位点的DNA指纹谱带数据，利用20个位点的DNA指纹谱带数据进行品种间比较：若a）品种间差异位点数≥2，判定为不同品种；若b）品种间差异位点数=1，判定为近似品种；当c）品种间差异位点数=0时，判定为疑同品种。对于b）和c）的情况，必要时继续用20对扩展核心引物进行检测，利用40个位点的DNA谱带数据进行品种间比较：若a）品种间差异位点数≥2，判定为不同品种；若b）品种间差异位点数=1，判定为近似品种；当c）品种间差异位点数=0时，判定为相同品种或极近似品种。

在"莱州市金海种业有限公司诉张掖市富凯农业科技有限公司侵害玉米'金海5号'品种权侵权纠纷案"❶中，被诉侵权品种与授权品种"金海5号"是否为同一品种是该案最重要的争议点。张掖中院受理后，对被诉侵权玉米以活体玉米植株上随机提取玉米果穗，再以现场封存的方式进行证据保全，并委

---

❶ 该案中，"金海5号"的品种权人为莱州市金海农作物研究有限公司。2003年1月1日该品种经农业部核准被授予中华人民共和国植物新品种权。2010年1月8日，品种权人授权莱州市金海种业有限公司（以下简称金海种业公司）独家生产经营玉米杂交种"金海5号"，并授权金海种业公司对擅自生产销售该品种的侵权行为，可以以自己的名义独立提起诉讼。2011年金海公司以张掖市富凯农业科技有限公司（以下简称富凯公司）的制种行为侵害其"金海5号"玉米植物新品种权为由向张掖市中级人民法院（简称张掖中院）提起诉讼。

托北京市农科院玉米种子检测中心对被提取的样品与农业部植物新品种保护办公室植物新品种保藏中心保存的"金海5号"标准样品之间进行对比鉴定。该鉴定中心出具的检测报告结论为"无明显差异"。张掖中院认定被告富凯公司侵权，判令其承担侵权责任。富凯公司不服，向甘肃省高级人民法院（以下简称甘肃高院）提出上诉，甘肃高院审理后以原审判决认定事实不清，裁定发回张掖中院重审。案件发回重审后，张掖中院复函北京市农科院玉米种子检测中心，要求对"JA2011-098-006"号结论为"无明显差异"的检测报告给予补充鉴定或说明。该中心答复："待测样品与农业部品种保护的对照样品'金海5号'比较，在40个位点上，仅有1个差异位点，依据行业标准判定为近似，结论为待测样品与对照样品无明显差异。这一结论应解读为：依据DNA指纹检测标准，将差异至少两个位点作为判定两个样品不同的充分条件，而对差异位点在两个以下的，表明依据该标准判定两个样品不同的条件不充分，因此不能得出待测样品与对照样品不同的结论。"经质证，金海种业公司对该检测报告不持异议。富凯公司认为检验报告载明差异位点数为"1"，说明被告并未侵权，故该检测报告不能作为本案证据予以采信。张掖中院以（2012）张中民初字第28号民事判决，判令：驳回金海种业公司的诉讼请求。金海种业公司不服，提出上诉。甘肃高院于2014年9月17日作出（2013）甘民三终字第63号民事判决：（1）撤销张掖中院（2012）张中民初字第28号民事判决。（2）富凯公司立即停止侵犯金海种业公司植物新品种权的行为，并赔偿金海种业公司经济损失50万元。

　　法院生效判决认为：未经品种权人许可，为商业目的生产或销售授权品种的繁殖材料的，是侵犯植物新品种权的行为。而确定行为人生产、销售的植物新品种的繁殖材料是否是授权品种的繁殖材料，核心在于用该繁殖材料培育的植物新品种的特征、特性，是否与授权品种的特征、特性相同。本案中，经人民法院委托鉴定，北京市农科院玉米种子检测中心出具的鉴定意见表明待测样品与授权样品"无明显差异"，但在DNA指纹图谱检测对比的40个位点上，有1个位点的差异。依据中华人民共和国农业行业标准《玉米品种鉴定DNA指纹方法 NY/T1432—2007检测及判定标准》的规定：品种间差异位点数等于1，判定为近似品种；品种间差异位点数大于等于2，判定为不同品种。依据DNA指纹检测标准，将差异至少两个位点作为标准，来判定两个品种是否不同。品种间差异位点数等于1，不足以认定不是同一品种。DNA检测与DUS（田间观察检测）没有位点的直接对应性。对差异位点数在两个以下的，应当综合其他因素进行判定，如可采取扩大检测位点进行加测以及提交审定样品进行测定等。此时的举证责任应由被诉侵权的一方承担。由于植物新品种授权所依据的方式是 DUS 检测，而不是实验室的 DNA 指纹鉴定，因此，富凯公司如果提交相反的证据证明通过 DUS 检测，被诉侵权繁殖材料的特征、特性与授权品种的特征、特性不同，则可以推翻前述结论。根据已查明的事实，被上诉人富凯公司经释明后仍未能提供相反的证据，亦不具备 DUS 检测的条件。因此，依据《最高人民法院关于审理侵犯植物新品种权纠纷案件具体应用法律问题的若干规定》第二条第一款"未经品种权人许可，生产、繁殖或者销售授权品种的繁殖材料，或者为商业目的将授权品种的繁殖材料重复使用于生产另一品种的繁殖材料的，人民法院应当认定为侵害植物新品种权"的规定，应认定富凯公司的行为构成侵犯植物新品种权。

　　该案例的指导意义在于：运用举证责任分配规则，合理地解决了基因指纹图谱检测法的不足，可谓创设了类似案件侵权判定的"新规"。该"新规"增加了被诉侵权一方推翻 DNA 检测结果的举证责任，在品种权人提供 DNA 检测报告的情况下，如果不能提出充分的反证，法院可以在 DNA 检测结果并不明确的情况下直接推定被诉侵权一方构成侵权。❶

第三节　植物新品种权的保护途径

一、植物新品种权行政保护

　　植物新品种权行政保护是指行政主管部门根据相关法律法规的规定，依法行使行政权力，运用行政手段对植物新品种权实施保护的活动。与司法保护相比，行政保护植物新品种权的优势非常突出：一是主动性。行政主管部门负有市场监督和管理职能，掌握种业发展动态，对侵害植物品种权的行为易于查处，可以主动为植物新品种权人提供救济。二是便捷性。受"谁主张，谁举证"证据规则的制约，品种权人在提起植物新品种权侵权诉讼时，往往需要自己向司法部门提供证据，诉讼时间相对较长；比较而言，行政执法程

<hr />

❶ 中国法院网. 指导案例 92 号：莱州市金海种业有限公司诉张掖市富凯农业科技有限责任公司侵犯植物新品种权纠纷案［EB/OL］.（2017-11-24）［2020-02-08］. https://www.chinacourt.org/article/detail/2017/11/id/3085751.shtml.

序则更加简便快捷。这是因为：行政执法部门有权依职权调查取证，因而在处理侵权假冒案件时，调查取证及时，查证效率高，从而能够大大减轻当事人的证据收集负担；另外，在当事人需要进一步提起司法诉讼时，行政保护部门调查取证的结论还可以作为其诉讼证据，从而降低品种权人的诉讼成本。三是专业性。行政机关在处理品种权侵权纠纷，特别是处理涉及复杂技术问题的品种权侵权纠纷时，具有一定的专业优势，有利于纠纷的处理。因此，在实践中，品种权人及其利害关系人可以充分利用品种权行政保护的优势，维护自己的合法权益。

对于植物新品种权的行政保护，可以从狭义和广义两方面进行理解：广义的植物新品种权行政保护包括植物新品种保护复审、品种权侵权案件的行政处理和假冒授权品种案件的行政处理三个方面；狭义的植物新品种权行政保护仅指后两种情况，即县级以上人民政府农业或者林业行政管理机关依据各自的职权，对品种权侵权案件和假冒案件进行查处。由于植物新品种保护复审问题已经在本书第六章第三节介绍过，因此以下以我国为例对狭义的植物新品种权行政保护进行介绍。

（一）品种权侵权案件的行政处理

1. 品种权侵权案件的行政管辖与处理条件

我国各级农林业行政部门对在各自行政管辖区域内发生的侵害植物新品种权案件行使管辖权。属于某部门或者某地区范围内的植物新品种权侵权案件，当事人可以向该地区或者部门所在地的县级以上人民政府农林业行政部门请求处理。属跨地区或者跨部门的侵权案件，当事人可以向发生侵权行为地的农业或者林业行政部门请求处理。两个以上县级农林业行政部门都有管辖权的侵权案件，应当由先立案的县级农林业行政部门管辖。县级农林业行政部门对案件管辖权发生争议时，由上一级人民政府农林业行政部门指定管辖。

请求县级以上人民政府农林业行政部门处理品种权侵权案件的，应当符合下列条件：（1）请求人是品种权人或者利害关系人。此处的利害关系人包括品种权实施许可合同的被许可人、品种权的合法继承人。品种权实施许可合同的被许可人中，独占实施许可合同的被许可人可以单独提出请求；排他实施许可合同的被许可人在品种权人不请求的情况下，可以单独提出请求；除合同另有约定外，普通实施许可合同的被许可人不能单独提出请求。（2）有明确的被请求人。（3）有明确的请求事项和具体事实、理由。（4）属于受案农林业行政部门的受案范围。（5）在诉讼时效范围内。（6）当事人没有就该品种权侵权案件向人民法院起诉。

2. 品种权侵权案件的行政处理规定

县级以上农林业行政机关，对侵犯品种权所造成的损害赔偿可以进行调解，但应当遵循当事人自愿原则。品种权侵权纠纷性质上属于民事纠纷，当事人协商解决不成的，通常应通过司法程序加以解决，而不应当由行政机关处理。但《植物新品种保护条例》和《种子法》从我国实际情况出发，规定当事人也可以请求农业、林业主管部门进行处理。这对于发挥农业、林业主管部门业务熟悉、处理程序简便的优势，减少植物新品种权诉讼案件，方便当事人，是有利的。但是，究竟是直接向人民法院起诉，还是请求农业、林业主管部门处理，采用哪种方式对自己比较有利，要由当事人自己来判断，选择权在当事人，或者说是在植物新品种权所有人和利害关系人。农业、林业主管部门只能根据有关当事人的请求进行处理，当事人没有请求农业、林业主管部门处理的，农业、林业主管部门不能主动处理。同时，在对品种权纠纷案件进行处理时应当注意以下几个问题：（1）对品种权侵权纠纷进行调解的农林业行政机关处理品种权侵权案件与对品种权侵权纠纷作出行政处理的应当是同一个农业、林业行政主管部门；（2）调解的内容是侵犯品种权的赔偿数额；（3）农业、林业行政主管部门对品种权侵权纠纷进行调解的性质属于行政机关对当事人之间的民事纠纷作出的民事调解，不是行政处理。调解达成协议的，当事人应当履行；当事人不履行协议或者调解未达成协议的，品种权人或者利害关系人可以依法向人民法院提起诉讼。此外，调解不成或者达成调解协议后又反悔的，植物新品种权所有人或者利害关系人可以依照《中华人民共和国民事诉讼法》（以下简称《民事诉讼法》）的规定，以对方当事人为被告向人民法院提起民事诉讼。

虽然行政部门对于侵权案件的处理主要是就赔偿数额进行调处，但并不意味着不可以采取必要的手段停止侵权。根据我国《种子法》第73条第5款的规定，县级以上人民政府农业、林业主管部门处理侵犯植物新品种权案件有权采取的措施不但包括责令侵权人停止侵权行为、没收违法所得和种子，还可以处以罚款。在下面的两个行政执法案例中，前一个反映的就是行政执法部门果断出手、通过对侵权生产的玉米种子进行转商处理有效阻止侵权种子流入市场的典型案例；在后一个案例中，面对确凿的侵权事实，行政执法部门不但销毁侵权树苗，还对侵权人处以罚金。

"德美亚1号"是黑龙江垦丰种业有限公司从德国KWS公司引进的玉米杂交种，2020年7月，权利人接到群众举报，称有人在肃州区清水镇某村未经授权非法生产"德美亚1号"玉米种子。接到举报后，权利人迅速采取行动，安排专业人员赶赴甘肃酒泉制种基地开展调查。专业人员在采集玉米叶片后迅速进行了DNA检测，确认该品种系"德美亚1号"，最终核实该品种侵权生产面积为50余亩。9月，该地块的种子果穗被侵权人收获后，被拉运到肃州区清水镇戈壁滩晾晒。权利人在掌握充足证据后，及时向当地农业主管部门举报，最后涉案种子果穗被执法部门依法登记保存。在登记保存期间，侵权人为逃避法律制裁，将果穗脱粒后非法转移到张掖地区，试图隐匿侵权种子。农业主管部门第一时间向肃州区公安局报案，经过两级执法部门的联合执法，非法转移的种子从张掖地区追回，扣押在酒泉市。12月，当地农业主管部门对该批"德美亚1号"玉米种子作出转商处理的决定，将所有的侵权种子与商品玉米均匀混合，使该批种子丧失种用价值，转化为商品玉米，最终作为饲料使用。❶

"苏翠1号"是江苏省农业科学院果树研究所培育并于2017年获得国家农业部植物新品种权授权的优质早熟梨品种。2020年2月1日，北京北方丰达种业有限责任公司获得该品种在国内（港澳台除外）独家经营权，并享有对该品种提起侵权诉讼及获得侵权赔偿的权利。召陵区某种植专业合作社未经该公司许可繁殖"苏翠1号"梨苗，并通过互联网平台进行宣传推广。2020年8月3号，该公司通过调查取证后，向漯河市召陵区农业综合执法队投诉。接到投诉后执法队依法进行调查，确认该合作社未经该公司许可违法繁殖的"苏翠1号"梨苗种苗2000余株，构成侵权。因此依法对违法繁殖的"苏翠1号"梨苗进行铲除，并喷施除草剂进行灭活处理，同时并处罚金2万元（10月15日）。❷

由上述分析可知，我国品种权行政保护有几个明显特点：一是，对于品种权侵权案件，相应的行政主管部门只能应权利人请求才能进行处理，也就是说，品种权侵权的行政保护也是一种被动保护，奉行的是不告不理的原则；

---

❶ 垦丰种业. 酒泉市破获一起"德美亚1号"玉米种子侵权案件［EB/OL］.（2020-12-28）［2021-01-06］. http://www.kenfeng.com/system/202012/103228.html.
❷ 柏斌. 河南漯河市依法铲除销毁"苏翠1号"侵权梨苗［EB/OL］.（2020-10-16）［2020-12-06］. http://news.yuanlin.com/detail/20201016/368705.htm.

二是，相应的主管部门对侵权的损害赔偿只有调解权，没有裁决权；三是，相关的品种权侵权行为一旦危及社会公共利益，相应行政部门除了可以责令停止侵权外，还可以进行行政处罚，没收违法所得和种子。❶

(二) 假冒授权品种案件的行政处理

1. 假冒授权品种案件的行政处理依据

假冒授权品种案件行政处理的依据有两个：一是，《植物新品种保护条例》第40条。该条规定："假冒授权品种的，由县级以上人民政府农业、林业行政部门依据各自的职权责令停止假冒行为，没收违法所得和植物品种繁殖材料；货值金额五万元以上的，处货值金额一倍以上五倍以下的罚款；没有货值金额或者货值金额五万元以下的，根据情节轻重，处二十五万元以下的罚款；情节严重，构成犯罪的，依法追究刑事责任。"二是，2015年新修订的《种子法》第73条第6款。该款规定："假冒授权品种的，由县级以上人民政府农业、林业主管部门责令停止假冒行为，没收违法所得和种子；货值金额不足五万元的，并处一万元以上二十五万元以下罚款；货值金额五万元以上的，并处货值金额五倍以上十倍以下罚款。"

与《植物新品种保护条例》比较，《种子法》的相关规定有两处变动：第一，罚款金额的计算方式下限由"没有货值金额或者货值金额五万元以下的，根据情节轻重，处二十五万元以下的罚款"修改为"货值金额不足五万元的，并处一万元以上二十五万元以下罚款"；上限由"货值金额五万元以上的，处货值金额一倍以上五倍以下的罚款"修改为"货值金额五万元以上的，并处货值金额五倍以上十倍以下罚款"。第二，新《种子法》针对罚款的下限，删除了"根据情节轻重"这一表述；取消了对于假冒授权植物新品种的行为依法追究刑事责任。

2. 与品种权侵权案件行政处理制度的异同

与品种权侵权案件的行政处理制度相比，两者在行政管辖和立案条件方面是相同的，但在处罚原则和措施上有所不同：一是，在处罚原则上，对于品种权侵权案件，相应的行政主管部门只能应权利人请求才能进行；而在假冒授权品种的情况下，县级以上人民政府农业、林业主管部门不但可以经被假冒的授权品种的权利人请求进行处理，而且可以主动依职权进行处理。二是，县级以上人民政府农业、林业主管部门在处理侵犯植物新品种权案件时，

---

❶ 李菊丹. 论中国品种权行政保护制度的完善与发展 [J]. 中国种业，2011 (6)：1-7.

只有为了维护社会公共利益，才可以进行处罚，但在假冒授权品种的情况下，法律并没有要求必须是"为了维护社会公共利益"。可见，假冒授权品种一经认定，农业、林业主管部门即可处罚，无须考虑是否是"为了维护社会公共利益"。这是因为，假冒行为本身就是破坏市场秩序、欺骗社会公众的行为，主管部门依法行政就是为了维护社会公共利益。

二、植物新品种权的司法保护

植物新品种权司法保护是指人民法院依据法定的权限和程序，运用司法裁判权，保护植物新品种权利人合法权益的活动。司法保护具有自身的特点和优势：一是，司法程序具有中立性。法官居中裁判，双方当事人权利和义务对等，从而保证案件审理结果的公正性。二是，司法程序具有完整性和规范性，有助于增强处理结果的合理性。周全、严密的司法程序能够为诉讼参与人提供明确的行为指引，保证处理过程的规范性，有助于取得合理结果。三是，司法程序具有终局性。当事人不服行政机关植物新品种损害赔偿调解的，可以向人民法院起诉，由人民法院作出最终裁决。植物新品种权司法保护不仅是我国植物品种权的一种重要保护方式，也是国际上植物新品种权的主要保护方式。植物新品种权的司法保护途径包括民事诉讼、行政诉讼和刑事诉讼三种。

（一）植物新品种权行政诉讼保护

植物新品种权行政诉讼保护是通过行政诉讼程序对品种权的一种保护，它是指品种权人对国家主管机关在植物新品种的授权确权裁定或者决定、强制许可决定以及强制许可使用费或者报酬的裁决、涉及植物新品种权授权确权的其他行政行为，以及县级以上农业、林业行政管理部门依据职权对侵犯植物新品种权和假冒授权品种作出的处罚决定不服，向人民法院提起的诉讼。

《最高人民法院关于审理植物新品种纠纷案件若干问题的解释》第5条规定："关于植物新品种申请驳回复审行政纠纷案件、植物新品种权无效或者更名行政纠纷案件，应当以植物新品种审批机关为被告；关于植物新品种强制许可纠纷案件，应当以植物新品种审批机关为被告；关于实施强制许可使用费纠纷案件，应当根据原告所请求的事项和所起诉的当事人确定被告。"

在管辖方面，以下案件由北京知识产权法院作为第一审人民法院审理，共三类五种情形：一是，不服国务院部门作出的有关植物新品种的授权确权裁定或者决定的，例如，对于植物新品种保护复审委员会作出的是否应当授予品种权的决定、宣告植物新品种权无效或者维持植物品种权的决定；二是，不服国务院部门作出的有关植物新品种的强制许可决定以及强制许可使用费或者报酬的裁决的；三是，不服国务院部门作出的涉及植物新品种权授权确权的其他行政行为的，例如，品种名称更名纠纷。对于不服县级以上农业、林业行政管理部门依据职权对侵犯植物新品种权处罚和不服县级以上农业、林业行政管理部门依据职权对假冒授权品种处罚的纠纷案件，由各省、自治区、直辖市人民政府所在地和最高人民法院指定的中级人民法院作为第一审人民法院审理。

关于植物新品种权行政诉讼时效，《植物新品种保护条例》针对不同案件分别作出了规定：（1）对品种复审委员会宣告品种权无效或者维持品种权以及更名的决定不服的，品种权人或者无效宣告请求人可以在收到通知之日起3个月内向人民法院起诉（第37条）；（2）申请人对植物新品种复审委员会的复审决定不服的，可以自接到通知之日起15日内向人民法院提起诉讼（第32条）；（3）品种权人对审批机关关于实施强制许可的决定或者关于实施强制许可的使用费的裁决不服的，可以在收到通知之日起3个月内向人民法院起诉（第11条）；（4）当事人对县级以上农业行政部门作出的假冒授权品种的处理决定和省级以上农业行政部门作出的处理决定不服的可以自收到通知书之日起3个月内向人民法院提起诉讼。

（二）植物新品种权民事诉讼保护

侵犯植物新品种权的行为是民事侵权行为。根据《植物新品种保护条例》第39条规定，品种权人或者利害关系人除了可以请求行政处理外，还可以直接向人民法院提起诉讼，通过民事诉讼程序对品种权实行保护。根据《最高人民法院关于审理侵犯植物新品种权纠纷案件具体应用法律问题的若干规定》第1条的规定，有权向人民法院提起植物新品种权侵权诉讼的主体包括植物新品种权所有人（以下称品种权人）或者利害关系人。所谓利害关系人，包括植物新品种实施许可合同的被许可人、品种权财产权利的合法继承人等。其中，独占实施许可合同的被许可人可以单独向人民法院提起诉讼；排他实施许可合同的被许可人可以和品种权人共同起诉，也可以在品种权人不起诉时，自行提起诉讼；普通实施许可合同的被许可人经品种权人明确授权，可以提起诉讼。

人民法院受理的植物新品种权民事纠纷案件主要类型：一是，植物新品种申请权纠纷案件；二是，植物新品种权权利归属纠纷案件；三是，转让植物新品种申请权和转让植物新品种权的纠纷案件，其中包括品种权许可合同纠纷案件；四是，侵害植物新品种权的纠纷案件，包括假冒授权品种纠纷案件。上述案件由所在地和最高人民法院指定的中级人民法院管辖。

侵害植物新品种权纠纷案件的诉讼管辖有地域管辖和级别管辖两种。所谓级别管辖，是指第一审民事纠纷案件由哪一级法院管辖。由于植物新品种权侵权纠纷案件具有专业性强、复杂和难度大的特点，所以植物新品种侵权纠纷案件，由被告住所地或者侵权行为地所属的省、自治区、直辖市人民政府所在地和最高人民法院指定的中级人民法院管辖。所谓地域管辖，是指第一审民事纠纷案件由哪一地方的法院管辖。《民事诉讼法》第 28 条规定："因侵权行为提起的诉讼，由侵权行为地或者被告住所地人民法院管辖。"但结合植物新品种权侵权纠纷案件级别管辖的规定，植物新品种侵权纠纷案件，应当由被告住所地的省、自治区、直辖市人民政府所在地和最高人民法院指定的中级人民法院管辖。植物新品种侵权纠纷案件中的侵权行为地，是指未经品种权所有人许可，以商业目的生产、销售该植物新品种的繁殖材料的所在地，或者将该授权品种的繁殖材料重复使用于生产另一品种的繁殖材料的所在地。

关于植物新品种权侵权纠纷的民事诉讼时效，应强调的有以下几点：第一，自 2021 年 1 月 1 日《民法典》实施以后，品种权侵权案件的诉讼时效以《民法典》的规定为准。侵害品种权的诉讼时效为 3 年。即在诉讼时效 3 年内，人民法院对品种权人的请求予以法律保护；而当诉讼时效期（3 年）届满后，法律对权利人的请求就不再予以保护了。应指出的是，如遇到诸如地震、水灾、战争等不可抗拒的原因，人民法院可以延长诉讼时效，并对所受理的案件依法进行审理和判决。第二，诉讼时效的计算。诉讼时效从品种权人或者利害关系人得知或者应当得知侵权行为之日起计算。这里所说的"得知"侵权行为，是指知道有侵权行为的事实发生，这是品种权人或者利害关系人的主观感觉状态，他人较难证明；"应当得知"侵权行为，则是指客观上品种权人或者利害关系人应当知道有侵权的事实，这是他人能够证明的。在品种权人提起诉讼时，如果被告认为诉讼时效已过，则应提交证据。

关于侵害植物新品种权所应承担的民事责任，由于内容较多，故放在本章第四节予以讨论。

（三）植物新品种权刑事诉讼保护

植物新品种权的刑事诉讼保护是指通过刑事法律来实现对植物新品种权

的保护。具体而言，是指用刑罚作为手段，通过刑事程序追究侵害人的刑事责任，从而维护品种权权利人的利益。过去在我国，品种权的刑事诉讼保护主要是针对假冒他人授权品种的行为。《植物新品种保护条例》第40条规定："假冒授权品种的……情节严重，构成犯罪的，依法追究刑事责任。"但新《种子法》取消了对于假冒授权植物新品种的行为依法追究刑事责任的规定。这首先是因为刑事保护作为最严厉的法律责任，只有在相关违法行为严重损害社会公共利益的情况下才能适用。其次，植物新品种权在法律上是一种推定有效的权利。虽然品种权的授权是基于育种者对植物品种的创新，但必须经过主管植物新品种保护的农业、林业植物新品种保护办公室对法定的授权条件进行审查，包括对植物品种的新颖性审查，以及对品种所具有的特异性、一致性和稳定性的测试与审查。由于审查工作毕竟是一种人为行为，因此无法完全保证审查结果的绝对正确。同时，申请人也可能因主、客观因素，无法保证其所提交的申请资料的真实性。因此，从这一意义上来说，任何一项植物新品种权皆有可能在后续的品种权无效程序中被否定。如果法律上贸然规定对品种权侵权行为追究刑事责任，势必会导致民事案件刑事化的倾向，因此可能增加不少冤假错案。❶

但值得注意的是，尽管新《种子法》取消了对于假冒授权植物新品种的行为依法追究刑事责任的规定，但又在第49条将"以非种子冒充种子或者以此种品种种子冒充其他品种种子的"列入假种子的情形之一。因此从法律上讲，假冒授权品种属于假种子。而根据《中华人民共和国刑法》第147条的规定，销售明知是假的或者失去使用效能的种子或者生产者、销售者以不合格的种子冒充合格的种子，使生产遭受较大损失的，处3年以下有期徒刑或者拘役，并处或者单处销售金额50%以上2倍以下罚金；使生产遭受重大损失的，处3年以上7年以下有期徒刑，并处销售金额50%以上2倍以下罚金；使生产遭受特别重大损失的，处7年以上有期徒刑，并处销售金额50%以上2倍以下罚金或者没收财产。举例来说，2016年10月，市场上蚕豆种子紧俏，王某某通过朋友介绍购进2700斤包装上没有任何标签的蚕豆种子销售给农户。结果，这批蚕豆种子种下去开花早了，结出的豆荚又少、又小，市场上也卖不起来，农户损失很大。2017年4月，莲都区农业局聘请农业专家到田间进行了鉴定，并于7月委托莲都区价格认证中心对损失进行认定，得出结论：王某某销售的蚕豆种子导致61户农民共计损失19.5万元。丽水市莲都

---

❶ 李菊丹. 我国植物新品种的刑事保护研究 [J]. 农民科技培训，2018（5）：22-24.

区人民检察院以王某某涉嫌销售伪劣种子罪移送法院起诉。2018年10月，丽水市莲都区人民法院以销售伪劣种子罪判处王某某有期徒刑2年缓刑2年6个月，并处罚金3万元。❶ 可见，虽然法律没有直接规定销售假冒种子的刑事处罚，但实际上还是可以导致适用刑事处罚的。

第四节 植物新品种权侵权的民事责任

人民法院经过调查研究和开庭审理后，如确认品种侵权违法后，可根据不同情况追究侵权人的民事责任。关于承担侵权责任的方式，按照《最高人民法院关于审理侵犯植物新品种权纠纷案件具体应用法律问题的若干规定》第6条规定，主要包括停止侵害和赔偿损失两种。

一、停止侵害

停止侵害是民事制裁的一种措施，一般是在通过审理确认其品种侵权违法构成以后采取的措施。根据侵权法基本原理，停止侵害包括停止生产侵权品种的繁殖材料、停止销售侵权品种的繁殖材料和对侵权物的销毁。

植物新品种侵权案件中的侵权物就是受品种权保护的繁殖材料。在侵权行为发生时，涉案品种的繁殖材料有的已经收获、有的正处于生长期，因此一律采用销毁侵权物的做法，会造成农业资源浪费和农村的不稳定。但是，如果不对侵权物采取任何措施，侵权物就会扩散进而使品种权人的利益再次受到损害。为平衡品种权人和社会公共利益，通常会对侵权物作如下处理：(1) 被侵权人和侵权人合意将侵权物折价抵扣被侵权人所受损失。但采用这种处理方式必须基于被侵权人和侵权人合意，人民法院不能径直作出判决。合意处分侵权物的作物，是民事责任司法性质的具体体现。(2) 侵权物灭活、转商处理。被侵权人或者侵权人不同意折价抵扣的，依照当事人的请求，可以责令侵权人对侵权物作消灭活性等使其不能再用作繁殖材料的处理。这跟前文介绍的农业行政执法部门依职权进行灭活或转商处理在性质上是不同的。如果侵权物正处于生长期或者销毁侵权物将导致重大不利后果的，人民法院一般不责令销毁侵权物。所谓"重大不利后果"，主要指销毁侵权物可能导致

---

❶ 莲都区人民检察院. 销售伪劣种子被判刑！关于《种子法》你要知道的那些事 [EB/OL]. (2018-11-06) [2019-07-29]. https://www.sohu.com/a/273624263_100012816.

土地撂荒等情形。所以，在这种情况下，待侵权物收获后再做灭活处理较为妥当，但有时会导致品种权人维权困难。在这种情况下，如果侵权人没有执行该判决，应当加重承担赔偿责任。侵权物灭活、转商处理是品种权人有权要求的停止侵害的处理措施之一。此处的问题是，如果品种权人在要求对侵权物做灭活处理的同时，又要求赔偿损失是否可行？对此，法律并无明文规定。实际上，这个问题需要区别对待。因为有时候，被获侵权物可能只是涉案侵权物当中的一部分，此时，原告当然可以既要求停止侵害又要求赔偿损失，只不过在赔偿数额中将灭活或转商部分的相应价金扣除即可。相反，如果被获侵权物为全部涉案物品，若非情节特别恶劣，适用惩罚性赔偿，否则不宜同时判赔偿损失。另外，停止侵害也包括根据品种权人的申请，在案件审理过程中作为一种预防性措施而采用，以防止侵权人继续进行侵权活动，例如，令其停止生产和销售侵权品种。但是，一旦人民法院通过审理，认定品种侵权违法不存在时，这种预防性措施应立即解除，并由品种权人赔偿其损失。

二、赔偿损失

赔偿损失是人民法院对品种权侵权人采取的一种最常见的民事制裁措施。由于侵权人的侵权行为给品种权人造成了损失，人民法院通过审理认定侵权行为确已构成，应责令侵权人赔偿品种权人损失，其数额的多少由人民法院根据品种权人遭受损失的多少来确定。《种子法》第73条第3款规定："侵犯植物新品种权的赔偿数额按照权利人因被侵权所受到的实际损失确定；实际损失难以确定的，可以按照侵权人因侵权所获得的利益确定。权利人的损失或者侵权人获得的利益难以确定的，可以参照该植物新品种权许可使用费的倍数合理确定。赔偿数额应当包括权利人为制止侵权行为所支付的合理开支。"该款是关于侵犯植物新品种权的赔偿数额确定方式及顺序的规定。客观地讲，虽然赔偿损失是最能够有效保护品种权人权益的法律救济措施，但同时也是最难适用的一种救济措施。

（一）赔偿损失的构成要件

1. 行为人实施了侵犯品种权的行为

植物新品种权权利人对其授权品种享有排他性的权利，除法律或行政法规另有规定外，未经品种权所有人许可，他人不得生产、繁殖或者销售该授权品种的繁殖材料，不得为商业目的将该授权品种的繁殖材料重复使用于生产另一品种的繁殖材料。所以，凡是未经品种权人许可实施上述行为的，属于侵犯植物新品种权的行为。司法诉讼中，只要权利人能够证明植物新品种权仍然处于有效状态，并且没有得到其许可实施了上述行为，侵权行为即告成立。

2. 有损害后果

损害后果是指侵权行为致使植物新品种权受到侵害，并造成权利人财产利益减少。一般而言，虽然未经许可生产或繁殖授权品种构成侵权，但是由于通常还没有进入商业流通，未影响到权利人的市场份额和利润水平，因而还未造成损害后果。但是一旦侵权产品投入市场，由于品种权人的独占性权利受到侵害，损害后果就产生了。

3. 侵害行为与损害后果之间存在因果关系

侵权损害中的因果关系是指侵权行为和损害后果之间的关联性。在我国，列入《植物新品种保护名录》的植物侵害行为造成了品种权人的损失，这种损失表现为由于侵害行为，使品种权人失去了可能得到的物质利益和精神利益，或者由于侵害行为导致品种权人财产损失。显然，侵权人的侵害行为与品种权人的损失两者之间有必然的因果关系。

4. 行为人实施侵权行为有过错

种子研发是一种极具专业技术性质的创新活动，种子生产与销售均受到国家一系列法律法规的严格规范。因此，凡是违反《植物新品种保护条例》或《种子法》规定，未经品种权人许可，生产、繁殖或者销售授权品种的繁殖材料，或者为商业目的将授权品种的繁殖材料重复使用于生产另一品种的繁殖材料，都是一种置法律、道德于不顾，有意窃取他人技术或利用他人产品优势，为自己谋取不法利益的故意行为，具有明显的主观过错。

（二）赔偿损失的原则

知识产权损失赔偿原则对于知识产权侵权损害事实、侵权损害赔偿责任范围的认定以及最终对于侵权损失赔偿数额的确定都具有重要的意义，但在关于知识产权损失赔偿应当确立什么样的赔偿原则的问题上，知识产权理论界和知识产权司法界的意见并不统一。主流观点认为主要包括补偿性原则和惩罚性原则两种。

补偿性原则又称填平式原则，是指侵权人因侵权所承担的赔偿数额遵循与实际损害相等的原则。该原则是大陆法系国家固有的传统赔偿原则。《TRIPs 协议》第 45 条规定的"赔偿由于侵犯知识产权而给权利所有者造成的损害"、侵权者向权利所有人支付费用"可以包括适当律师费"等规定，仍旧是这种原则的体现。补偿性原则的目的不是惩罚侵权人，而是弥补权利人所受到的损失，使民事关系恢复到侵权前的状态。对侵权人而言，当被法院判决承担赔偿损失责任时，该损失仅是侵权人从侵权中所获得的利润，侵权人因侵权并没有受到损失。对权利人而言，为维护其权利要投入大量的人力和财力去调查取证、起诉，维权的结果只是获得本属于自己的利益，被侵权人得不到任何惩罚，由此造成侵权成本很低，并且很难预防侵权行为的再次发生。赔偿损失的功能主要是一种补偿、一种利益的"弥补"和"填平"；所以要求以受害人的全部损失或损害为标准、为范围来赔偿。

惩罚性赔偿主要针对故意或恶意的侵权行为实施惩罚。❶ 有的国家在其植物新品种保护法律当中规定了惩罚性赔偿原则。例如，美国《植物品种保护法》第 124 条规定："在发现侵权行为时，法院应裁定足以赔偿侵权行为的损害赔偿，但无论如何数额不得低于侵权人使用该品种的合理使用费加法院确定的利息和费用。陪审团未确定损害赔偿的，法院应予以确定。但在任何情况下，法院都可以将损害赔偿提高到确定数额的三倍。"❷ 2015 年我国新修订的《种子法》也引入了惩罚性赔偿制度，规定对侵犯植物新品种权情节严重的，可以在权利人因侵权受到的损失、侵权人因侵权获得的利益或者植物新品种权许可使用费的 1 倍至 3 倍的范围内确定赔偿数额。2018 年，江苏省高院针对实际销售了白皮包装的授权品种"宁麦 13"小麦种子的被告泗棉种业公司，适用了惩罚性赔偿。该案是我国首例适用惩罚性赔偿的植物新品种权纠纷案件。该案的判决书写道："基于新育成品种及其审批的特殊性，获得植物新品种权保护的品种与其名称之间形成了特定的联系。在侵权人用无任何标识的白皮包装，并以与受保护的植物新品种相同的名称对外销售品种时，如果其所销售的并非被授权品种，但仍会使购买者误认为是被授权品种，其行为构成不正当竞争。同时，该行为也对植物新品种权造成了损害。因此，在侵权人侵权故意明显、侵权方式隐蔽，权利人取证难度异常大的情况下，人民法院除了依据反不正当竞争法的相关规定确定赔偿责任外，还可以参照种子法第 73 条的规定适用惩罚性赔偿，加大赔偿力度。"❸

（三）赔偿数额的计算方法

侵犯品种权赔偿数额的确定方式有以下几种：第一，按照权利人因被侵

---

❶ 隋文香. 判例与理论：植物新品种权侵权行为研究 [M]. 北京：知识产权出版社，2011：173.

❷ 7 U. S. C. 2564.

❸ 江苏省高级人民法院. 2018 年江苏法院知识产权司法保护十大案例（下）[EB/OL]. (2019-04-23) [2020-07-09]. http://www.jsfy.gov.cn/art/2019/04/23/66_97566.html.

权所受到的实际损失来确定。简单地说，因侵权人的侵权产品在市场上销售使品种权人的产品销售量下降，其销售量减少的总数乘以每件繁殖材料的利润所得之积，即为被侵权人因被侵权所受到的实际损失。第二，实际损失难以确定的，可以按照侵权人因侵权所得的利益确定。侵权人在侵权期间从每件侵权繁殖材料获得的利润乘以在市场上销售的繁殖材料数额所得之积，即为侵权人在侵权期间因侵权所得的利益。第三，权利人的损失或者侵权人获得的利益难以确定的，参照该植物新品种权许可使用费的倍数合理确定。第四，权利人的损失、侵权人获得的利益和植物新品种权许可使用费均难以确定的，人民法院可以根据植物新品种权的类型、侵权行为的性质和情节等因素，确定给予 300 万元以下的赔偿。此即所谓的法定赔偿，换言之，侵犯植物新品种权的法定赔偿数额上限为 300 万元。同时，《种子法》还规定，赔偿数额应当包括权利人为制止侵权行为所支付的合理开支。这里所说的合理开支，包括权利人所支付的用于制止侵权行为的交通费、调查费、鉴定费、适当的律师费及其他合理费用。以下以 "河南金博士种业股份有限公司诉北京德农种业有限公司、河南省农业科学院侵害玉米'郑 58'品种权侵权纠纷案" 为例介绍损失赔偿数额的计算。

该案中，对于被告支付的损害赔偿数额，法院 "按照侵权人因侵权所得的利益" 予以确定。具体来说，由于涉案品种 "郑 58" 是玉米杂交种 "郑单958" 的母本品种，所以其利润含在 "郑单 958" 的利润当中。因此在计算侵权人从 "郑 58" 所获利润时，需要先计算 "郑单 958" 获利数额，然后再根据 "郑 58" 对于 "郑单 958" 的贡献率计算侵权人从 "郑 58" 中获得的利润。具体计算步骤如下：

第一步：计算 "郑单 958" 的生产数量。依据甘肃省植保植检站出具的德农公司调运 "郑单 958" 玉米杂交种《2010 年 10 月—2014 年 5 月植物检疫证》统计得出，2011 年 11 月—2014 年 5 月德农公司调运 "郑单 958" 玉米杂交种共计 53 784 600kg。

第二步：确定 "郑单 958" 的销售价格。根据德农公司与山东省各地政府签署的《政府采购合同》，"郑单 958" 的销售价格约为 14.45 元/kg。

第三步：确定 "郑单 958" 的收购价格。由于德农公司向市场销售的 "郑单 958" 种子来自委托制种，因此德农公司需按照一定的收购价格进行收购。根据甘肃省种子协会产业发展工作委员会等单位证明，"郑单 958" 玉米种收购价格为 6 元/kg。

第四步：计算"郑单958"的净利润/kg。参照行业平均利润率20%的标准，酌情确定德农公司销售"郑单958"的合理利润为3元/kg。

第五步：计算侵权发生期间"郑单958"的利润总额。经法院认定，德农公司2011年11月—2014年5月期间经营"郑单958"数量为53 784 600kg，净利润为3元/kg，用"郑单958"的销售数量乘以每千克的净利润，得到销售利润为161 353 800元（53 784 600kg×3元/kg）。

第六步：计算"郑58"获利数额。法庭依据2014年9月23日中国种子协会第五届第七次常务理事会通过的《玉米育种成果收益分配指导意见》所载明的玉米育种成果收益分配比例方案，即父本提供者：母本提供者：杂交种组配者的权益比例为3：3：4，即父本和母本各占30%，杂交种占40%。因此，用"郑单958"获利数额乘以30%即可得出"郑58"的获利数额。具体计算为161 353 800元×30% = 48 406 140元。

参考文献

1. 专著

[1] 侯仰坤. 植物新品种权保护问题研究 [M]. 北京：知识产权出版社，2007.

[2] 冯晓青. 知识产权法哲学 [M]. 北京：中国人民大学出版社，2003.

[3] 胡潇潇. 植物新品种权法律基础 [M]. 北京：知识产权出版社，2018.

[4] 李明德. 知识产权法 [M]. 北京：社会科学文献出版社，2007.

[5] 李明德. 欧盟知识产权法 [M]. 北京：法律出版社，2010.

[6] 李龙. 日本知识产权法律制度 [M]. 北京：知识产权出版社，2012.

[7] 李菊丹. 国际植物新品种保护制度研究 [M]. 杭州：浙江大学出版社，2011.

[8] 李秀丽. 植物品种法律保护制度国际比较研究 [M]. 北京：知识产权出版社，2014.

[9] 罗尔斯. 正义论 [M]. 何怀宏，等译. 北京：中国社会科学出版社，1998.

[10] 农业部科教司，等. 植物新品种保护案例评析 [M]. 北京：法律出版社，2011.

[11] 牟萍. 植物品种权研究 [M]. 北京：法律出版社，2011.

[12] 齐爱民. 知识产权法总论 [M]. 北京：北京大学出版社，2010.

[13] 孙炜琳. 植物新品种保护制度研究 [M]. 北京：中国农业科学技术出版社，2014.

[14] 隋文香. 判例与理论：植物新品种权侵权行为研究 [M]. 北京：知识产权出版社，2011.

[15] 陶鑫良，袁真富. 知识产权法总论 [M]. 北京：知识产权出版社，2005.

[16] 吴汉东. 知识产权基本问题研究 [M]. 北京：中国人民大学出版社，2009.

[17] 吴立增，黄秀娟，刘伟平. 基因资源知识产权理论 [M]. 北京：科学出版社，2009.

[18] 张广良. 知识产权侵权民事救济 [M]. 北京：法律出版社，2003：122.

[19] G WÜRTENBERGER, et al. European Community Plant Variety Protection [M]. New York：Oxford University Press，2006.

[20] MARGARET LIEWELYN, MIKE ADOCK. European Plant Intellectual Property [M]. Oxford：Hart Publishing，2006.

[21] P A C E VAN DER KOOIJ. Introduction to the EC Regulation on Plant Variety Protection [M]. London：Kluwer Law International，1997.

[22] PETER DRAHOS. A Philosophy of Intellectual Property [M]. Darmouth（UK）：Darmouth Publishing Company Limited，1996.

[23] TRITTON G，R DAVIS，M EDENBOROUGH，et al. Intellectual Property in Europe [M]. 3rd ed. London：Sweet & Maxwell，2008.

2. 期刊

[1] 陈中山. 合法来源抗辩的审查认定 [J]. 人民司法，2019（28）：36-40.

[2] 崔立红，翟云鹏. 植物新品种保护中的"依赖性派生品种"制度初探 [J]. 电子知识产权，2007（9）：34-37.

[3] 邓伟，崔野韩. 中国农业植物新品种保护制度及发展的研究 [J]. 中国种业，2020（11）：1-7.

[4] 丁广梅，赵云芬. 植物新品种权的独立知识产权属性分析 [J]. 西南农业大学学报（社会科学版），2009（6）：56-59.

[5] 茫云六. 现代植物生物技术的现状与展望 [J]. 科学中国人，1995（2）：18-20.

[6] 管荣齐，薛智胜. 从TPP知识产权规则审视植物新品种的可专利性 [J]. 知识产权，2016（3）：117-121.

[7] 侯仰坤. 论依赖性派生品种的含义和基本特征 [J]. 知识产权，2018（7）：33-43.

[8] 胡钦岭. 国外种子加工技术 [J]. 农业机械，1979（7）：33-37.

[9] 李剑. 植物新品种权的权利限制 [J]. 电子知识产权，2008（6）：41-44，56.

[10] 李洁琼. 国际知识产权制度的当今发展及其对我国的影响 [J]. 知识产权，2016（12）：99-103.

[11] 李菊丹. 论中国品种权行政保护制度的完善与发展 [J]. 中国种业，2011（6）：1-7.

[12] 李菊丹，尹锋林. 实质性派生品种判定国际实践及其借鉴 [J]. 安徽农业科学，2013（2）：930-934，940.

[13] 李菊丹. 我国植物新品种的刑事保护研究 [J]. 农民科技培训，2018（5）：22-24.

[14] 李兰芬. 浅谈植物新品种保护及DUS测试 [J]. 龙江农业科学，2005（3）：48-49.

[15] 李宪彬. 作物品种的类型及育种特点 [J]. 种子，2000（5）：51-52.

[16] 李晓辉，李新海，张世煌. 植物新品种保护与DUS测试技术 [J]. 中国农业科学，2003（11）：1419-1422.

[17] 李秀丽. 新西兰品种权保护的域外扩张及我国的因应之策——兼评"Zespri Group Limited v Gao & Ors"案 [J]. 中国种业, 2020 (4): 1-5.

[18] 李秀丽. 论无性繁殖植物种植使用的性质认定——评"美人榆"再审案 [J]. 中国种业, 2020 (7): 4-8.

[19] 李玉香. 知识产权权利限制制度的法律完善 [J]. 人民司法, 2004 (6): 52-56.

[20] 刘莉. 对植物新品种保护中实质性衍生品种的探讨 [J]. 种子世界, 2005 (10): 9.

[21] 刘升廷. 瑞典的甜菜种子加工 [J]. 种子世界, 1992 (11): 32-33.

[22] 刘旭霞, 宋芳. 我国需要依赖性派生品种制度吗?——以我国种业发展为基点 [J]. 知识产权, 2012 (6): 52-57, 74.

[23] 罗霞. 植物新品种保护专门立法模式下的育种者权利保护 [J]. 法律适用, 2020 (5): 134-143.

[24] 吕娜. 知识产权侵权诉讼中的合法来源抗辩——以专利侵权诉讼为例 [J]. 人民司法, 2007 (19): 82-88.

[25] 牟萍. 关于实质性衍生品种的三个基本问题 [J]. 电子知识产权, 2010 (4): 74-77, 91.

[26] 聂洪涛. 论植物新品种国际保护的发展趋势——兼评我国相关法律的完善 [J]. 江西社会科学, 2011 (10): 165-170.

[27] 沈陵. 论知识产权国际保护法的基本原则 [J]. 内江科技, 2010 (1): 131, 178.

[28] 史大贤. 论专利法权利用尽原则——以回收利用专利酒瓶案为例 [J]. 金卡工程(经济与法), 2009 (9): 154.

[29] 隋文香.《国际植物新品种保护公约》有关育种者权利保护规定的变化及对我国的启示 [J]. 科技与法律, 2004 (1): 72-74, 114.

[30] 滕海涛, 吕波, 等. 植物新品种 DUS 测试及近似品种的选择 [J]. 中国种业, 2008 (8): 14-15.

[31] 王闯. 知识产权的权利边界与裁判方法 [J]. 人民司法, 2014 (22): 45-51.

[32] 王志本. 从 UPOV1991 文本与 1978 文本比较看国际植物新品种保护的发展趋向 [J]. 中国种业, 2003 (2): 1-4, 7.

[33] 张彩霞, 周衍平. 德国植物新品种保护制度实施框架、特点及启示 [J]. 世界林业研究, 2013, 26 (1): 74-78.

[34] 张仲波, 阴花. 试述权利用尽的法理 [J]. 社会科学家, 2005 (S2): 100-101.

[35] 仲英豪, 洪素恒. 论我国植物新品种权保护范围的完善 [J]. 法制博览, 2020 (9): 111-112, 157.

[36] 周宁，展进涛. 基于 UPOV 公约的国际植物新品种保护进程及其对我国的启示 [J]. 江西农业学报，2007，19（8）：141-144.

[37] 周翔，等. 植物新品种权中繁殖材料的认定 [J]. 人民司法，2020（1）：39-42.

[38] 褚云霞，等. 实质性派生品种鉴定方法研究进展 [J]. 上海农业学报，2017，33（5）：132-138.

[39] G DUTFIELD. The Globalisation of Plant Variety Protection：Are Developing Countries Still Policy Takers? [J]. Intellectual Property and Development：Understanding the Interfaces, 2019：277-293.

[40] M THIELE－WITTIG, P CLAUS. Plant Variety Protection—A Fascinating Subject [J]. World Patent Information 25, 2003：24-250, 245.

[41] STEFAN MARTIN. General Court clarifies for the first time the scope of protection of plant variety denominations under Article 7（1）（m）of the European Trade Mark Regulation [J]. Journal of Intellectual Property Law & Practice, 2019, 14（10）：748-749.

3. 报纸

蒋志培，李剑，罗霞. 加强植物新品种的司法保护——《最高人民法院关于审理侵犯植物新品种权纠纷案件具体应用法律问题的若干规定》的理解与适用 [N]. 人民法院报，2007-01-01（E）.

4. 电子文献

[1] 艾萨博睿咨询（北京）有限公司官方微博. 向权利人支付合理使用费的时间期限 [EB/OL].（2019－06－28）[2020－02－06]. http://blog. sina. com. cn/s/blog_e8fb57c00102yqk3. html.

[2] 北京知识产权律师网. 北京联创种业有限公司与枣庄市新天隆种子有限公司、张卓成侵犯植物新品种权及不正当竞争纠纷案 [EB/OL].（2012-05-05）[2019-07-30]. http://www. cnipr. net/article_show. asp?article_id=3331.

[3] 柏斌. 河南漯河市依法铲除销毁"苏翠1号"侵权梨苗 [EB/OL].（2020-10-16）[2020-12-06]. http://news. yuanlin. com/detail/20201016/368705. htm.

[4] 傅印杰，焦新慧. 侵犯植物新品种权案件中的反向假冒行为——北京联创种业有限公司诉平顶山市富万家种业有限公司、河南省亿源种业有限公司侵害植物新品种权纠纷案 [EB/OL].（2013-04-02）[2019-07-30]. http://www. cnipr. net/article_show. asp?article_id=15122.

[5] 江苏省高级人民法院. 2018 年江苏法院知识产权司法保护十大案例（下）[EB/OL].

（2020-04-06）［2020-12-10］. http://www.doc88.com/p-54261817135289.html.

［6］ 垦丰种业. 酒泉市破获一起"德美亚1号"玉米种子侵权案件［EB/OL］.（2020-12-28）［2021-01-06］. http://www.kenfeng.com/system/202012/103228.html.

［7］ 莲都区人民检察院. 销售伪劣种子被判刑！关于《种子法》你要知道的那些事［EB/OL］.（2018-11-06）［2019-07-29］. https://www.sohu.com/a/273624263_100012816.

［8］ 人民法治网——法治河南：河南高院. 河南金博士种业股份有限公司与某公司侵害植物新品种权纠纷案（知识产权案件）——河南高院发布依法保护非公有制经济产权十大典型案例（典型案例一）［EB/OL］.（2018-08-24）［2019-07-26］. http://www.rmfz.org.cn/contents/184/148146.html.

［9］ 天眼查. 江苏省南京市中级人民法院民事判决书（2015）宁知民初字第219号［EB/OL］.（2015-12-17）［2019-09-22］. https://www.tianyancha.com/lawsuit/1e406c8928b9418e81e1d4f5e91bee53.

［10］ 中国裁判文书网. 敦煌种业先锋良种有限公司与新疆新特丽种苗有限公司、新疆生产建设兵团农一师四团侵害植物新品种权纠纷再审民事判决书［EB/OL］.（2014-12-01）［2019-07-26］. https://www.tianyancha.com/lawsuit/a0ca4ab51cb611e6b554008cfae40dc0.

［11］ 中国裁判文书网. 河南省高级人民法院民事判决书（2007）豫法民三终字第63号［EB/OL］.（2007-12-21）［2019-07-26］. http://www.fsou.com/html/text/fnl/1175754/117575433.html.

［12］ 中国法院网. "美人榆"植物新品种侵权案［EB/OL］.（2017-04-24）［2019-04-24］. https://www.chinacourt.org/article/detail/2017/04/id/2822677.shtml.

［13］ 中国法院网. 指导案例92号：莱州市金海种业有限公司诉张掖市富凯农业科技有限责任公司侵犯植物新品种权纠纷［EB/OL］.（2017-11-24）［2020-02-08］. https://www.chinacourt.org/article/detail/2017/11/id/3085751.shtml.

［14］ 中国花卉报. "繁殖"、"繁殖材料"、"生产"这三个植物名词有了新内涵［EB/OL］.（2018-07-23）［2020-02-03］. http://www.sohu.com/a/242769079_465390.

［15］ 中国知识产权律师服务网. 独立保护原则：知识产权国际保护的基本原则之四［EB/OL］.（2011-03-17）［2020-06-09］. http://www.cipls.com/general/0032.htm.

［16］ 中华人民共和国最高人民法院. 指导案例86号：天津天隆种业科技有限公司与江苏徐农种业科技有限公司侵害植物新品种权纠纷案［EB/OL］.（2017-03-16）［2017-10-01］. http://www.court.gov.cn/zixun-xiangqing-37692.html.

［17］ BART KIEWIET. Should Hybrids Be Considered as Plant Varieties？［EB/OL］.（2017-03-01）［2019-05-20］. https://cpvo.europa.eu/en/news-and-events/articles/should-hybrids-be-considered-plant-varieties.

[18] CHRISTOPH AMBERGER. CPVO Workshop on Farm Saved Seed [EB/OL]. (2009-06-17) [2019-07-17]. https://cpvo. europa. eu/en/news-and-events/conferences-and-events/workshop-farm-saved-seeds.

[19] CPVO. The cascade of protection in relation to parent lines and hybrids and the relevance of the breeders' exemption [EB/OL]. (2018-02-08) [2020-10-03]. https://cp-vo. europa. eu/sites/default/files/documents/article_boa_me_0. pdf.

[20] CPVO Case-law 1995-2015 [EB/OL]. (2015-09-10) [2020-10-04]. https://op. europa. eu/en/publication-detail/-/publication/07666362-abd1-4908-95ad-45 abe44bc50e.

[21] CPVO Case-law Vol. II 2015-2020 [EB/OL]. (2020-09-10) [2020-10-04]. https://cpvo. europa. eu/sites/default/files/documents/case-law_2015-2020_vol_ ii. pdf.

[22] ISF. Guidelines for the Handling of a Dispute on Essential Derivation in Cotton [EB/OL]. (2009-08-14) [2020-11-05]. http://www. worldseed. org/cms/medias/file/PositionPapers/OnIntellectualProperty.

[23] MARTIN EKVAD. Aspects on Essentially Derived Varieties in the EU [EB/OL]. (2019-09-17) [2020-10-03]. https://european-seed. com/2019/09/aspects-on-essentially-derived-varieties-in-the-eu/.

[24] MARTIN EKVAD. The Functioning of the Community Plant Variety Office Board of Appeal [EB/OL]. (2018-02-08) [2020-10-03]. https://cpvo. europa. eu/en/news-and-events/articles/functioning-community-plant-variety-office-board-appeal.

[25] PBRO. Purchasing foreign DUS test results in lieu of conducting comparative tests and trials in Canada [EB/OL]. (2019-04-02) [2019-12-02]. https://www. inspection. gc. ca/plants/plant-breeders-rights/application-process/foreign-test-results/eng/1383686021643/1383686079045.

[26] UPOV. ASSINSEL Position for the Protection of Hybrids (Adopted by the ASSINSEL General Assembly in Seville) [EB/OL]. (1990-06-15) [2019-04-14]. https://www. upov. int/meetings/en/details. jsp?meeting_id=1760.

[27] UPOV. Explanatory Notes on Novelty Under the UPOV Convention Document prepared by the Office of the Union to be considered by the Council at its forty-third ordinary session to be held in Geneva [EB/OL]. (2009-10-22) [2019-04-14]. http://www. upov. int/export/sites/upov/en/publications/pdf/upov_exn_nov_1. pdf.

[28] UPOV. Seminar on Essentially Derived Varieties (Geneva, Switzerland) [EB/OL]. (2013-10-23) [2019-07-07]. https://www. upov. int/edocs/pubdocs/en/upov_pub_358. pdf.

［29］ UPOV. Seminar on the impact of policy on essentially derived varieties（EDVs）on breeding strategy（Geneva, Switzerland）［EB/OL］.（2019-10-31）［2020-07-07］. https://www.upov.int/meetings/en/details.jsp?meeting_id=50787.

［30］ UPOV. Seminar on Propagating and Harvested Material in the context of the UPOV Convention Geneva［EB/OL］.（2016-10-25）［2019-07-07］. https://www.upov.int/edocs/mdocs/upov/en/upov_sem_ge_16/upov_sem_ge_16_ppt_6.pdf.